KB217761

서프라이즈 아메리카

아메리카

가족 친구와 함께 두근두근 떠나는

서프라이즈 아메리카

배성규 지음

힐링21
Healing21

한 때 별을 사랑하는 소년이었다. 대학 때는 아마추어천문회에서 '별 볼 일'을 찾아 다녔다. 한데 기자가 됐다. 왜냐고 자문自問하다 20년의 시간을 보 냈다. 주변에서 묻곤 한다. "그래서 얻은 게 뭐냐고?" 이 또한 난제難題다. 기 자로 바라봐 온 세상. 그리 단순치 않다. 까면 깔수록 새롭고 난해한 고차방 정식이다. 아수라 같은 세상의 숨은 속살을 찾아내 사람들에게 보여주는 게 내 일이었다.

그러다 여행을 만났다. 2009~2010년 미국 듀크대학에서 저널리즘 과정에 다니다 외도를 하게 됐다. 연수 기간 중 절반은 온통 여행에 빠졌다. 밤하늘 을 바라보다 문득 반짝이는 별 하나, 그 빛을 따라 먼 길을 떠나는 꿈을 어릴 적부터 꿔온 탓인지도 모른다. 나이 들고 철들면 으레 잊어버리는 꿈을 그 때 까지도 못 버리고 있었던가 보다.

2009년 7월 미국으로 연수를 떠날 때 두 가지를 마음에 뒀다. 하나는 영어 한번 '제대로' 해보자는 것이었고, 다른 하나는 아메리카를 두 발로 모두 누 벼보고 싶은 바람이었다. 결론적으로 첫째는 턱없이 기대에 못 미쳤고, 둘째 는 오버해 버렸다.

나는 연수 초반부터 '아메리카 완전 정복'의 꿈을 착실하게 준비했다. 연수 떠나기 전에 존경하는 선배가 당부했다. "여행에 인색하지 마라. 인생 길지 않다. 방 한 칸 팔 생각해." 두 눈 딱 감고 세 살배기 아들과 초등학생 딸, 아내를 데리고 길바닥으로 나섰다. 일찌감치 미 동북부 지역은 세 번, 플로리다와 남부 지역은 두 번을 돌았다. 미 최남단인 키웨스트와 플로리다, 바하마, 미국 동부 해안 지대와 캐나다 동부까지 구석 구석 훑었다. 눈 질끈 감고 남미와 유럽도 다녀왔다.

최고의 도전은 35일간의 미국 자동차 종횡단 여행이었다. 주변에선 "세 살배기 데리고 미국 자동차 횡단하는 것은 미친 짓"이라고 말렸다. 아내도 손사래를 쳤지만, 갖은 감언이설로 설득했다. 마침내 미니밴에 온갖 살림살이를 싣고 '무모한 도전'을 시작했다. 자동차를 몰고 거의 매일 아침 6시부터 밤 10시까지 북미 곳곳을 달렸다. 광활한 미 중부와 로키의 협곡, 서부 해안을 거쳐 캐나다 서부와 미국 북부, 중동부를 '누운 8자'로 잇는 코스였다.

그런데 이 여행, 말 그대로 대박이었다. 패키지 관광이나 비행기로 포인트만 찍는 '수박 겉핥기 여행'과는 비할 바가 못 됐다. 숨겨진 아메리카의 속살, 깜짝 놀랄 비경秘境이 한 장 한 장 눈앞에 펼쳐졌다. 대자연은 웅장하고 위대했다. 아메리카의 재발견이었다. 참으로 복 받은 나라였다. 그리고 길 위에선 항상 미국 개척의 역사와 문화가 오버랩됐다. 흑인과 인디언, 빈곤층 등 미국의 감춰진 그늘이 길게 드리웠다. 세계 초강대국 미국의 과거와 미래가 엿보였다.

다행히 우리 삼척동자는 감기 한번 안 걸리고 총 10만km의 아메리카 여정을 무사히 소화했다. 아내와 딸에게도 아메리카 도전기는 잊을 수 없는 기억이 됐다고 한다.

여행을 다니면서 아찔했던 기억도 많다. 2009년 9월 애틀란타를 다녀오는 길이었다. 고속도로를 시속 85마일136km로 달리던 중 '펑' 하는 소리와 함께 차가 미친 듯이 요동쳤다. 타이어가 펑크난 것이다. 차는 통제불능 상태에 빠졌다. 뒤차들은 우리 차를 부딪힐 듯 스쳐 지나갔다. '먼 이국 땅에서 이렇게 가는 구나' 싶었다. 그 때 내가 급 브레이크를 밟거나 핸들을 꺾었다면 아마 차가 뒤집히면서 불귀不歸의 객이 됐을 것이다. 서부 여행 중에는 '빅서'의 해안 절벽도로에서 타이어가 다시 주저앉았다. 뒤차의 노부부가 수 차례 경적을 울리며 경고를 해준 덕분에 큰 사고를 면할 수 있었다.

콜로라도의 캐니언랜드에선 끝없는 협곡에서 길을 잃었다. 도로도 인적도 없는 황무지에서 몇 시간을 헤매다 운 좋게 광부들을 만나 탈출할 수 있었다. 휴대폰 통화도 안 되는 그 곳에서 차라도 고장 났으면 애들과 큰 일을 치를 뻔했다. 노스캐롤라이나 아우터 뱅크스에선 후미진 해변에 아무 생각 없이 차를 몰고 들어갔다가 차가 덜컥 모래에 빠졌다. 섭씨 40도를 오르내리는 황량한 해변에서 몇 시간 동안 모래를 파내는 '생쇼'를 벌이다 탈진해 버렸다.

테네시 주에선 경찰의 과속 단속에 걸렸다. 조용히 있었으면 딱지만 끊기고 말 것을, 괜히 경찰에 대들다가 총 맞을 뻔했다. 미국이 경찰왕국이라는 점을 간과하고 호기를 부리다 망신을 톡톡히 당했다.

여행하는 동안 경찰에 과속으로 4번, 주차 위반으로 4번 걸렸다. 그래서 벌금도 많이 냈다. 주변에선 "미국을 (벌금으로) 먹여 살리는 한국인"이라는 칭송까지 들었다.

그럼에도 불구하고 아메리카 여행은 매력적이었다. 세련된 도시와 거칠고 웅장한 자연미가 공존했다. 이름도 잘 알려지지 않은 산간벽지에서 그랜드캐니언 버금가는 비경을 만날 때마다 입이 다물어지지 않았다. '내가 정말 아메리카를 제대로 알고 있는 것일까'하는 의문이 들었다. 더구나 북미는 유럽이나 남미에 비해 여행비가 의외로 덜 든다. 특히 차량으로 여행하기에 이보다 좋은 곳은 없다.

이 책에선 일반인이 쉽게 가보기 힘들거나 잘 알려지지 않은 최고의 포인트를 중심으로 '아메리카 비경秘境 50곳'을 추렸다. 여기에는 캐나다와 남미의 환상적인 절경絕景 몇 곳도 포함됐다. 이들 중 한두 곳을 찍어서 가도 좋고, 여러 군데를 코스로 묶어서 가도 좋다. 가족과 자동차를 몰고 장기여행을 떠난다면 금상첨화다. 〈여행 Tip〉은 50곳 외에 추가로 가 볼만한 관광지, 여행 중 참고가 될만한 정보와 에피소드를 실었다. 〈City Point〉는 도시의 숨은 진주들을 소개했다. 〈아메리카 스토리〉는 미국의 역사와 문화에 대한 재미있는 단상들을 엮었다.

최고의 아메리카 여행을 할 수 있도록 도와준 모든 분들께 감사드린다. 무엇보다 무모한 도전에 기꺼이 동참해 준 아내(서상연 동국대 의대 교수)와 딸 하영, 막내 준하에게 감사한다. 세상에서 가장 아끼고 사랑하는 가족들과 아메리카 횡단여행을 할 수 있었던 것은 인생의 최고 축복일 것이다. 특히 아내는 책의 원고 일부를 직접 쓰고 사진 정리 작업도 도와주는 등 실질적 저자의 역할까지 마다하지 않았다.

여행은 관광인 동시에 삶의 체험이자 문화다. 이 책은 아메리카 최고 여행지에 대한 정보 제공에만 목적을 두진 않았다. 여행 중에 직접 몸으로 겪을 수 있는 개인적, 역사적, 문화적 체험을 모두 모았다.

여행은 꿈이다. 여행은 인생을 풍요롭게 해주는 추억이자 자양분이다. 가보지 않은 길을 무모하게 걸어가 보는 것은 때때로 인생의 즐거움이다. 위험이 따르고 대가를 치러야 할 지도 모른다. 하지만 그 열매는 이를 보상하고도 남을 것이다. 우리 인생은 온전히 철들기에는 너무 짧다. 지금이라도 늦지 않다. 혼자 배낭을 메도, 가족과 머리를 맞대도 좋다. 미지의 아메리카로 여행을 떠나보자.

2015년 6월 광화문에서

배성규

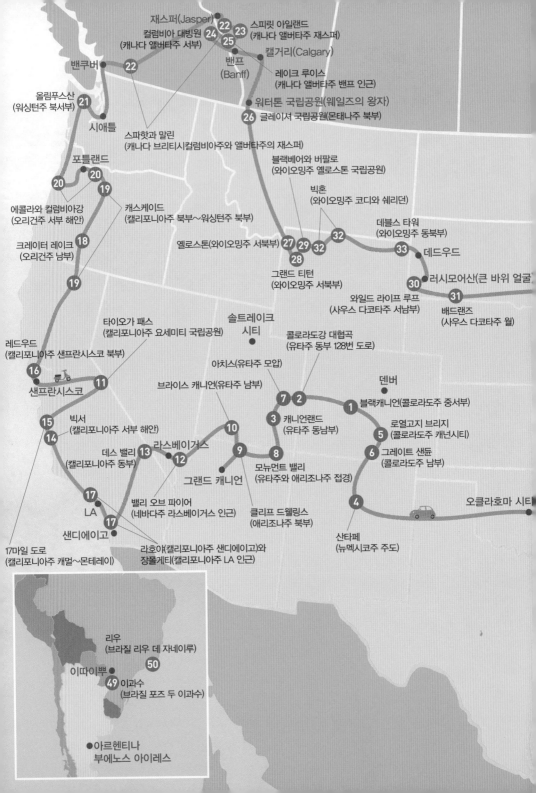

재스퍼(Jasper)
스피릿 아일랜드
(캐나다 앨버타주 재스퍼)
컬럼비아 대빙원 ②② ②③
(캐나다 앨버타주 서부) ②④ ②⑤
캘거리(Calgary)
밴프
(Banff)
밴쿠버 ②②
레이크 루이스
(캐나다 앨버타주 밴프 인근)
올림푸스산 ②①
(워싱턴주 북서부)
워터톤 국립공원(웨일즈의 왕자)
시애틀
글레이셔 국립공원(몬태나주 북부)
스파핫과 말린 ②⑥
(캐나다 브리티시컬럼비아주와
앨버타주의 재스퍼)
포틀랜드
②⓪ ②⓪
블랙베어와 버팔로
(와이오밍주 옐로스톤 국립공원)
에콜라와 컬럼비아강 ①⑨
(오리건주 서부 해안)
빅혼
(와이오밍주 코디와 쉐리던)
크레이터 레이크 ①⑧
(오리건주 남부)
캐스케이드
(캘리포니아주 북부~워싱턴주 북부)
데블스 타워
(와이오밍주 동북부)
①⑨
옐로스톤(와이오밍주 서북부) ②⑦ ②⑨ ③② ③③
데드우드
②⑧
③② ③⓪
러시모어산(큰 바위 얼굴)
그랜드 티턴 ③①
(와이오밍주 서북부)
와일드 라이프 루프
(사우스 다코타주 서남부)
배드랜즈
(사우스 다코타주 월)
타이오가 패스
(캘리포니아주 요세미티 국립공원)
솔트레이크
시티
콜로라도강 대협곡
(유타주 동부 128번 도로)
덴버
레드우드
(캘리포니아주 샌프란시스코 북부)
아치스(유타주 모압)
브라이스 캐니언(유타주 남부)
블랙캐니언(콜로라도주 중서부)
⑦ ②
①
①⑥
캐니언랜드
(유타주 동남부)
③
로열고지 브리지
(콜로라도주 캐넌시티)
⑤
샌프란시스코 ①①
빅서
(캘리포니아주 서부 해안)
①⓪
그레이트 샌듄
⑥ (콜로라도주 남부)
①⑤
데스 밸리 ①③
라스베이거스
⑨
①④ (캘리포니아주 동부) ①②
모뉴먼트 밸리
(유타주와 애리조나주 접경)
⑧
⑰ 그랜드 캐니언
LA
⑰
④
밸리 오브 파이어
(네바다주 라스베이거스 인근)
클리프 드웰링스
(애리조나주 북부)
오클라호마 시티
샌디에이고
라호야(캘리포니아주 샌디에이고)와
산타페
17마일 도로 장폴게티(캘리포니아주 LA 인근)
(뉴멕시코주 주도)
(캘리포니아주 캐멀~몬테레이)

리우
(브라질 리우 데 자네이루)
이따이뿌
⑤⓪
④⑨ 이과수
(브라질 포즈 두 이과수)

아르헨티나
부에노스 아이레스

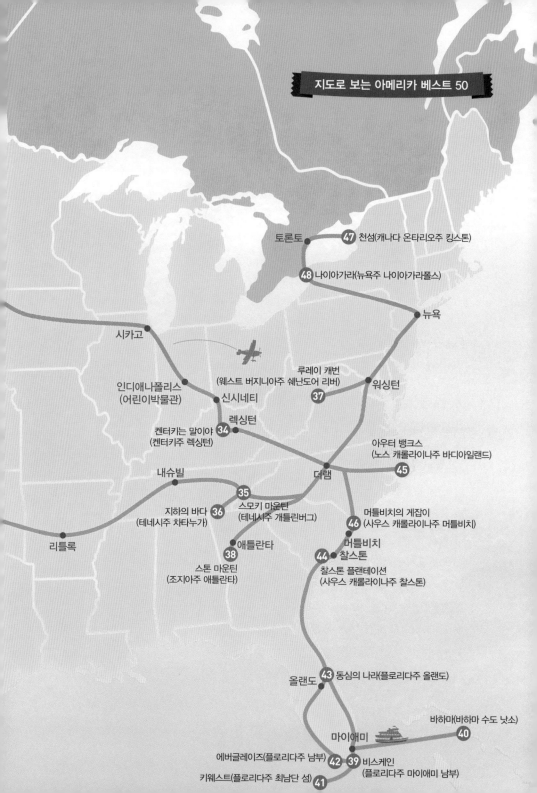

지도로 보는 아메리카 베스트 50

천섬(캐나다 온타리오주 킹스톤) **47**

토론토

48 나이아가라(뉴욕주 나이아가라폴스)

뉴욕

시카고

루레이 캐번
(웨스트 버지니아주 쉐난도어 리버)
37

워싱턴

인디애나폴리스
(어린이박물관)
신시내티

렉싱턴

켄터키는 말이야
(켄터키주 렉싱턴) **34**

아우터 뱅크스
(노스 캐롤라이나주 바디아일랜드)

더램 **45**

내슈빌

지하의 바다 **36**
(테네시주 차타누가)

스모키 마운틴 **35**
(테네시주 개틀린버그)

머틀비치의 게잡이
(사우스 캐롤라이나주 머틀비치)
46

머틀비치
44 찰스톤

리틀록

애틀란타

스톤 마운틴 **38**
(조지아주 애틀란타)

찰스톤 플랜테이션
(사우스 캐롤라이나주 찰스톤)

올랜도 **43** 동심의 나라(플로리다주 올랜도)

바하마(바하마 수도 낫소)

마이애미 **40**

에버글레이즈(플로리다주 남부) **42** **39** 비스케인
(플로리다주 마이애미 남부)

키웨스트(플로리다주 최남단 섬) **41**

목차

야생 속으로

워터 월드

PART 6
남아메리카로의 초대

PART 7
에필로그

뉴멕시코의 리오그란데 협곡

PART 1

협곡에 빠지다

블랙캐니언

700m 직벽 크레바스

콜로라도 Colorado 주는 로키 산맥에 의해 동서로 양분돼 있다. 로키 산맥 동쪽으로는 아칸소 Arkansas 강이 흘러 내리고 서쪽으로는 구니슨 Gunison 강이 발원해 콜로라도 강으로 합쳐진다. 덴버 Denver 의 아래쪽 콜로라도 동중부에서 로키산맥을 넘는 관문도시가 살리다 Salida 다. 산맥 너머에는 콜로라도 강을 따라 거대한 협곡의 세계가 펼쳐져 있다.

그곳으로 가기 위해 살리다를 떠나 오르막길을 10여분쯤 올라가니 눈 덮힌 산들이 보이기 시작했다. 해발 고도 2800m의 고갯길인 폰차 패스 Poncha Pass 다. 험한 바위산이 아니라 뾰족한 침엽수림이 끝없이 펼쳐진 구릉산지였다. 폰차 패스를 지나자 산길은 점점 가팔라졌고 도로 옆으로 잔설殘雪이 쌓인 봉우리가 하나 둘씩 지나갔다. 고갯길 꼭대기에 마침내 로키 산맥을 넘어가는 50번 도로의 정상이 나타났다. 해발 3500m의 모나크 패스 Monarch Pass 였다. 우리나라 백두산 2744m 보다 훨씬 높은 곳이다. 바로 옆으로 눈 쌓인 봉우리들이 장승

블랙 캐니언의 협곡

처럼 버티고 있었다. 눈을 품은 공기가 차갑고 신선했다. 사진을 찍
는데 아내가 가슴이 약간 갑갑하다고 했다. 일종의 고산증이었다. 로
키의 장엄한 풍경을 뒤로 한 채 서둘러 내려가야 했다.

　　로키를 넘어 한참을 내려가니 조그만 개울이 길 옆으로 흘렀다. 처
음엔 대수롭지 않게 생각했다. 로키 서쪽 첫 마을인 구니슨Gunison을
지나면서 개울은 뱀처럼 구부러져 흘렀다. 좁은 바위 계곡이 아닌 널
따란 분지인데 왜 직선으로 흐르지 않고 구절양장九折羊腸으로 흘러 내

17

블랙 캐니언의 700m 높이 직벽

리는 걸까? 더구나 수량이 많고 물살도 셌다. 5~10m 폭의 개울 주변에는 1km 너비의 습지와 초지가 형성돼 있었다. 그런데 이 개울이 바로 까마득한 절벽 협곡인 블랙 캐니언Black Canyon을 만든 구니슨 강의 상류였다.

블랙 캐니언은 그랜드 캐니언처럼 유명한 곳은 아니다. 큰 기대 없이 지나는 길에 잠시 들러 바람이나 쐬려고 했다. 그런데 캐니언에 들어서자 입이 쩍 벌어졌다. 조물주가 로키 산맥에 만들어 놓은 거대한 크레바스였다. 캐니언의 양편 절벽에서 강 바닥까지의 높이는 700m가 넘었다. 엠파이어 스테이트 빌딩102층 381m이 두 개나 들어가는 높이였다. 더구나 이 캐니언은 흙이나 사암이 아닌 진짜 바위로 이뤄져 있었다. 마주보는 두 직벽 사이에 형성된 좁은 협곡이었다. 미 중서부에서 수많은 캐니언을 만났지만 블랙 캐니언의 거친 자연미는 가장 인상적이었다.

그랜드 캐니언과는 형성 과정부터 다르다고 했다. 그랜드 캐니언은 연약한 지반의 평야 지대에 콜로라도 강이 흐르면서 광범위한 지역에 커다란 협곡이 형성됐다. 그래서 절벽이 퇴적암 층이고 경사도 상대적으로 완만한 편이다. 반면 블랙 캐니언은 바위 지형이 융기된 뒤 그 곳을 구니슨 강이 관통했다. 강물이 바위를 칼로 자른 듯이 침식하면서 깊고 좁은 협곡이 만들어졌다. 요세미티 국립공원은 바위 지형을 강이 침식을 한 뒤 그 지형 전체가 다시 융기했다고 한다.

이곳이 블랙 캐니언으로 불리는 데는 두가지 이유가 있다. 먼저 바위 자체가 검붉은 색을 띠고 있다. 또 하나는 양편 절벽 사이가 굉장히 좁다. 너비가 100~200m 정도다. 따라서 평소에도 햇빛이 많이 들지 않는다. 특히 해뜰 때나 질 때는 반대편 절벽에 검은 그림자가 드리워진다.

블랙 캐니언에는 수km에 걸쳐 경치가 빼어난 포인트가 10여개 줄지어 있다. 그 한 곳 한 곳이 모두 독특한 자연미를 품고 있었다. '풀핏록 오버룩'Pulpit Rock Overlook 이란 포인트에서 절벽 끄트머리의 바위 난관을 잡고 아래를 내려다 보았다. 700m 밑에서 구불구불 흐르는 구니슨 강이 아득하게 보였다. 절벽에서 '휘잉 휘잉 웅웅'하는 소리가 울렸다. 처음엔 바람소리인 줄 알았다. 나중에 안내판을 보니 구니슨 강이 계곡을 휘감아 돌면서 흐르는 소리라고 했다. 거친 강물소리가 좁은 직벽을 타고 공명되면서 이렇게 증폭된 것이다. 화강암 바위층을 이토록 깊게 뚫은 강물이니 오죽하겠는가.

까마득한 절벽 아래 하얀 포말을 일으키며 흐르는 구니슨 강은 특이하게도 연한 녹색이었다. 황토색이나 담청색인 중서부의 다른 강과는 확실히 달랐다. 에메랄드 빛깔의 열대 바닷물 같았다. 바위 계곡이라 물의 선도가 유지되기 때문이 아닌가 싶었다. 블랙 캐니언의 절벽은 검은 색과 흰색의 각종 무늬를 띠고 있었다. '페인티드 월'Painted Wall 이라고 이름 붙여진 절벽에는 한 폭의 그림이 수놓아져 있었다. 또 '드래곤 포인트'Dragon Point 에서 바라다 보이는 절벽 면에는 거대한 흰색 무늬의 용이 조각돼 있었다. 자연의 조화는 놀랍다.

캐니언 곳곳에는 우리나라 금강산이나 설악산에서 볼 수 있는 기암절벽들이 많았다. 금강산이 절경이긴 하지만, 블랙 캐니언의 웅장함에는 비하기 힘들 것 같다는 생각이 들었다. 블랙 캐니언에서 가장 높은 해발 2500m 하이 포인트High Point에 올랐다. 한낮 햇살 아래 펼쳐진 검은 크레바스는 아무리 봐도 이 세상 풍경 같지 않았다. 거친 블랙 캐니언을 오래도록 눈과 마음에 담았다.

콜로라도강 대협곡
외계 행성과의 조우

　블랙 캐니언을 나오면 그랜드 정션^{Grand Junction}까지 50번 도로가 이
어진다. 양 옆으로 멋진 자태의 산과 괴석들이 줄지어 서 있다. 이런
자연을 도처에서 볼 수 있는 미국, 참으로 복 받은 나라다. 70번 고속
도로를 타고 한참을 달려 유타^{Utah}주로 들어섰다. 고속도로에 시스코
^{Cisco}라는 이정표가 나타났다. 아치스 국립공원까지 콜로라도 강江 협
곡을 관통해 가는 지름길이다.

　좁은 황무지 길을 10분 정도 달리자 시스코 마을이 보였다. 그런데
이 마을, 웬지 분위기가 이상하다. 대낮인데도 사람 그림자 하나 보이
지 않는다. 음산하고 황량하다. 시멘트나 컨테이너로 지어진 집들이
듬성듬성 들어서 있고, 집앞에는 차들이 세워져 있다. 그런데 보이는
차는 죄다 불타거나 찌그러졌다. 벽마다 스프레이 페인트로 휘갈긴
낙서 투성이다. 창문은 깨지고 건축 폐자재들만 수북이 쌓여 있다.

　차를 몰고 마을 이곳 저곳을 둘러봤다. 주민은 한 명도 없었다. 버

콜로라도강 대협곡의 성채 뷰트

려진 도시, 유령도시였다. 마을 한켠에 주유소와 상점이 있었다. 간판도 있고 멀쩡해 보였다. 아내는 "아, 관광객들을 위해 가게는 하나 있나 보구나"라고 말했다. 가게 앞에 차를 댄 뒤 경적을 울렸다. 아무도 나오지 않았다. 혹시나 싶어 차에서 내린 뒤 가게 문을 밀쳤다. 잠겨 있었다. 창문으로 안을 들여다 보니, 아무도, 아무 것도 없었다. 유령가게였다. 소름이 싹 돋았다. 딸 하영이가 "아빠, 무서워요"라고 했고, 세살배기 준하도 덩달아 "무서워~"라고 소리쳤다. 아내는 "빨리

나가자"며 내 팔을 끌었다. 내가 좀비 흉내를 내자 다들 소스라쳤다.

우리가 이 곳에 머물던 30분간 관광객 한 명 나타나지 않았다. 모래 바람만 마을을 휘감고 지나갈 뿐. 그래서 더 스산했다. 이제는 관광객에마저 외면받는 도시가 된 것일까? 이곳이 왜 유령도시가 됐는지는 알 수 없었다. 아무런 안내판도, 설명문도 없었다. 사람들이 불과 10,20년 전만 해도 수백명 이상 살았던 것 같은데, 지금은 모두 떠나버렸다. 외지인들이 황혼녘에 우연히 이곳에 왔다가 혼비백산했다는 소문만 들렸다.

유령도시를 뒤로 하고 아치스 국립공원으로 향하는 128번 도로로 들어섰다. 황무지엔 올록볼록한 얕은 언덕들이 끊임없이 이어져 있었다. 그 언덕길을 따라 달리니 차가 롤러코스터를 타는 것처럼 쉴 새 없이 오르락 내리락 했다. 마치 놀이기구나 모굴스키를 타는 것 같았다. 아이들은 "와!" 환호성을 질렀다. 속도를 높이자 차는 더 세차게 출렁거렸다. 아내가 "미쳤어. 도로에서 위험한 장난을 해"라며 면박을 줬다. 하지만 듣지 않았다. 아이들 환호성이 커질수록 차는 더 속도를 냈다.

그렇게 20여분을 달리자 풍경이 싹 바뀌었다. 황무지 들판 너머로 멀리 보이던 황토색 바위산이 바로 눈앞에 펼쳐졌다. 그리고 '캐니언의 창조자'인 콜로라도 강이 불현듯 모습을 드러냈다. 미 중서부의 무수한 캐니언들을 직접 빚어내고 조각한 장본인이다. 이곳에서 콜로라도 강물이 유타의 붉은 기암절벽과 한데 어우러졌다. 본격적인 캐니언의 세계가 시작된 것이다.

128번 도로를 따라 펼쳐진 이곳 풍경은 환상적이었다. 콜로라도 강변 도로 양편에는 수백m 높이의 붉은 바위산이 병풍처럼 끝없이 이어져 있었다. 그 절벽과 바위 하나 하나가 마치 외계 행성에 와 있는 듯한 착각이 들게 했다. 비현실적이었다. SF영화 속에서 본 풍경 같다고 할까.

바위는 아래위 지층 별로 서로 다른 색채와 무늬를 띠고 있었다. 촛대처럼 길쭉하게 갈라진 바위들이 줄지어 있었다. 그리고 그 꼭대기엔 예외 없이 큰 돌이 하나씩 위태롭게 올라 앉았다. 거대한 바위가 금방이라도 도로위로 쏟아져 내릴 듯했다. 한 구비를 돌 때마다 다른 형태와 색깔의 바위산이 나타났다.

콜로라도 강가에 차를 대고 황톳빛 강물에 손을 담가 보았다. 시원했고 물살이 꽤 빨랐다. 하영이와 준하도 따라와서 손을 씻었다. 말로만 듣던 콜로라도 강을 직접 접하니 감회가 달랐다. 더구나 이런 풍광을 눈에 담으면서 말이다. 길가에 바위로 만든 사진촬영 포인트가 있었다. 바위에 올라서니 저 멀리 촛대와 성채처럼 생긴 뷰트 butte · 황무지에 우뚝 솟은 비석 모양의 바위산 가 바라다 보였다. 강물과 바람과 햇살이 빚어낸 명작이었다. 인간이 바위산을 깎아 성채를 조각한다 해도 저 정도로 만들기는 힘들지 않을까 싶었다. 콜로라도 강이 선물한 멋진 작품이었다.

한 구비를 돌 때마다 차에서 내려 사진을 찍기를 거듭했다. 이러다 해지기 전에 아치스 국립공원에 도착할 수 있을까 걱정됐다. 128번 도로가 끝날 쯤 캐슬밸리 Castle Valley 라는 이정표가 보였다. 그냥 지

유령마을 시스코에서

나치려다 궁금증에 못 이겨 차를 틀었다. '아! 이곳이 또 별천지였다.' 그 이름처럼 성채 모양을 한 수백m 높이의 바위 뷰트들이 줄지어 서 있었다. 모양이나 색채가 저마다 제각각이었다. 어떤 바위산은 진짜 사람이 만든 성채라 해도 믿을만큼 정교했다. 자연은 인간보다 훨씬 원초적이고 위대한 예술가였다.

캐니언랜드
협곡에서 길을 잃다

아치스 국립공원이 있는 모압^{Moab}에서 서남쪽으로 내려가면 광대한 캐니언랜드 Canyonlands National Park 가 펼쳐진다. 캐니언랜드는 그랜드캐니언에 버금갈 정도로 광대하지만 일반인에겐 크게 알려지지 않은 곳이다. 공원이 워낙 넓어 탐사 코스가 남과 북 두 개로 나뉜다.

캐니언랜드의 북쪽에 있는 '아일랜드 인 더 스카이'Island in the sky 로 먼저 향했다. 경치는 좋지만 가는 길이 좀 멀고 복잡했다. 그런 걱정이 투영된 것일까. GPS 기기에 문제가 생겼다. 오작동으로 잘못된 길을 가고 있었던 것이다. 급히 길을 돌려 캐니언랜드 계곡을 따라서 들어갔다. 20마일 가량 계곡을 따라 펼쳐진 이 길이 멋들어졌다. 콜로라도강 대협곡과 비슷한 듯하면서도 바위들이 좀 더 둥글둥글하고 검은 색을 띠었다. 경치에 취해서일까. 어느 순간부터 도로가 약간 이상하다 싶더니 비포장도로로 바뀌었다. '지도에서 본 길이 비포장이었구나. 할 수 없지. 끝까지 가봐야지.' 비포장도로를 계속 달려 나갔다. 하지만 사람도, 민가도, 표지판도 하나 없었다. 태고적 그대로의 황무지였다. 사방엔 기묘한 모양새의 뷰트와 성채들이 끝없이 펼쳐져 있었다. 별세계에 뚝 떨어진 느낌이었다.

그런데 몇 십 분을 달려도 캐니언은 계속됐고 도로 상태는 점점 돌투성이가 돼 갔다. '이런 곳에서 차가 고장이 나면 어떡하나'하는 두려움이 불쑥 들었다. 풍광이 참으로 좋은 곳이었다. 하지만 어느 순간부터 걱정이 앞을 가려 경치가 눈에 들어오지 않았다. 캐니언을 배경으로 사진을 찍는데 아내가 "무섭다"고 했다. 나는 "괜찮아. 곧 도로가 나올 거야"라고 달랬다. 하지만 어느 순간부터 GPS 기기와 휴대폰의 접속신호가 사라졌다. 차 바퀴에 돌 튀는 소리는 갈수록 커졌다.

그 때 '우리가 길을 잃었다'는 생각이 들었다. 여기서 차가 고장 난다면? 고립무원이었다. 나는 차의 속도를 시속 20km이하로 확 줄였다. '차에 무리를 주면 안돼.' 이제 아이들도 울상이었다. 얼마나 달렸을까. 저 앞에 작은 교차로가 나타났다. 희망이 보였다. 그런데 '허걱. 이게 뭐야!' 새로 나타난 길도 지금까지 달려온 길과 별반 다르지 않은 비포장도로였다. 더구나 도로 표지판에는 '개인소유 도로임. 들어오지 말 것 Private Road, No Trespassing'이라고 씌어 있었다. 낭패였다. 어디로 가야할 지 한참을 고민했다.

그런데 멀리서 프라이빗 로드를 타고 픽업 트럭 한 대가 내려오는 게 보였다. 그렇게 반가울 수가 없었다. 나는 트럭을 향해 손을 흔들면서 뛰어갔다. 운전자는 광부 모자를 쓰고 있었다. 이 부근의 광산에서 일하는 광부들이었다.

"길을 잃었어요. 캐니언랜드로 가려면 어떻게 해야 하나요?"

"길을 잘못 들어 왔어요. 이 길로 '아일랜드 인 더 스카이'로 가는 사람은 없어요. 오프로드로 20마일인데 4륜 구동차량이 아니면 안 돼요."

9개월 전 아우터 뱅크스에서 모래에 차가 빠져 죽을 고생을 했던 일이 떠올랐다. 4륜 구동이 아니면 오프로드에는 안 가는 게 상책이다. 돌길 20마일이면 차가 버텨내질 못할 것이다. 더구나 이곳은 휴

캐니언랜드 니들스

대폰 통화도 안 되는 지역이다. "다른 길은 없냐"고 묻자 "되돌아 나
가는 수밖에 없다. 이 시간에 우릴 만난 게 그나마 다행인 줄 알라"고
했다. 이렇게 해서 우리는 가시밭길을 되밟아 나갔다. 캐니언의 거친
위력을 온 몸으로 느끼면서.

　먼 길을 돌고 돌아 우리는 캐니언랜드의 남쪽 코스인 '니들스'
Needles로 향했다. 도중엔 '윌슨 아치'Wilson Arch 등 크고 작은 아치들과
잇따라 만났다. 니들스는 협곡이라기 보다는 광활한 계곡이었다. 계
곡 너비가 족히 2~3km는 될 듯했다. 병풍이나 성채와 같은 뷰트들
이 끊임없이 늘어서 있었다. 20분 가량을 달려가자 '뉴스페이퍼 록'

Newspaper Rock 이 나타났다. 절벽에 신문을 펼쳐놓은 것 같은 글자 무늬가 새겨져 있었다. '식스슈터'Sixshooter 라는 두 봉우리도 멋졌다.

니들스 매표소에서 국립공원 직원에게 "왜 이름이 니들스냐"고 물었다. "바위가 바늘처럼 뾰족뾰족하게 생겨서 그렇습니다. 북쪽인 아일랜드Island 는 고도가 높고 남쪽인 니들스는 낮아요. 그래서 니들스에서는 아래에서 위로 절벽을 바라보게 돼 있습니다."

니들스의 바위는 크게 세 가지 형태였다. 첫번째는 콜로라도 강과 바람에 침식되어 생긴 높은 뷰트나 아치다. 니들스 입구의 광활한 계곡에 주로 분포돼 있다. 또 하나는 버섯이나 오두막 또는 장독처럼 생긴 독특한 모양의 바위들이다. 이런 거대한 버섯 바위는 니들스 공원 곳곳에 병풍처럼 둘러서 있다. 그리고 마지막이 바로 첨탑이나 바늘처럼 생긴 니들스 바위다. 뾰족한 니들스 바위는 콜로라도 강 건너편 아일랜드 지역의 절벽을 따라 수km에 걸쳐 늘어서 있다. 뾰족한 첨탑으로 이뤄진 성채 같기도 하고 바늘로 만든 성벽 같기도 했다. 북쪽 아일랜드에서 헤매지 말고, 니들스에 빨리 와서 북쪽 절벽을 봤어야 한다는 후회가 들었다.

니들스 절벽을 더 가까이서 볼 수 있도록 콜로라도 강까지 비포장 도로가 나있었다. '가볼까 말까' 갈등했다. 그리고 다음 순간 바로 포기했다. 4륜구동이나 트럭만 갈 수 있다는 표시가 돼 있었다. '니들스는 멀찌감치 보는 것만으로도 충분히 훌륭하다.' 아까와 같은 낭패를 보지 않으려면 욕심은 금물이었다.

산타페
황토와 인디언의 도시

뉴멕시코의 주도^{州都} 산타페^{Santa Fe}는 독특한 분위기를 풍겼다. 미국에서 가장 미국답지 않은 도시랄까. 산타페는 내게 두 가지 이미지였다. 하나는 커피 음료의 이름. 또 하나는 일본 여배우였던 미야자와 리에의 첫 누드 화보집. 그런데 두 가지 모두 진짜 산타페와는 닮지 않았다. 도시 전체가 황토 빛이다. 건물 외벽을 황토나 황토색의 시멘트로 바르고, 창살도 황토색 나무로 덧대었다.

3층 이상 건물은 보기 힘들다. 사각형인데 위로 갈수록 면적이 줄어드는 계단식 구조다. 시청사와 호텔, 상가, 심지어 교회까지도 같은 구조를 지녔다. 과거 인디언들의 가옥 스타일에 스페인 풍이 혼합됐다고 한다.

길에는 차도, 사람도 많지 않다. 한적하면서도 여유롭다. 나무와 조경도 황토 건물과 어울린다. 도시 전체가 쾌적하고 깨끗하다. 거리 곳곳의 갤러리와 박물관 주변에는 자유로운 영혼과 예술가의 영감이 넘실거린다. 소설가 D H 로렌스와 화가 조지아 오키프 같은 예술가들이 이곳에서 영감을 얻고 예술혼이 깨어났다고 한다.

이곳의 대표적 건축물인 프란시스 성당은 소박한 외양과는 달리 내부는 스테인드 글라스와 각종 장식으로 화려하게 장식돼 있었다. "외모가 볼품 없으면 내양이 화려하고, 외모가 화려하면 속은 비었을 가능성이 높다"는 한 예술가의 말이 떠올랐다. 맞은 편의 스페인 총독 관저 Governor's Palace 는 박물관으로 쓰이고 있다. 아이들은 무료지만 어른은 한 명당 10달러 정도의 입장료를 내야 했다. 스페인 식민지배 시절 유물과 건축, 회화, 조각 등이 다수 전시돼 있었다. 특히 인상적인 것은 총독부 내부에 있던 교회였다. 십자가에 못박혀 피 흘리는 예수상이 수 십여 점 있었다. 그 형상이 매우 사실적이고 다채로웠다. 성스러움을 강조한 우리 예수상과는 사뭇 달랐다. 인도와 한국 불상佛像의 차이라고 할까.

산타페의 중심지는 플라자 광장이다. 이곳에 오자 때마침 멕시칸 거리 악사들이 노래 공연을 시작했다. 여성 4인조였는데, 멕시칸과 백인, 인디언이 섞여 있었다. 이들의 멕시칸 음악은 무척 흥겨운 리듬이었다. 관광객과 아이들이 따라서 춤을 췄다. 물론 '막춤'이다. 도시 초입에 있는 산 미구엘 교회는 1600년대에 세워졌다. 미국 내에서 제일 오래된 건물로 기록돼 있다. 좁은 예배당 안에선 신부님과 100여 명의 신도들이 미사를 보고 있었다. 그런데 교회 스태프들이 미사에 참석한 관광객들에게 모자를 돌려 1달러씩의 참가비를 받았다. 참으로 독특한 방식으로 교회 운영비를 벌고 있는 것이다. 로렌토 교회

산타페 북쪽에 있는 리오그란데 협곡

앞 노점에서 텍사스 카우보이 모자를 18달러에 샀다. 여행 기간 내내
미 서부의 뜨거운 햇빛을 막아주는 수호신이 됐다. 이 지역 전통 레
스토랑에서 저녁 메뉴로 나온 미국 남부식 검보^{매콤한 쌀죽}와 밀전병에
싸먹는 새우 파지타도 일품이었다.

산타페는 황토의 도시인 동시에 인디언의 땅이기도 하다. 인디언
이 정착해 살던 이곳에 1600년대 초반 스페인인들이 들어왔다. 초창

기엔 스페인 선교사들의 적극적 활동으로 식민지화에 성공하는 듯했다. 그러나 인디언들은 1700년대 반란을 일으켜 선교사와 스페인 정착민들을 죽였다. 식민통치에 대한 누적된 불만과 종교적 갈등이 원인이었다.

인디언의 반발은 한계가 있었다. 거세게 밀려오는 스페인의 힘에 속수무책이었다. 땅을 자기 자신과 동일시했던 인디언들은 결국 땅을 넘기고 떠나거나 식민지인으로 귀화했다. 이후 멕시코가 스페인에서 독립하면서 이 지역 패권은 스페인에서 멕시코로 넘어갔다. 그러나 1846년 미국-멕시코 전쟁에서 미국이 승리하면서 뉴멕시코는 미국 땅으로 바뀌었다. 이 과정에서 인디언들, 특히 아파치족의 항쟁은 대단했던 것으로 기록돼 있다. 아파치족은 미국 기병대를 게릴라 전술로 유인해 전멸시키기도 했다. 그러나 이들의 항쟁도 1870년대에 끝이 난다. 서양 제국주의의 밀물은 인디언이 막아서기엔 너무 큰 쓰나미였다. 총독 관저와 맞닿아 있는 뉴멕시코 역사박물관은 인디언의 슬픈 역사를 오롯이 담고 있다.

산타페에서 차로 30분 정도 북쪽에 있는 인디언 마을 '타오스 푸에블로'Taos Pueblo에선 인디언의 현주소를 속속들이 볼 수 있었다. 인디언 마을은 생각만큼 낭만적이지 않았다. 마을 앞에는 주변 풍경과 전혀 어울리지 않게 카지노가 서 있었다. 대규모 인디언 부락마다 어김없이 들어선 것이 바로 카지노다. 인디언 생계보호를 명목으로 만들었지만, 거꾸로 인디언의 사회진출과 자활을 막는 '우민화愚民化'의 지배도구로 이용돼 왔다는 비판이 적잖다.

미국 정부나 주류 학자들은 "사회 적응을 못하는 인디언들이 먹고 살 수 있도록 하는 방편"이라고 했다. 그러나 비주류 학자들은 "인디언 말살에 이용되고 있다"고 반박한다. 인디언 대다수가 지금까지 미국 사회에 적응하지 못한 채 고립돼 사는 것도 이 때문이라는 것이다. 인디언 기성세대 중 상당수는 술과 도박, 마약에 찌들어 있는 것으로 알려졌다.

타오스 마을 내부도 지저분하고 쇠락한 모습이었다. 1970년대 우리 농촌을 보는 듯 했다. 낮익은 계단식 황톳집들이 많았다. 산타페의 건물들이 인디언의 건축 양식을 본땄다는 사실을 실감할 수 있었다. 골목에서 만난 인디언의 얼굴엔 윤기가 없었다. 눈의 초점도 흐렸다.

마을 한 가운데 흐르는 개울에 손을 담갔다. 얼음처럼 차가웠다. 로키 산맥에 쌓인 눈이 녹아 흘러내리는 듯 했다. 사진을 찍으려는데 갑자기 인디언 사내 한 명이 달려 나왔다. "사진 찍지 마라. 마을 입구에 가서 먼저 입장료를 내고 관광객 등록을 하라"고 채근했다. 소박했던 인디언 마을에 침투한 상업주의를 보는 것 같아 씁쓸했다. 쫓기듯 인디언 마을에서 나왔지만 서글픈 마음은 어쩔 수 없었다.

로얄고지 브리지
세계 最高의 협곡 다리

 타오스에서 나와 20분 가량 달리자 리오그란데 Rio Grande 협곡이 눈
앞에 펼쳐졌다. 사방 수십km의 평탄한 대지를 둘로 가르는 수백m
낭떠러지였다. 절벽 아래에는 리오그란데 강이 흘러간다. 이 협곡 지
형은 평원 지대를 따라 수십km 이상 이어진다. 협곡 사이로 다리 하
나가 걸쳐져 있는데 그 모습이 참으로 아슬아슬했다. 큰 트럭이 다리
위를 지나가자 다리 전체가 '덜덜덜' 흔들렸다. 아이들이 깜짝 놀라
소리를 지르며 매달렸다.

 다리 한 가운데까지 걸어가 아래를 내려다 보니 강에서 높이가 족
히 250m는 돼 보였다. 다리가 후들거렸다. 양편 기슭은 강의 풍화작
용으로 깎인 지층이 고스란히 드러나 있었다. 포말을 일으키며 흐르
는 강과 황색 협곡, 그 위로 푸른 초원과 파란 하늘, 흰 구름이 묘한
조화를 이뤘다. 협곡 아래 성난 강물 소리가 나지막이 들렸다. 줌 렌
즈로 당겨보았지만 워낙 거리가 멀어 강물이 선명하게 잡히지 않았

다. 차를 타고 다리를 건너는데 교각이 무너질 듯 굉음을 냈다. 가속 페달을 힘껏 밟았다.

리오그란데 다리를 건너면 바로 콜로라도 주^州다. 주위 풍경은 붉은 민둥산과 푸른 초원의 언덕, 관목산, 바위산 등으로 변화무쌍하게 변했다. 그런데 갑작스런 행운이 찾아왔다. 수백마리 소떼가 길을 건너고 있는 게 아닌가. 그 앞뒤에서 카우보이들이 소떼를 몰았다. '텍사스를 차로 건너 오면서 그렇게 보고 싶었던 카우보이와 소떼를 콜로라도에서 보는 구나.' 아이들은 환호성을 질렀다. 앞선 카우보이는 영화배우처럼 멋지게 생긴 젊은이였다. 채찍을 멋지게 휘둘러 소떼를 한쪽으로 몰았다. 뒤에 선 카우보이는 머리가 하얗게 세고 구부정한 주름투성이 노인이었다. '세월은 카우보이에게도 빗겨가지 않는구나.' 한참 동안 넋을 잃고 소떼와 카우보이를 바라봤다.

그레이트 샌듄의 북서쪽에 있는 '로열 고지 Royal Gorge'는 리오그란데보다 더 깊고 높은 협곡이다. 그 위를 '로열 고지 브리지 Bridge'가 가로지른다. 이 다리는 전 세계에서 가장 높은 현수교다. 다리와 아래 강물 사이의 고도 차이가 340m나 된다. 길이 387m, 폭 5m의 다리 위에 올라서면 정신이 아득해 진다. 멋진 디자인의 다리와 강 양편의 깎아지른 절벽이 조화를 이뤄 절로 탄성을 자아낸다. 아내와 아이들은 무서워서 고개도 못 내밀었고, 사진 촬영도 거부했다.

우리가 이곳에 도착한 시간은 오후 6시경. 매표소에선 너무 늦어서 대부분의 탈 것들이 마감됐다고 했지만, 억지를 부려서 몇 가지만 보기로 했다. 우선 케이블카를 타고 이쪽 절벽에서 저쪽 절벽으로 넘어

로얄고지를 가로지르는 현수교

갔다. 발 아래가 까마득했다. 절벽의 단층과 갖가지 모양의 바위들이
딴 세상에 온 듯한 착각을 불러 일으켰다. 케이블카 운전사는 "오늘
이 이 케이블카가 생긴지 41년 되는 날이다. 생일을 자축하자"고 호
들갑을 떨었다.

절벽 아래 강바닥까지 내려가는 경사도 50도의 절벽 열차도 타보
기로 했다. 절벽 열차는 로열 고지 브리지의 최고 인기 코스다. 나는
열차를 관리하는 할아버지에게 가서 "타도 되느냐"고 물었다. 그랬더
니 할아버지는 표 검사도 안한 채 "아직도 안 탔느냐. 그럼 타라"고

로얄고지의 수백m 높이 협곡

선뜻 문을 열어주었다. 그 때 왜 하필 양심이 거리꼈는지, "사실 표
가 없다"고 공연한 말을 했다. 표를 사고도 늑장을 부려 못 탄 줄 알
고 태워주려 했던 할아버지는 표정을 바꾸며 "표가 없으면 안 된다"
고 밀어냈다. '긁어 부스럼'만 없었으면 340m 절벽 아래까지 내려가
보았을 텐데. 아내는 내 입방정을 탓했다.

　　그러나 양심이 고우면 보답을 받는 법. 우리가 낙담한 채 터벅 터

벽 걸어서 다리를 건너는데 관광안내차^{트롤리} 한 대가 다가왔다. 운전사는 "일단 타라"고 했다. 그는 "오늘 내 마지막 운행이니 아이들에게 안내를 해 주겠다"며 절벽 건너편의 각종 놀이 시설과 동물원을 일일이 안내해 줬다. "절벽 동물원의 버팔로가 1주일 전에 새끼를 낳았는데 곧 두 마리가 더 태어날 거에요." "산양이 새끼를 낳았는데 아직 보여주질 않아요." 트롤리를 타고 20여분을 돌아 보니 이게 절벽 기차보다 더 재미있다는 생각이 들었다. 절벽 카페에서 기울어가는 해를 보며 음료수와 커피까지 마신 뒤 로열 고지 브리지를 내려왔다.

로열 고지 브리지가 있는 캐넌시티^{Cannon City}에서 로키산맥 입구까지는 50마일의 아칸소^{Arkansas} 강변길이 구불구불 나있다. 그런데 전혀 기대도 안한 이 길 주변 풍광이 의외로 빼어났다. 아칸소 강은 콜로라도 로키에서 발원해 텍사스와 오클라호마를 거쳐 아칸소 주^州까지 이어지는 대단히 큰 강이다. 강 상류는 폭이 20~60m 정도에 불과했지만 물살은 빠르고 수량도 상당했다. 로열 고지라는 대협곡을 만든 장본인이 바로 이 아칸소 강이다. 엄청난 유량과 유속으로 화강암을 수백m 깊이, 수십km 길이로 깎아내리며 흐른 것이다.

아칸소강을 거슬러 올라가면서 지층이 뚜렷하게 드러난 바위산과 붉은 절벽산, 둥그런 바위로 이뤄진 몽글산, 높이 100m 가량의 통바위산 등이 끊임없이 이어졌다. 저녁 햇살에 반사되는 아칸소 강의 물비늘 너머로 눈 덮인 로키와 검붉은 바위산들이 늘어서 있었다. 한 폭의 그림 같았다.

그레이트 샌듄

로키가 품은 모래사막

뉴멕시코의 리오그란데 협곡에서 북쪽으로 세 시간 가량을 차로 올라가면 로키 산맥 한 가운데에 있는 모래사막 '그레이트 샌듄'Great Sand Dunes National Park을 만나게 된다.

샌듄은 여름에도 하얀 눈을 덮어쓴 로키산맥의 봉우리들을 병풍 삼아 형성된 거대한 모래언덕이다. 사막은 아니지만 그 규모는 사막을 방불케 한다. 어떻게 산맥 한 가운데 거대한 모래 언덕이 만들어진 것일까. 신비로운 풍경을 만들어낸 이는 바로 로키를 향해 불어오는 바람이다. 로키 산맥에 둘러싸여 있는 샌듄 지역은 남동쪽에서 부는 바람이 빠져나가지 못하고 커다란 회오리처럼 계속 맴돌게 되는 지형 구조다. 이 때문에 바람에 섞여 들어온 모래들이 수만년간 쌓여 거대한 모래성을 만든 것이다.

강우량이 적어 토사가 건조한 것도 모래바람을 만드는 원인이라고 한다. 이 모래 제국이 들어선 것은 약 1만5000년 전으로 추정된다.

콜로라도에서 만난 소떼와 카우보이

지금도 모래 언덕의 모습은 바람에 따라 시시각각 기하학적으로 변하고 있다. 이곳 방문자 센터에는 인공바람을 일으켜 실제 모래언덕이 만들어지는 모습을 관찰할 수 있는 시뮬레이션 장치가 있다. 아이들과 직접 시뮬레이터를 돌려보니 바람에 따라 모래가 한켠에 쌓이는 모습이 선연하게 보였다.

　공원에 들어서면 먼저 샌듄 레이크가 방문객을 반긴다. 눈이 녹아 형성된 푸른 회색의 아름다운 호수다. 멀리 로키산맥과 샌듄을 배경으로 사진을 찍을 수 있는 포인트이기도 하다. 다만 레이크 공원에 들어가려면 별도의 입장료를 내야 한다. 샌듄 국립공원 입구에서 직원이 "공원 뒷길에 산불이 나서 산을 넘어가는 길이 폐쇄됐다"고 했다. 산길을 넘어가야 '로열고지 브리지'에 빨리 갈 수 있는데 두 시간가량은 손해를 봐야 했다.

샌듄 앞 주차장에 차를 세우고 나오는데 이상한 벌레가 자꾸 몸에 달라붙었다. 이게 뭘까. 갑자기 몸이 따갑고 간지러웠다. 2분 정도가 지나서야 벌레의 정체를 알았다. 다름 아닌 산모기였다. 5분이 지나자 온 몸이 모기에 뜯겨 부어오르기 시작했다. 심지어 종아리에는 피가 났다. 모기에 물려서, 긁지도 않았는데 몇 분만에 피가 나기는 처음이었다. 샌듄 앞쪽에는 로키 산맥에서 발원하는 얕은 개울이 흐른다. 그 곳에서 산모기가 집단 번식해 방문객들의 피를 빨고 있었던 것이다. 아이들에게 옷을 뒤집어 씌우고 부랴부랴 피신시켰다. 급히 개울을 건너 모래언덕으로 들어서자 모기의 공습이 뜸해졌다.

샌듄은 말이 모래 언덕이지 사실상 사막이었다. 모래 언덕의 높이가 족히 300m는 돼 보였다. 좌우 너비는 10km가 넘었다. 100여명의 사람들이 개미만한 크기로 줄지어 모래 산을 기어 올랐다. 거대한 자연 앞에서 인간의 크기가 얼마나 초라한 것인지. 샌듄의 첫 언덕 부근에서 몇몇 사람들이 손을 흔드는 모습이 보였다. 그 뒤로 더 높은 모래 언덕이 끝없이 이어졌다. 모래성은 위풍당당했다.

우리는 500m 가량을 걷다가 더 이상 전진을 포기했다. 발이 푹푹 빠져 힘들기도 했지만, 더 큰 이유는 모래 바람이었다. 강한 바람이 모래를 끌어다 무시로 얼굴을 때렸다. 세살배기 준하는 눈도 못뜨고 모래에 빠져 허덕였다. 준하를 업고 모래 언덕을 걸어 올라 가느라 나도 숨이 턱까지 찼다. 한 여름인데도 추위를 느낄 정도로 바람이 차가웠다. 해가 구름속에 숨으니 체감온도는 섭씨 10도 이하로 뚝 떨어졌다. 모기의 공세를 피하느라 카메라를 차에 두고 왔다는 사실도 뒤늦게 깨달았다. 결국 모래성 원정을 포기하고 중도 회군했다. 모기 군단의 포위망을 뚫고 다시 개울을 건넜다. 뒤를 돌아보니 샌듄 위로 거대한 먹구름이 몰려오고 있었다. 바람에 비까지 오면 그야말로 설상가상이었다.

다들 배 고프다고 난리였다. 주변 캠핑장으로 가서 취사 도구를 꺼내는데 미국인 아줌마가 가로 막았다. 자기들이 이 캠핑장을 모두 예약했다는 것이다. 그러니 들어오지 말라는 건가? 나는 "1시간 정도 점심만 간단히 해먹고 가려는 것이니 봐달라"고 부탁했다. 그 아줌마는 궁핍한 우리 행색을 보더니 얼굴을 풀면서 취사만 허락했다. 대신 "곰이 수시로 출현하니 먹은 음식물 쓰레기는 꼭 철제 쓰레기통 안에 버리라"고 당부했다.

메뉴는 간단히 짜파게티로 정했다. 막 먹으려 하는데 비가 쏟아졌다. 준하의 머리 위에 떨어진 빗방울을 만져보니 딱딱했다. 비가 아니라 우박이었던 것이다. '왠지 비가 따갑더라. 아까 먹구름의 정체가 이것이었구나.' 식사는 마쳐야지 싶어 준하에게 급하게 짜파게티를 떠먹이는데 우박이 장난 아니게 커졌다. 얼음 덩어리였다. 아내가 급히 아이들을 차 안으로 대피시키면서 "당신은?"하고 물었다. 나는 "그냥 우박 속에서 먹겠다"고 우겼다. 우박에 난타당하며 불어터진

그레이트 샌듄의 거대한 모래언덕

짜파게티와 얼음 섞인 밥을 끝까지 해치웠다.

"별 짓 다 하네. 옆에서 캠핑하는 외국인들이 어떻게 보겠어.""아이 돈 케어I don't care. 사막의 모래 바람과 우박 속에서 짜파게티와 얼음밥을 먹어본 한국인 있으면 나와 보라 그래."

아내는 "그게 그리 좋으냐"고 혀를 찼다. 그러거나 말거나 멋진 샌듄을 바라보니 손톱만한 우박도 유쾌하게 느껴졌다.

아치스
억겁의 바람이 만든 조각품

콜로라도강 대협곡 끄트머리에 둥지를 틀고 있는 아치스 국립공원 Arches National Park 은 자연이 빚은 최고의 조각품이라 할만하다. 아치스의 바위들은 자연 그대로라고는 믿기지 않는 기묘한 형상을 하고 있다. 바위마다 가운데에 커다랗고 둥그렇게 구멍이 나있다. 이름 그대로 둥근 아치 형태의 문門이다. 바람과 급격한 기온 차, 오랜 세월이 빚어낸 예술품이다. 바위 가운데 약한 부분이 비바람에 갈라지고 틈이 벌어진 뒤 오랜 기간에 걸쳐 깨지고 떨어져 나가면 이런 독특한 바위 아치가 생긴다고 한다. 물론 이런 풍화작용을 받은 수백개 바위 중 한두 개만이 아치로 살아남는다.

공원에 들어서면서 제일 먼저 눈길을 끄는 것은 코트하우스 타워 Courthouse Towers 다. 길쭉한 촛대 형태의 바위들이 횡으로 늘어서 있는데 아슬아슬하고 기괴하다. 양 모양의 쉽록 Sheep Rock 과 세 명의 순례자처럼 보이는 쓰리 가십 Three Gossips, 바벨탑을 닮았다는 타워 오브 바벨 Tower of Babel 등이 구비마다 불현듯 일어나 우리를 굽어본다.

또 한 모퉁이를 돌아 나가자 밸런스드 록 Balanced Rock 이 보는 이를 압도한다. 촛대 위에 큰 바위가 위태롭게 얹혀져 있는 형상이다. 윗돌과 아랫돌이 환상적 궁합을 이루며 무게 중심을 잘 맞췄다. 그 덕에 모진 비바람에도 쓰러지지 않고 수만년을 버텨왔다. 그 옆으로는 버섯 모양의 바위들이 모여있는 가든 오브 에덴 Garden of Eden 과 코끼리 바위 Elephant Butte 가 무리를 이뤄 서있다.

코끼리 바위를 지나면 본격적인 아치의 세계가 시작된다. 옆으로 기다랗게 누운 바위에 구멍이 뚫려 있는 투렛 아치 Turret Arch 와 코브 아치 Cove Arch, 창문처럼 난 구멍으로 파란 하늘을 볼 수 있는 노스·사우스 윈도우 North & South Window 가 잇따라 모습을 드러냈다. 아치가 창문처럼 나 있다고 해서 이 지역을 윈도우 섹션이라고 부른다. 일부 아치는 직접 걸어서 올라갈 수 있다. 아치에 올라선 사람들이 개미처럼 작게 보였다.

이 곳을 지나면 붉은 화로처럼 생긴 바위가 줄지어 있는 파이어리 퍼내스 Fiery Furnace 가 나온다. 이곳엔 아치스에서 가장 유명한 델리케이트 아치가 있다. 바위 언덕 위에 동그랗게 서 있는 이 아치를 보면 마치 달이나 소행성에 와있는 듯한 느낌이 든다. 바람의 풍화작용이 이렇게 아름답고 외계적인 형상을 만들어 낼 수 있나 싶다. 다만 이 환상적 모습을 눈에 담는 데는 고통이 따른다. 아치로 가는 길에 몰려드는 모기떼의 무자비한 습격을 잘 견뎌내야 한다.

아치가 가장 많이 몰려있는 곳은 공원의 가장 북쪽인 데블스 가든

아치스 국립공원의 윈도우 아치

Devil's Garden 이다. 초입에서 5분 정도를 걸으니 50m 높이의 거대한 스카이라인 아치 Skyline Arch 가 길을 막고 섰다. 아치에서 떨어져 나온 집채만한 바위들을 타고 올라가 아치를 촬영했다. 무섭다고 발버둥치는 준하를 억지로 메고 올랐다. 아치 사이로 보이는 푸른 하늘이 연한 황톳빛 아치와 대조를 이뤘다. 파리 개선문의 아치가 아름답다지만 자연이 빚은 이 아치에는 비할 바가 아니었다. 아치 건축의 원작

아치스 국립공원의 델리케이트 아치

자는 사람이 아니라 자연이었을 것이다.

데블스 가든은 깊고 좁았다. 흙과 자갈길을 한참 걸어야 아치들이 하나씩 빠꼼이 얼굴을 내밀었다. 여기서부터 준하가 걸으려 하질 않았다. 나는 할 수 없이 준하를 스트롤러에 태워 끌고 갔다. 모래와 자갈 바닥이라 여간 힘든 게 아니었다. 큰 바위벽 사이에 3~4m 너비로 고불고불 난 길을 따라 땀을 뻘뻘 흘리며 걸어 들어가니 한 순간 시야가 확 트였다. 어두운 터널 아치^{Tunnel Arch}, 파인트리 아치^{Pine Tree Arch}, 길쭉하게 이어진 랜드스케이프 아치^{Landscape Arch}, 크고 작은 동그란 구멍이 2개 나있는 더블 오 아치Double O Arch, 바위산 뒤에 숨겨진 프라이빗 아치Private Arch. 그간 팔다리의 고통이 한꺼번에 날아갔다. 아치 구경에 시간 가는 줄, 힘든 줄도 몰랐다.

아치스엔 해가 일찍 떨어졌다. 삼매경에 빠져 있다 보니 어느새 저녁 어스름이 발밑까지 찾아왔다. 주변 바위산과 아치가 거뭇거뭇해 보였다. 아쉬움을 뒤로 하고 공원을 나오는데, 석양 빛을 받아 빨갛게 빛나는 아치와 바위 뷰트들이 손을 흔들었다.

아치스에서 나와 모뉴먼트 밸리로 가면 멕시칸 햇Mexican Hat을 지나게 된다. 온통 황토 사막이 펼쳐지는 곳이다. 나무 한 그루 찾아보기 힘든 살풍경이다. 처음엔 왜 이런 지명이 붙었는지 의아했다. 그런데 황토 사막 저 왼편에 희한하게 생긴 거대한 바위 봉우리가 나타났다. 봉우리 맨 뒤에 커다란 모자가 씌워져 있었다. 멕시코 사람들이 판초 위에 쓰는 모자를 닮았다.

'아하, 이 모자 바위 때문에 이런 지명이 붙었구나.' 황량한 주변 풍경 속에 톡 튀는 이정표였다. 그리고 이곳은 유타와 애리조나 주의 경계점이기도 하다. 그 옆에는 중세 성채를 꼭 닮은 거대바위도 서 있었다. 바라보는 방향에 따라 모양새가 시시각각 바뀌었다. 멕시칸 햇을 구경하던 우리에게 갑자기 흙바람이 몰아쳐 왔다. 황무지 위에 우뚝 선 뷰트의 세계가 드디어 시작된 것이다. '이제 정말 서부 영화의 한 장면으로 들어가는구나.'

모뉴먼트 밸리
서부영화 속 주인공이 되다

　아지랑이가 피어오르는 가운데 지평선까지 뻗은 도로. 아득한 평원 위에 느닷없이 수백m 높이로 솟아있는 성채 모양의 바위산. 어! 이 풍경 왠지 낯이 익다. 곰곰 생각하니 미국 서부를 소개하는 여행 책자 속 사진과 꼭 닮았다. 나는 차 앞자리에 앉은 하영이에게 책자를 꺼내보라고 한 뒤 눈앞의 풍경과 대조해 보았다. 영락없이 똑같았다. 여기가 바로 영화 역마차와 황야의 무법자에 단골처럼 등장하는 황무지, 비석이나 성채 모양의 바위산인 뷰트 Butte 가 지배하는 곳, 바로 모뉴먼트 밸리 Monument Valley 였다.

　모뉴먼트 밸리는 무려 남한 면적의 3분의 2에 달하는 광활한 지역이다. 유타 남부에서 애리조나 북부에 걸쳐 있다. 끝없는 황무지 사막 곳곳에 뷰트가 우뚝 솟아올라 있는 독특한 지형이다. 2억7000만년 전 '메사'라고 하는 테이블 형의 대지가 풍화·침식되면서 뷰트라고 불리는 직벽 바위산만 남게 됐다. 마치 기념비 모뉴먼트 가 줄지어 있는 것 같다고 해서 붙여진 이름이다.

모뉴먼트 밸리 입구에서 막대기 모양으로 늘어선 뷰트와 성채형 뷰트가 앞을 가로 막는다. 때 마침 뷰트 위로 흰구름 한 조각이 솜사탕처럼 떠간다. 뷰트와 흰 구름, 그 자체로 예술사진 같다. 황토 바람이 이는 모뉴먼트 밸리의 입구에 요금소가 나타났다. 국립공원 애뉴얼 패스를 제시했다. 그런데 웬 걸? 인디언 직원은 "우리는 애뉴얼 패스 안 받는다. 여기는 국립공원이 아니다. 성인 1인당 5달러씩 내라"고 했다. 돈도 돈이지만, 이런 멋진 곳이 국립공원이 아니라니…. 나는 의아해 하면서 10달러를 냈다. 아이들은 공짜였다.

이곳이 국립공원으로 지정되지 않은 것은 나바호 Navajo 인디언들의 소유지이기 때문이다. 나바호 인디언 보호구역이자 나바호의 성지로도 불린다. 과거 미국 정부는 이곳을 국립공원으로 지정하려 했다. 기업들도 관광지로 개발하기 위해 땅 매입을 추진했다. 그러나 나바호 인디언들은 강하게 반발했다. 조상의 원혼이 서린 마지막 남은 나바호의 땅이었기 때문이다. 나바호 인디언들은 정부나 기업 대신 자기들이 직접 모뉴먼트 밸리를 관광지로 운영하기로 했다. 그래서인지 주변엔 호텔이나 위락시설이 없다. 포장도로도 없다. 순수 자연 그대로다.

고지대에 있는 방문자센터 전망대로 가니 모뉴먼트 밸리의 장관이 한 눈에 펼쳐졌다. 뷰트 하나 하나가 천변만화의 형상을 한 채 드넓은 평원을 호령하고 있었다. 뷰트들 사이로 난 비포장도로를 따라 차들이 흙바람을 일으키며 느릿느릿 달렸다. 뷰트를 둘러보는 비포장

도로의 길이만 28km라고 한다. 도로 입구에는 '차체가 길고 낮은 차량은 운행을 피하라'는 경고문이 있었다. 인디언들이 운영하는 가이드 투어가 있었지만 1인당 30달러 가량으로 너무 비쌌다. 그래서 직접 차를 몰고 밸리로 들어섰다. 그런데 경고문에는 그럴만한 이유가 있었다. 길이 울퉁불퉁하고 돌과 모래가 많아 차가 이리저리 흔들리고 돌이 튀었다. 차가 손상될까봐 전전긍긍하면서 언덕길을 구불구불 내려갔다. 길 옆에 나바호 인디언들이 만든 세공품 가게가 늘어서 있었다. 제법 구경할 만했다. 천천히 달리며 양편으로 펼쳐진 뷰트들을 구경하는 재미도 쏠쏠했다.

사진에 많이 나오는 벙어리 장갑 모양의 미튼 뷰트^{Mitten Butte}, 코끼리 모양의 엘리펀트 뷰트^{Elephant Butte}, 낙타 모양의 캐멀 뷰트^{Camel Butte} 등이 잇따라 다가왔다. 가까이서 보니 뷰트 크기가 대단했다. 높이가 최소 300m를 넘었다. 각양각색의 형상을 갖춘 돌의 거인들이 평원 위를 걸어다니는 모습이었다. 자연의 조각술에 한계가 없는가 보다.

밸리 중앙에 위치한 세자매 바위^{Three sisters Butte}는 이름 그대로 여성 세 명이 마주보는 모양새였다. 높이가 250m 이상인 이 뾰족 바위들에는 인디언 세 자매의 전설이 담겨있다고 한다. 그 옆에는 서부 영화의 거장인 존 포드가 가장 즐겨 찍었다는 '존 포드 포인트'가 있었다. 과연 그곳에서 바라다 보이는 뷰트 하나 하나가 특정한 형상을 떼다 놓은 듯했다. 영국의 스톤 헨지처럼 생긴 토템 뷰트^{Totem Butte}도 신기했다. 밸리에 들어오니 서부영화 속 주인공이 된 듯한 느낌이 들었다.

모뉴먼트 밸리에 우뚝선 거대한 뷰트들

갑자기 엄청난 모래바람이 불었다. 눈을 뜨는 것은 물론이고 숨쉬거나 서있기도 힘들었다. 모래가 피부에 닿으니 바늘로 찌른 듯 따가웠다. 사진을 찍다 말고 차안으로 쫓겨 들어왔다. 문을 여는 잠깐 사이에 황토모래가 차 안에 꽉 들어찼다. 나머지 뷰트들을 둘러보는 동안에도 바람은 그치지 않았다. 차 밖으로 나갈 수가 없었다. 서부 영화에서 나왔던 모래바람은 연출된 게 아니었다.

모뉴먼트 밸리의 뷰트와 그 위에 뜬 구름

　그런데 뷰트 아래에 인디언이 지은 작은 집과 컨테이너가 눈에 띄었다. 우리에겐 관광지였지만 나바호 인디언들에겐 삶의 터전이었던 것이다. 물도 전기도 없는 이곳, 한치 앞을 보기 힘들 정도의 모래 바람이 부는 이런 척박한 땅에서 이들은 어떻게 살아왔을까. 나바호 인디언들이 원래 이곳에서 산 것은 아니었다. 백인과 전쟁에서 패배한 뒤 강제로 쫓겨서, 또는 감언이설에 속아 동물도 살기 힘든 이 땅으로 밀려난 것이다.

미국인들이 자랑스럽게 여기는 서부 개척사는 '인디언 말살사'였다는 말이 실감났다. 신대륙 발견 당시 북미 대륙에만 1000만명의 인디언이 살고 있었다고 한다. 하지만 백인들의 말살 정책으로 지금은 100만명 남짓만 남았다. 세계 1등 국가로 영화를 누려온 미국의 역사 뒤에는 잔혹하고 고통스런 인디언의 역사가 숨겨져 있다.

클리프 드웰링스

절벽 위의 거주자들

그랜드 캐니언 동북쪽에는 리틀 콜로라도^{Little Colorado}강 협곡이 15km 이상 이어진다. 분지의 평야 지대 한 가운데에 100m 이상 움푹 들어간 협곡이다. 그 끝지점에서 북쪽으로 방향을 틀면 마블 캐니언^{Marble Canyon}과 글렌 캐니언^{Glen Canyon}으로 이어진다. 글렌 캐니언은 규모가 그랜드 캐니언 못지 않게 광대하다. 댐으로 인해 큰 호수가 형성돼 있다. 하지만 관광의 매력도는 다른 캐니언에 비해 좀 떨어진다.

글렌 캐니언 방향과 반대로 나바호 다리^{Navajo Bridge}를 건너면 마블 캐니언의 수백m 직벽이 수십㎞에 걸쳐 눈앞을 가로 막는다. 나바호 다리는 마블 캐니언을 형성하는 강위에 놓여있다. 이 다리는 걸어서 건너야 제 맛을 느낄 수 있다. 강 양편 협곡에 수놓아진 지층과 초록색의 강물이 일품이다. 특히 강물에 다시 투영된 협곡과 파란 하늘은 강속에 또 다른 세계가 펼쳐져 있는 듯한 착각을 일으킨다. 협곡 주변에 우뚝 솟은 바위성채도 강물과 멋진 조화를 이룬다.

마블 캐니언의 성채 바위

　나바호 다리 옆 공원에서 멋진 풍광을 벗삼아 점심을 먹었다. 가스
버너와 프라이팬으로 즉석 조리한 햄과 계란 프라이가 메인 요리였
지만, 그 맛은 최고였다. 미국 관광객들이 신기한 듯 쳐다 봤지만 그
런 것에는 아랑곳하지 않을 정도로 야외 식사에 적응돼 있었다.

　그런데 준하가 갑자기 밥을 먹다 말고 얼굴이 노래지더니 배를 부
여잡고 인상을 팍팍 썼다. "아빠~, 으~응가 마려워." 이 놈이 웬만하

마블 캐니언 끝자락의 클리프 드웰링스

면 참고 말을 안했을 텐데. 어지간히 급한 모양이었다. 그동안 준하
는 수세식 변기가 있는 모텔에서만 큰 일을 봤다. 그것도 변기 커버
가 있어야 했다. 그런데 생리 현상이란 게 항상 주변 여건이 갖춰져
있을 때만 나오는 것은 아니다.

　이곳 공원 화장실은 수세식이 아닌 '푸세식'이었다. 미국 중서부 산
악지대의 국립공원 상당수가 그랬다. 이게 나름 친환경이라고 한다.
유아용 변기 커버를 꺼낼 여유도 없는 긴급 상황이었다. 나는 준하를

60

화장실로 데려가서 변기에 앉혔다. 그런데 준하는 시커먼 변기 구멍을 내려다 보더니 앉으려 하질 않았다. 구멍 아래에선 냄새가 심하게 났다.

"아빠, 저기 시커매. 냄새나. 무서워."

"괜찮아. 아빠가 잡아줄게"

"아냐, 빠질 거 같아."

"아빠가 준하 허리를 잡을 테니까, 준하는 아빠 어깨를 잡아."

힘들게 푸세식 변기에 앉은 준하.

"똥이 안 나올 거 같아."

"안 빠지니까, 안심하고 힘 줘."

내 목을 단단히 부여잡고 5분간의 산통 끝에 드디어 첫 발사 성공. 그리고 10여분 후 임무 완료. 이렇게 해서 준하는 길 위에서, 푸세식 화장실을 만나도 두렵지 않은 아이가 됐다. 이후 산 위에서도, 바닷가에서도 비상상황에 잘 대처했다. 웬만한 푸세식 화장실의 냄새에도 꿈쩍하지 않게 됐다. 이게 여행에서 뭐 중요한 일이냐고 할 수도 있다. 그러나 아이들과 여행을 다니다 보면 먹고 자고 일보는 것만큼 중요한 건 없다.

마블 캐니언엔 왜 이 이름이 붙었을까? 마블 캐니언은 다른 캐니언과 달리 절벽의 색깔이 황토색이나 짙은 회색이 아닌 하얀 색이 감돌았다. 색깔과 모양새가 대리석과 흡사했다. 그래서 이름에도 대리석이란 단어가 붙은 것 같았다. 대리석처럼 하얀 절벽이 수십km 넘게 꼬불꼬불 이어져 있었다. 다만 강과 절벽간 거리가 멀어 협곡이란 느낌은 별로 들지 않았다. 다른 캐니언과 달리 절벽도 양편이 아닌 한 쪽으로만 형성돼 있어서 다소 단조롭다는 인상을 줬다.

그런데 마블 캐니언에는 협곡보다 멋진 선물이 숨겨져 있었다. 캐니언 끝자락에 위치한 클리프 드웰링스 Cliff Dwellings · 클리프 드웰러스라고도 부른다 였다. 별 생각없이 앞만 보고 운전하다 보면 그냥 지나칠 수도 있었다. 황톳빛 절벽에 마치 인디언 부락의 가옥처럼 생긴 지층이 2~3km 가량 이어져 있다. 처음엔 이게 무엇인지 몰라 고개만 갸웃했다. 인디언 집 같기도 하고 둥근 단지나 버섯 모양처럼도 보였다. 사람의 형상을 닮은 것도 있었다. 그래서 절벽위의 집이나 절벽위의 거주자라는 이름이 붙은 것이다.

특히 그 절벽 아래에는 집채만한 둥그런 바위들이 여기저기 굴러 떨어져 있었다. 바위에는 크고 작은 구멍이 수십군데 넘게 숭숭 나있었다. 어떤 바위는 해골처럼 생겼다. 그런데 굴러 떨어진 큰 바위에는 놀랍게도 조그만 집들이 붙어 있었다. 바위에 생긴 큰 구멍을 중심으로 인디언들이 집을 짓고 살고 있었던 것이다. 참으로 희한한 삶의 방식이었다. 인디언들은 아메리카 대륙 곳곳에서 자연의 한 부분으로 동화돼 살고 있었다. 이들이야 말로 진정한 클리프 드웰러스가 아닐까 싶었다. 인디언들은 바위 집 앞에 작은 기념품 좌판을 놓고 장사를 했다. 우리가 다가가니 자신들이 직접 만든 기념품을 들고 다가와 이것 저것 설명을 했다. 사진만 찍고 기념품은 사지 않고 돌아서려니 상당히 미안했다.

클리프 드웰링스의 *끄트머리*로 가니 절벽의 집이 석고처럼 하얗게 변했다. 절벽의 나머지 부분은 붉은 황토색인데 집 모양의 지층만 하얀색으로 도드라져 있었다. 아마도 지층의 종류가 다른 것 같았다. 인디언 절벽집이 마치 흰 눈에 덮힌 듯한 착시를 일으켰다.

클리프 드웰링스를 지나면 끝없는 오르막 길이다. 정상에서 내려다 보니 마블 캐니언과 클리프 드웰링스가 지평선까지 펼쳐져 있었다. 여기서 왼편은 그랜드 캐니언의 최고 장관 중 하나인 노스 림, 오른쪽으로 가면 브라이스 캐니언이다.

그랜드 캐니언 하루에 돌아보기

그랜드 캐니언은 그 규모나 웅장함에서 다른 캐니언을 압도한다. 그런 만큼 둘러볼 곳도 많고 시간도 많이 든다. 그랜드 캐니언을 관광할 땐 세 가지에 유의해야 한다. 첫째 캐니언의 북쪽인 노스 림은 사우스 림과는 따로 일정을 잡아야 한다. 자동차로만 3시간 거리다. 노스림에 최소 하루를 더 투자하는 게 좋다.

둘째 캐니언의 중심부인 웨스트 림을 구경할 때는 자가용 출입 금지다. 공원 셔틀버스를 타야 한다. 하지만 사람이 많이 몰리는 오전 10시 이후엔 셔틀버스를 타는 데도 긴 줄을 서야 한다. 사람이 많아지면 주요 포인트에서 캐니언을 제대로 감상하기도, 사진을 찍기도 힘들다.

셋째 시간계획을 잘 세워야 한다. 그래야 하루 안에 주요 포인트를 모두 돌아볼 수 있다. 따라서 무조건 아침 일찍 나가야 한다. 이스트 림은 웨스트 림 관광을 일찍 마친 후 자가용으로 다니면 된다. 늦어도 아침 8시엔 캐니언 빌리지에서 셔틀을 타는 게 좋다. 주차는 캐니언 빌리지의 마스윅 로지Maswik Lodge 옆 주차장에 세우는 게 최적이다. 사우스 림의 서쪽 끝인 허미츠 레스트Hermits Rest로 가는 셔틀버스를 바로 탈 수 있다. 이곳에는 윌리엄스에서 출발해 그랜드 캐니언까지 100년 넘게 운행되고 있는 증기기관차도 선다. 매일 수천명의 관광객이 기차를 타고 이곳에 온다.

셔틀버스는 보통 15분 간격으로 운행된다. 웨스트 림에는 9개의 포인트가 있는데 이 곳 중 4~5개만 골라서 보는 것도 시간을 아끼는 방법이다. 물론 시간에 구애를 받지 않는다면 다 둘러 봐도 무방하다. 버스 정류장에서 가까운 포인트는 15분

사우스림에서 바라본 그랜드 캐니언

안에 보고 다음 버스로 이동하면 된다. 볼거리가 많고 도보거리가 긴 곳은 그 다음 버스를 타는 게 좋다. 개인적으로는 '쿠프 왕의 피라미드'라는 바위산이 보이는 호피Hopi 포인트, 갖가지 모양의 캐니언 지층이 한 눈에 펼쳐지는 모하비Mohave 포인트, 바위가 크게 돌출돼 있어 180도 탁 트인 전경과 '오리시스의 신전'을 볼 수 있는 피마Pima 포인트, 마지막 포인트인 허미츠 레스트는 꼭 들르길 추천한다.

그랜드 캐니언 위의 꽃과 나무, 고즈넉한 풍경을 즐기면서 걷기에는 피마 포인트~허미츠 레스트까지 1.8km 트레킹 코스가 최고다. 햇볕도 좋고 바람도 선선한 데다 200여m마다 보행자를 위한 관람 포인트와 벤치도 있다. 절벽을 따라 난 산책 코스 주변에 각종 야생화, 선인장, 바위 등 볼거리가 많다. 허미츠 레스트에선 계곡 아래로 내려가는 도보 트레일이 시작된다.

이스트 림의 포인트들은 자가용으로 갈 수 있다. 스페인 탐험대가 그랜드 캐니언을 최초로 발견한 장소인 야바파이Yavapai 포인트에선 콜로라도강 협곡과 기암절벽이 가장 잘 보인다. 특히 캐니언을 가로지르는 콜로라도강 협곡에서 유일하게 녹음이 우거진 팬텀 랜치Phantom Ranch를 볼 수 있다. 이곳의 지형

과 특징, 형성 과정을 볼 수 있는 박물관도 있다. 그랜드 뷰 포인트에선 4~5개의 촛대 바위를 타고 절벽 끄트머리까지 건너가는 모험을 해볼 수 있다.

노스 림은 사우스 림보다 협곡이 더 발달돼 있고 경치도 뛰어나다. 그러나 교통이 불편하고 접근이 힘들다. 유일한 숙박시설인 '노스림 로지'에 묵으려면 4~5달 전에 미리 예약을 해야 한다. 20세기 초 1000m 넘는 낭떠러지 위에 세워진 이 로지는 그 자체가 유적지다. 산장 창문을 통해 까마득하게 내려다 보이는 거대한 그랜드 캐니언의 모습, 일몰의 순간이 최고로 손꼽힌다.

브라이스 캐니언

자연이 빚은 최고의 예술

상쾌한 아침 공기를 마시며 브라이스^{Bryce} 캐니언에 들어섰다. 천혜의 아름다움으로 '캐니언의 여왕'이라 불리는 곳이다. 첫 발을 디딘 곳은 '선셋 포인트^{Sunset Point}'. 모두의 입에서 "우와!"하는 탄성이 동시에 터져 나왔다. 별천지에 온 느낌이었다. 첨탑과 성채, 승려 모양의 뾰족 뾰족하고 길쭉한 바위들이 수마일 이상 빽빽이 펼쳐져 있었다. 이같은 형태의 바위들을 여기선 '후두^{Hoodoo}'라고 불렀다. 기기묘묘한 형태에 노란색, 하얀색, 회색 등 다양한 색채가 어우러졌다. '인간이 조각을 한다고 해도 이렇게 아름답기는 힘들겠구나'하는 생각이 들었다. '웅장함으론 그랜드 캐니언이지만, 아름답기로는 브라이스가 최고다.' 이 말이 실감났다.

동물 모양으로 생긴 하얀 후두들이 집중적으로 모여 있는 지점은 특별히 '앰피씨어터^{Amphitheater}'라고 불렸다. 야외극장에 동물들이 모여 공연을 하는 듯한 모습이었는데, 브라이스 캐니언의 최고 포인트

브라이스 캐니언의 아름다운 후두

중 하나였다. 그 옆으로는 중세 유럽의 성채를 닮은 후두가 거대한
위용을 자랑했다. 왕을 알현하기 위해 줄지어 서있는 신하들의 모습
도 보였다. '가라앉는 배 Sinking Ship'는 가장 유명한 후두 중 하나다. 절
반 이상이 바닷물 속에 가라앉고 있는 배 모양으로 생겼다고 해서 붙
여진 이름이다.

　이 모든 비경이 빗물과 바람에 의한 침식 작용으로 생긴 것이라고
한다. 지층 중에서 연약한 부분, 또는 소금이 다량 함유된 부분이 빗
물에 집중적이 침식되면서 단단한 바위 부분만 남아 이처럼 뾰족 뾰

족한 후두를 형성하게 됐다는 것이다. 하지만 단순히 풍화작용이라고 설명하기엔 그 형태와 빛깔이 장인의 손길이 닿은 듯 섬세하고 오묘했다. 그랜드 캐니언의 장엄하고 거친 모습과는 달리 섬세하고 예술적이며 여성적이었다. 아메리카에서 본 최고의 캐니언이 뭐냐고 물으면 나는 주저없이 브라이스를 꼽고 싶다.

선셋 포인트의 오솔길에서 관광객 10여명이 말을 탄 채 빠르게 달려 왔다. 처음엔 단순히 승마 체험 코스인가 했다. 그런데 이들은 말을 탄 채 브라이스 캐니언으로 내려가는 게 아닌가. 걸어서 모든 코스를 다니기는 힘들기 때문이란다. 말 타본 경험만 있다면 충분히 시도해 볼만한 일이었다.

걸어서 후두가 늘어서 있는 계곡 아래로 내려가는 사람들도 많았다. 후두들 사이에 난 좁은 통로를 걸어가며 구경하는 것이 브라이스 캐니언의 진짜 관광코스였다. 나도 내려가고 싶었지만 3살 준하가 문제였다. 흙과 돌 투성이의 급경사 길을 내려가는 게 너무 위험했다. 눈물을 머금고 브라이스 트레킹을 포기했다. 대신 브라이스의 모든 포인트를 차로 다 돌아보기로 했다. 브라이스에는 공식적인 포인트만 6개, 간이 · 비공식 포인트는 부지기수였다. 선라이즈Sunrise, 브라이스Bryce, 페어리랜드Fairyland 포인트, 파리아 뷰Paria View 등을 모두 돌면서 브라이스의 환상적인 경치를 즐겼다.

그 중 가장 유명한 곳인 '인스피레이션Inspiration 포인트'의 절벽에선 땅 다람쥐 가족을 만났다. 이 다람쥐들은 절벽에 구멍을 파고 살았다. 관광객들에게 익숙해서인지 다가가도 도망가지 않았다. 준하가 먹던 과자를 떨어뜨리자 다람쥐들이 잽싸게 달려들어 냉큼 주워 먹었다. 준하가 "와아! 재미있다"면서 다시 과자를 한 개 집어 들었다. 그러자 다람쥐 한 마리가 준하의 무릎과 어깨 위로 쏜살같이 뛰어 오르더니 과자를 싹 낚아채 가버렸다. 깜짝 놀란 준하가 '앙'하며 울음을 터뜨렸다.

주변에 있던 관광객들이 모두 박장대소했다. 너도 나도 경쟁하듯 다람쥐들에게 먹을 것을 주기 시작했다. 원래 국립공원에서 야생동물에게 먹을 것을 주는 것은 위법이다. 그러나 아이들에게 다람쥐를 보여주기 위해, 근거리에서 다람쥐를 촬영하기 위해 '작은 불법'은 감수하는 듯 했다. 그 덕에 우리도 땅 다람쥐들을 가까이에서 볼 수 있었다. 난간 위에 선 다람쥐들과 기념촬영도 했다.

공식 포인트를 다 돌아본 우리는 브라이스 캐니언 뒤편으로 이어지는 레인보우 포인트 드라이브Rainbow Point Drive를 달렸다. 일반인에게는 잘 알려져 있지 않지만 전문가들 사이에선 최고로 꼽히는 드라이브 코스다. 아담한 편인 브라이스 캐니언의 본류6개 포인트보다 이 코스를 따라 펼쳐진 부속 캐니언들이 더 컸다.

스웜프 캐니언Swamp Canyon, 아구아 캐니언Agua Canyon, 판데로사 캐니언Ponderosa Canyon, 블랙버치 캐니언Black Birch Canyon 등 9개의 포인트가 줄지어 있었다. 처음에는 '그냥 드라이브나 좀 하다 가자'고 여겼다. 그런데 이 곳 경치가 브라이스 본류에 못지 않게 예술이었다. 조그만 계곡들을 따라 기묘하게 생긴 후두들이 주변 나무들과 어우러져 이색적이고 독특한 풍광을 만들어 냈다. 부처님 얼굴을 닮은 후

브라이스 캐니언에 사는 땅다람쥐

두와 장승 모양의 후두를 보면서 "한국의 석공이 이곳에 다녀갔나 보다"는 농담도 했다. 가운데가 뻥 뚫린 아치 모양의 내추럴 브리지 Natural Bridge 도 신기했다. 어느 한 포인트도 놓치기 싫을 정도로 매력적이었다. 수백m 계곡 아래에서 불어오는 바람 소리가 마치 음악소리처럼 들렸다. 관광객들이 모두 "어떻게 이렇게 희한한 소리가 나는 거냐"며 신기해 했다.

경치에 취하면 시간 가는 줄도, 배고픔도 잊어버리는가 보다. 매 포인트마다 들르다 마지막 레인보우 포인트에 도착하니 점심 시간을 훌쩍 넘겨 버렸다. 금강산도 식후경이라고 했지만 브라이스에선 그 말이 안 통하는 것 같았다.

타이오가 패스

만년설에 덮인 고산 세계

캘리포니아 북부의 시에라 네바다 산맥에 있는 요세미티 ^{Yosemite} 는 1890년 국립공원 지정 이후 미국인들에게 가장 사랑받는 곳이다. 요세미티는 거대한 바위산과 폭포의 세계다. 하프돔 ^{Half Dome} 과 엘 캐피탄 ^{El Capitan} , 노스 돔 ^{North Dome} 등 2000m급 이상 바위 직벽이 곳곳에 솟아있고, 그 사이사이로 수백m 높이의 장대한 폭포들이 쏟아져 내린다.

이들을 한꺼번에 감상하려면 글레이셔 포인트 ^{Glacier Point} 에 오르면 된다. 고도 2164m의 이 봉우리에 올라서면 하프돔과 엘 캐피탄, 노스돔, 로얄 아치 ^{Royal Arches} 등이 파노라마로 펼쳐진다. 건너편의 하프돔은 둥근 돌산의 절반을 칼로 잘라낸 모양으로, 요세미티의 상징물이다. 엘 캐피탄과 함께 전 세계 암벽 등반가들의 도전 대상이다. 높이는 2695m. 여름엔 표면 온도가 섭씨 100도까지 올라가니 자칫 손이 익어버릴 수 있다.

요세미티의 고산 지대 타이오가 패스

　세계 최대의 화강암 덩어리인 엘 캐피탄^{해발 2271m}은 세계 최고 높이의 직벽^{1078m} 암벽이다. 2015년 초 두 명의 등반가가 최소한의 추락 방지 장치만 갖고 맨손으로 올라가는 '자유 등반'에 도전했다. 이들은 19일만에 엘 캐피탄의 최대 난코스인 '돈 월' 코스를 최초로 정복, 세계적 화제가 됐다. 웅장한 물줄기의 요세미티 폭포도 이곳의 상징물이다. 상하 2단으로 이뤄진 요세미티 폭포는 총 낙차가 728m로 미국

글레이셔 포인트에서 바라본 요세미티 국립공원

에서 가장 크다.

　그런데 드넓은 요세미티 공원에서 북부 투올러미[Tuolumne] 고원지대를 동서로 관통하는 타이오가[Tioga] 패스를 가본 이는 그리 많지 않다. 이 타이오가 도로에 요세미티의 진주같은 비경이 숨어있다. 미국에서 가장 아름다운 산악도로라는 별명이 붙어 있다.

　투올러미는 해발 3000m 이상 만년설을 안고 있는 곳이다. 요세미티 입구에서 120번 도로를 타고 오르막길을 20여분간 오른 뒤 첫 갈

림길에서 오른쪽으로 꺾어지면 타이오가 도로가 시작된다. 눈이 쌓이는 겨울에는 폐쇄되며 여름에만 오갈 수 있다. 타이오가 도로를 타고 가다보면 한여름에도 도로 양편에 50cm 이상 눈이 쌓여 있었다. 그만큼 이곳의 고도가 높고 기온이 낮다는 뜻이다. 첫 다리를 지나는데 오른 편 폭포에서 얼음장 같은 물보라가 쏟아졌다. 떨어진 물줄기가 다리 위에까지 튀었다. 좁은 다리 위에는 관광객들이 몰려 사진을 찍느라 북새통이었다.

고도가 점점 높아지면서 주변의 산세가 한 눈에 바라다 보였다. 아직도 곳곳에 흰 눈을 뒤집어 쓴 산 봉우리들이 사방에 솟아 있었다. 휴게소가 있는 화이트 울프White Wolf를 지나 포쿠핀 플랫Porcupine Flat에 당도하자 눈 앞이 확 트였다. 포쿠핀 플랫의 넓은 바위언덕 한 가운데에 소나무 한 그루가 홀로 서 있었다. 풀 한 포기 안 보이는 이런 바위 언덕에 어떻게 이 소나무만 뿌리를 내렸을까. 모진 바람과 추위를 어떻게 버텼는 지 신기했다. 요세미티의 봉우리들을 배경으로 소나무 아래에서 사진을 찍으니 그 자체로 작품이었다.

타이오가에서 가장 유명한 곳은 옴스테드 포인트Olmsted Point와 테나야Tenaya 호수다. 옴스테드 포인트에 서면 사방이 온통 쩍쩍 갈라진 화강암릉이다. 길게 갈라진 틈마다 침엽수들이 간간히 뿌리를 내리고 있고, 곳곳에 어디서 굴러왔는지 모를 거대한 바위 덩어리들이 얹혀져 있다. 끝없이 펼쳐진 바위산 저 너머로 반이 쪼개져 나간 둥근 바위산이 보이는데, 그것이 바로 하프돔이다.

이곳에서 10여분을 더 달리니 테나야 호수가 나타났다. 타이오가

도로 주변에서 가장 넓은 호수다. 수정 처럼 맑은 호수는 바닥의 잔돌까지 다 들여다 보였다. 호숫가 바위로 건너가 손을 담가 보았다. 눈 녹은 물답게 손이 저릴 듯 시렸다. 이곳엔 작은 모래톱도 있어서 한 여름에 수영을 할 수도 있다고 한다. 건너편 바위에선 여행객 한 명이 호수에 낚싯대를 드리우고 있었다. 물고기가 잡히기는 한 걸까? 맨눈으로는 물고기 한 마리 안 보였는데. 하지만 꼭 물고기가 있어야 낚시를 하는 것은 아니다. 이런 비경 속에서는 그저 마음만으로도 낚을 수 있는 법이다.

바위에 누워 바라본 하늘은 호수만큼이나 파랬다. 호수 너머로 캐시드럴 피크Cathedral Peak와 트레시더 피크Tresidder Peak 등 3000m 이상 고봉들이 푸른 하늘과 맞닿더니, 다시 파란 호수에 잠겼다. 흰 눈을 인 봉우리가 하늘과 어울려 한 폭의 그림이 되었다. 세상 시름을 모두 떨쳐버리게 하는 신선의 땅이었다. 오래도록 선경仙境에 빠져 들었다.

얼마나 지났을까. "아빠 배 고파요. 밥 먹어요." 아이들의 목소리가 나를 무릉도원에서 홍진紅塵의 세계로 끌어 내렸다. 자연이 아무리 좋아도 아이들 민생고는 해결해야 하는 법이다. 부근의 공원으로 차를 달렸다. 호수와 산봉우리가 보이는 공원에서 간이식탁을 차렸다. 타이오가를 바라보며 즐기는 자연속의 점심. 더할 나위 없이 좋았다. 여기서 더 가면 사이다처럼 보글보글 기포가 올라오는 천연 탄산천인 소다 스프링스Soda Springs와 거대한 롬버트 돔이 나온다. 어느 곳을 가고 어디를 보아도 별천지 같은 풍경이 계속 펼쳐진다.

그런데 요세미티가 무슨 뜻인지, 어디서 유래했는지 아는 사람은 그리 많지 않다. 1850년대 미국 정부는 요세미티의 아와니 인디언 부족 마을에 군대를 투입, 집을 불사르고 강제로 쫓아냈다고 한다. 군인들이 "너희 부족 이름이 뭐냐"고 묻자 이들은 "요세미티"라고 답했다. 이 말은 공원의 이름으로 굳어졌다. 하지만 요세미티는 인디언 말로 "너희는 살인자다"라는 뜻이었다. 참으로 역사의 아이러니다. 현재 요세미티의 최고급 호텔 이름이 아와니. 스티브 잡스도 이곳에서 결혼했다.

밸리 오브 파이어

불타는 기암괴석

　라스베이거스에서 후버 댐을 지나 미드^{Mead} 호수를 따라 올라가면 붉은 불모지가 나타난다. 바로 '불의 계곡'이라고 불리는 '밸리 오브 파이어'^{Valley of Fire}다. 바위의 색깔이 불타는 듯 붉어서 붙여진 이름이다. 햇빛이 강할 때는 계곡 전체에 불이 난 것처럼 보인다고 한다. 불의 계곡은 지도만 봐선 찾기 힘든 외진 곳에 있다. 자이언^{Zion} 캐니언에서 만난 미국인 아주머니가 "꼭 가보라"고 알려주지 않았다면 우리도 모르고 지나쳤을 것이다. 후버댐에서 꼬불꼬불 나 있는 도로를 따라 거의 두 시간이나 차를 몰고 들어갔다. 그런데 공원에 들어선 순간 그 두 시간이 전혀 아깝지 않았다. 영화 '스타워즈'에 나오는 외계 행성을 바로 눈앞에서 보는 것 같았다.

　이곳은 공원 입구 풍경부터 낯설었다. 매표소나 표 파는 직원이 안 보였다. 대신 관광객들이 자율적으로 돈을 내라고 적힌 안내문과 함께 나무로 만든 돈통 하나가 덩그러니 걸려 있었다. 희한한 시스템이

북미 최대 후버댐과 콜로라도강

밸리 오브 파이어의 호랑이 바위(왼쪽 위)와 상어 바위(오른쪽 아래)

다. 그냥 지나친다고 해서 뭐라 할 사람도, 감시 카메라도 없었다. 이게 선진국인가 싶었다. 대한민국 문화시민의 자긍심을 갖고, 쓰여진 대로 요금 10달러를 충실히 냈다.

　제일 처음 나타난 포인트는 엘리펀트 록Elephant Rock 이었다. "코끼리 모양의 바위가 어디 있지"하면서 한참을 찾았다. 차로 500m 정도를 더 내려가자, 마침내 코끼리가 떼로 몰려 나왔다. 한 마리가 아니라 곳곳에 코끼리 모양을 한 붉은 바위들이 무리를 이루고 있었다. 사막의 누런 색깔과 선명하게 대비되는 붉은 빛깔의 바위들. 오랜 기간 침식과 풍화 작용으로 바위들엔 구멍이 숭숭 뚫려 있었다. 마치 동물의 눈이나 코, 입이 달려 있는 것 같았다. 코끼리의 모양새나 색깔도 각양 각색이었다.

2km 정도를 차로 더 달려가자 인디언 전사의 얼굴을 닮은 30m 높이의 큰 바위가 나타났다. 인디언들이 썼던 사냥도구의 이름을 딴 '인디언들의 서낭당'이었다. 이 바위에는 고대 인디언들이 새겨놓은 선사시대 벽화가 있었다. 벽화 바로 아래까지 계단을 따라 올라갔다. 바위 위쪽에 평면TV처럼 생긴 벽에 각종 동물과 사람, 그림, 기호 등이 새겨져 있었다. 고대 인디언 제사장들이 이곳에 와서 제사를 지내고 벽화를 그린 것으로 추정된다. 사냥의 성공과 풍요를 비는 무속신앙이었을 것이다. 최근에 만든 관광객용 계단 옆으로는 과거 인디언들이 사용했던 낡은 돌계단도 있었다. 수만년의 시간을 넘어 돌계단에 녹아있는 인디언의 체취가 느껴졌다.

'삼형제 바위'에서 점심을 먹었다. 세 사람이 마주보고 있는 듯한 특이한 형상의 바위였다. 다행히 이곳엔 피크닉 테이블과 의자가 있었다. 그런데 어디선가 다람쥐가 한두 마리씩 모여들었다. 처음엔 그냥 무시했다. 그런데 바람에 음식 그릇이 뒤집어져 날려가자 이 놈들이 잽싸게 테이블 주변으로 달려들어 음식을 훔쳐 먹었다. 특히 가장 만만해 보이는 준하 주변을 집중 공략했다.

얼마 전 브라이스 캐니언에서 다람쥐의 습격을 당한 적이 있는 준하가 소리를 지르며 매달렸다. "다람쥐 싫어!" 어느 새 우리 주변에는

20마리가 넘는 다람쥐 떼가 모여 들었다. 내가 큰 소리를 쳐서 쫓았지만, 금새 다시 다가왔다. 식사를 어느 정도 끝낸 터였기에 우리가 물러나기로 했다. 혹시 놈들이 아이를 물기라도 하면 큰 일이었다. 나는 남은 음식을 멀리 휙 던지며 말했다. "잘 먹고 잘 살아라. 이 놈들아!"

도로를 따라 계속 붉은 바위들이 이어져 있었는데 잘못했으면 그냥 라스베이거스로 나올 뻔했다. 우연히 계곡의 제일 깊은 쪽 포인트로 향하는 이정표를 발견했다. 이곳이 정말 대박이었다. 구멍이 숭숭 뚫리고 이리저리 뒤틀린 붉은 바위들이 제각기 다른 기기묘묘한 형태의 조각품을 빚어내고 있었다. 영화 스타워즈를 찍었다면 이곳이 아니었을까 싶었다.

동물이나 사람을 닮은 바위도 많았다. 거북이 바위, 호랑이 바위, 사자 바위, 상어 바위, 강아지 바위, 노인 바위, 괴물 바위. 시선을 던지는 곳마다 다 조각품이요 사진거리였다. 내추럴 아치도 셀 수 없이 많았다. 규모는 작았지만 아치스 국립공원에서 못 다본 아치들을 이곳에서 다 볼 수 있었다. 처음엔 "왜 이런 황량한 곳에 데려 왔느냐"고 투덜거렸던 아내도 연신 탄성을 지르며 사진을 찍었다. 하영이와 준하는 불쑥 불쑥 얼굴을 디미는 바위들을 가리키며 "저건 할아버지, 이건 할머니 바위" "이건 강아지, 저건 괴물바위"라며 이름 지었다.

바위 위로 걸어다니면서 바위를 감상하면 더 멋질 것 같았다. 바위 아래 공터에는 캠핑카들이 진을 쳤다. 사람들이 왜 이곳까지 캠핑카를 타고 들어와 캠핑을 하는 지 알 것 같았다. 해 질 녘이 되면 더 환상적인 모습이 될 것이다. 어쩌면 괴기스러울 지도 모른다. 먼 우주의 이름 모를 혹성에 와 있는 기분을 느낄 수도 있다. 거기에 별빛이 쏟아지면 더 이국적일 것이다. 언제든 다시 와서 하룻밤을 지내보고 싶은 곳이었다. 라스베이거스를 향해 돌아 나오면서 눈길과 발걸음이 떨어지지 않았다.

데스 밸리
바다 보다 낮은 열사의 땅

라스베이거스 서북부에 있는 데스 밸리^{Death Valley}는 지구상에서 가장 척박한 땅 중 하나로 꼽힌다. 가는 길도 험하고 멀다. 라스베이거스에서 오며 가며 8시간 이상을 달려야 한다.

데스 밸리는 이름에서 풍기듯이 사람은 물론이고 동 · 식물도 살기 힘든 곳이다. 바다보다 낮은 땅으로도 유명하다. 해발 −86m로 북미 대륙에서 가장 낮다. 이곳은 2억년 전에는 깊은 바다였다. 이를 증명하듯 계곡 중앙은 300m 두께의 소금층으로 덮여있다.

1940년대까지만 해도 이곳은 광산 외에는 아무 것도 없었다. 아무도 살지 않았다. 비도 거의 안 내리는 데다 여름에는 섭씨 50도를 오르내리는 열사의 땅이다. 이곳을 혼자 여행하던 관광객이 길을 잃고 열사병으로 숨진 적도 있다고 한다. 한 마디로 버려진 저주받은 땅이었다. 그러다 한 광산회사가 '척박함'을 컨셉트로 관광지로 개발하면서 사람들이 들어오기 시작했다.

데스밸리 초입의 황량한 언덕

　우리는 애초 이곳에 올 계획이 없었다. 아이들이 탈진하거나 다칠수 있다는 염려 때문이었다. 그런데 이곳을 다녀온 한 지인이 "세상에 이런 곳이 있나 싶을 정도로 특이했다"고 추천했다.

　데스 밸리의 특이한 점은 풀 한포기 찾아보기가 힘들다는 것이다. 보통 사막에도 선인장이나 잡풀, 관목은 자란다. 그런데 이곳은 초입에서부터 잡초나 관목들이 사라졌다. 중심부로 들어가자 생명체의흔적조차 보이지 않았다. 데스밸리로 들어선 후 첫 포인트가 나타났

데스밸리의 중심부. 최대 300m 두께의 소금층으로 덮여 있다.

느데 아내와 하영이는 더워서 내리지 않겠다고 버텼다. 오전인데도 햇볕이 장난이 아니었다. 결국 준하를 유모차에 태우고 둘이서만 언덕 위로 올라갔다. 언덕에서 보니 풀 한포기 없는 형세가 정말 사람살 곳이 아니라는 느낌을 줬다.

　그 다음에 나타난 것은 골든 캐니언이었다. 처음엔 차를 세워놓고 잠깐이면 다녀올 수 있는 줄 알았다. 그래서 아이들을 차에 두고 아내와 둘이서만 돌길을 걸어 들어갔다. 그런데 1km 가량을 걸어가도 험한 바위 협곡 외엔 아무 것도 없었다. 태양은 작렬하고, 지친 아내는 "도저히 못 가겠다. 아이들도 있으니 돌아가자"고 했다. 코너를 돌아 앞을 보니 몇 km 앞에 금색을 띤 바위산이 보였다. 골든 캐니언을 눈앞에 두고 회군했다.

그런데 차로 돌아와 보니 준하가 울고 불고 난리였다. 차에 무리가 갈까봐 시동과 에어컨을 끄고 창문을 열어놓았는데 그게 문제였다. 열린 창문 사이로 파리 떼가 수십마리 들어와 아이들을 괴롭히고 있었던 것이다. 그런데 보통의 파리떼가 아니었다. 사람을 물어 뜯는 놈들이었다. 이런 곳에서 생존하려니 얼마나 독하겠는가. 우리는 5분 넘게 파리 떼를 내쫓고 토벌하느라 사투를 벌였다.

아내는 "괜히 무리해서 들어가는 바람에 이렇게 됐지 않느냐"고 질책했다. 의기소침해진 나는 포인트 몇 개를 그냥 지나쳤다. 그리고 내추럴 아치라는 포인트로 갔다. 비포장도로를 20분 이상 운전해 들어갔지만 안내판에는 최소 4.5km 가량 걸어가야 아치와 절벽 캐니언이 나온다고 쓰여 있었다. '이런 허탈할 데가 있나.' 결국 또 포기. 경치는 보지도 못하고, 풀 한포기 없는 황량한 바위 벌판만 전전한 꼴이다.

그래서 밸리의 핵심인 배드 워터 Bad water 로 향했다. 이곳은 데스 밸리에서 가장 고도가 낮은 지역이다. 유일하게 물 웅덩이가 있는 곳이기도 하다. 해수면 아래이니 넓은 호수가 생길 법도 한데 뜨거운 기온 때문에 물이 거의 말라버리고 수심 10~20cm의 작은 웅덩이만 남아 있었다. 웅덩이에는 각종 박테리아와 거미, 모기 등이 살고 있다.

데스밸리의 유일한 연못인 배드워터

소금기가 많은 데다 특수 박테리아가 많아서 마실 수가 없다. 그래서
배드 워터다.

　웅덩이 너머로 드넓은 소금 사막이 하얗게 펼쳐져 있었다. 기후는
척박하지만 풍광은 멋들어졌다. 설국雪國에 온 듯한 착각을 일으켰다.
검은 황토색의 산과 얕은 물이 하얀 소금사막과 묘하게 대비됐다.

　배드 워터에서 소금사막 쪽을 바라보니 하얀 포장도로가 끝없이
이어져 있었다. 사람들은 그 길을 따라 소금사막 한가운데로 걸어갔

다. 직접 가보니 포장도로가 아니라 소금이 단단하게 굳어 길처럼 돼버린 것이었다. 소금 결정들이 희한한 기하학적 무늬를 이루고 있어 그 자체가 볼거리였다. 북미 대륙의 최저 지대에서 소금사막을 밟으며 뛰어 노는 맛이 꽤나 쏠쏠했다.

그러나 과하면 탈이 나는 법. 소금 놀이에 심취하다 보니 온 몸은 땀범벅이 됐고, 아이들도 지쳤다. 준하가 탈진의 기미를 보여 급히 물을 먹인 뒤 들쳐 업고 차로 뛰었다. 시동을 켜고 에어컨을 최대로 올렸다. 데스 밸리에선 시원한 식수와 모자, 선글라스가 필수다. 그것도 한 시간 이상은 위험하다. 괜히 데스 밸리이겠는가.

그런데 데스 밸리는 왜 저주받은 땅이 된 것일까. 주변 지형에 원인이 있다. 데스 밸리는 사방이 크고 작은 산맥들에 둘러싸여 있다. 분지처럼 폭 싸여 있어 덥혀진 열기가 빠져나가지 못한다. 또 주변 산맥들이 융기하면서 밸리의 중심 지역은 아래로 더 가라앉아 버렸다. 산맥에 가로 막혀 비구름과 바람이 넘어오지 못하고 물도 말라버리면서 죽음의 저지대가 된 것이다.

오리건의 에콜라 주립공원

PART 2

바람의 해안

빅서
태평양의 절벽 해안

    LA 북쪽 해안도로를 따라 산타 바버라^{Santa Barbera}를 거쳐 3시간 반 정도 올라가면 샌 시에몬^{San Siemon}이라는 작은 마을이 나온다. 유럽식 성채인 허스트 캐슬^{Hearst Castle}이 있는 곳이다. 20세기 초반 억만장자가 된 언론재벌 윌리엄 랜돌프 허스트는 이곳에 자신만의 왕국을 세웠다. 허스트 캐슬은 1919년 착공, 1947년 완공됐다.

    이 성은 그저 그런 보통의 성이 아니다. 유럽식으로 지어진 성곽 외부 모습도 멋지거니와 성 내부의 로마식 정원과 회랑은 감탄을 자아내기에 충분하다. 특히 물로 채워진 건물 내부 홀인 로만 풀^{Roman Pool}과 회랑으로 둘러싸인 로마식 수영장인 넵튠 풀^{Neptune pool}은 허스트가 얼마나 고대 로마와 중세 유럽을 동경했는지 알 수 있게 한다. 이곳에선 커크 더글라스 주연의 영화 '스파르타쿠스'가 촬영됐다. 넵튠 풀에선 태평양과 성채 일대의 자연풍광을 모두 조망할 수 있다.

    허스트 캐슬은 '미국의 마지막이자 유일한 다이너스티'라고 불린

다. 성 안에는 총 56개의 침실과 61개의 욕실, 19개의 응접실이 있다. 또 다양한 크기의 정원, 수영장, 극장에다 비행기 활주로까지 있다. 성에는 허스트가 모아놓은 각종 미술품과 그 카피본이 가득하다. 허스트는 찰리 채플린 등 유명 배우들을 이곳에 초대했다고 한다. 2시간 투어를 하는데 30달러 정도. 만찬 투어 프로그램도 있다. 허스트가 1951년 88세로 사망한 뒤인 1957년 허스트사는 이 저택과 부지를 캘리포니아 주에 기부했다. 지금은 주립 역사공원으로 지정돼 있다.

빅서의 빅스바이 브리지

샌 시에몬을 지나자 빅서^{Big Sur}의 웅장한 절벽해안이 거센 비바람
과 함께 우리를 맞이했다. 해안에는 나무 한 그루 없었다. 언덕을 온
통 덮은 빛 바랜 잡초들이 폭풍처럼 내리치는 바람 속에 땅에 닿을
듯 누워 있었다. 6월 하순인데 체감 기온은 거의 영하였다.

빅서 초입에는 바다코끼리 해안이 있다. 거대한 바다코끼리들이
집단 서식하는 곳이다. 반바지 차림으로 차밖으로 나섰는데 얼마나
추운지 혼이 쏙 빠질 지경이었다. 바다코끼리를 보러 나온 다른 관광
객들도 얼굴이 하얗게 질린 채 덜덜 떨었다. 하영이와 함께 5m 높이
의 절벽 해안에 섰다. 절벽 아래에선 20여 마리의 바다코끼리들이 몸

을 맞댄 채 '크억 크억' 소리를 냈다. '동물의 왕국'에나 나오는 바다코 끼리를 코앞에서 보기는 처음이었다. 특히 바다코끼리들이 영역다툼 을 하느라 자기들끼리 커다란 어금니를 드러내고 으르렁 거리는 모 습은 야생 그대로였다. 한동안 추위도 잊은 채 바다코끼리 떼의 향연 을 즐겼다.

빅서로 들어서자 도로는 급경사로 변했다. 미 서부의 산타 루치아 Santa Lucia 산맥이 해안으로 성큼 다가선 것이다. 모래 해안은 절벽이 되고, 도로는 해안 산맥의 경사면을 따라 꼬불꼬불 기어 올라갔다. 도로 옆 절벽의 높이가 족히 100~200m는 돼 보였다. 절벽길에서 내 려다 본 태평양의 웅장한 풍광은 심장을 압도했다. 끊임없이 밀려오 는 거친 파도, 하얀 물보라를 맞으며 꿋꿋이 버티고 선 해안절벽, 그 앞에 첨병처럼 나가 파도와 싸우는 바위섬들. 섬 윗부분은 바닷새 의 배설물로 인해 하얗게 변해 있었다. 그것이 검은 바위, 파란 바다 와 어우러져 환상적 경관을 만들어냈다. 이런 해안 절벽도로는 캐멀 Carmel 부근까지 100km 가량 이어졌다.

해안 절벽 위로는 연한 푸른색의 풀과 관목이 자라고 있었다. 샌 시에몬에는 온통 누런 잡초뿐이었는데 더 거칠고 험한 이곳엔 오히 려 푸른 식물이 살았다. 이곳을 로스 패드리스 국유림 Los Padres National Forest 이라 불렀다. 까마득한 절벽 아래 파란 바다와 흰 물보라, 하얀 바위섬, 그리고 푸른 식물을 모두 사진에 담으니 그림엽서 같았다.

20세기 초반 해안 계곡에 세워진 빅스바이 브리지 Bixby Bridge 는 빅 서의 명물이다. 100m 길이의 이 다리는 각종 자동차 CF나 영화에 자주 등장한다. 다리 모양새가 특이할 뿐 아니라 주변 산세, 바위섬과 멋지게 어울린다. 다리 옆으로 흘러내린 계곡 물이 바다와 부딪히는 모습도 장관이었다.

그런데 빅서의 절벽길을 얼마나 달렸을까. 빨간 주유등 표시가 들어왔다. 아! 샌 시에몬에서부터 경치 감상하느라 기름이 다 떨어진 것을 미처 알아채지 못했다. 그러고 보니 이미 2시간 전부터 주유소를 본 기억이 없다. 해안 절벽길엔 인가人家도 거의 없었다. GPS로 인근 주유소를 찾으니 60km 밖에 한 군데가 검색됐다. "정말 낭패네." 전전긍긍하면서 10여분을 더 달렸을 무렵, 전방에 작은 휴게소와 주유소가 구세주처럼 등장했다. 하영이와 준하까지 "와~"하고 만세를 불렀다.

차에 내려서 주유를 하려는데 주위 사람들 반응이 심상찮다. 일부 미국인은 노골적으로 "이런 젠장"이라고 소리쳤다. 휘발유 가격표가 끔찍했다. 1갤런 당 4.9달러라고 써있는 게 아닌가. LA에선 3달러였는데 60%나 더 비쌌다. 알고 보니 이 곳은 사방 60km 내에 있는 유일한 주유소였다. 샌 시에몬부터 빅서까지는 절벽 외길인 데다 자연보호구역이라 주유소가 들어설 수 없는 모양이었다. 그런만큼 독점의 이익을 누리고 있는 것이다. 아마도 미국에서 가장 비싼 주유소가 아닐까 싶었다. 카운터에 앉은 주인은 뭐라 물어도 대답도 않은 채 거만한 표정이 역력했다. '잘 먹고 잘 사세요.'

17마일 도로
최고의 드라이브 코스

    캘리포니아 중부의 캐멀^{Carmel} 과 몬테레이^{Monterey} 사이에는 '17마일 도로'라는 유명한 드라이브 코스가 있다. 총 길이 27km인 이 도로는 몬테레이 골프 리조트가 태평양 해안을 따라 조성한 길이다. 아름다운 해안과 숲을 즐기며 달릴 수 있어 샌프란시스코의 부자나 연인들이 분위기를 잡기 위해 드라이브 오는 곳이다.

    17마일 도로를 들어가기 전 캐멀 해변에 들렀다. 해변엔 유독 조개 조각이 많았다. 빅서에 비하면 바람도 적고 날씨도 좋았다. 캐멀에서 시작되는 17마일 도로는 통로가 5군데 있다. 민간도로인 만큼 유료였다. 10달러를 내지만 드라이브를 해보면 전혀 아깝지 않다.

    처음 골프장 주변의 숲길을 따라 시작된 17마일 도로는 중간 이후부터 해변도로로 바뀐다. 조경이 잘된 나무 숲엔 소나무와 삼나무가 빽빽하게 들어서 있었다. 일부 나무의 표면에는 녹색의 이끼류가 번식했는데 그 빛깔이 몽환적인 색채를 띠었다. 햇빛이 약한 아침에 이

17마일도로의 고사목 지대

숲길로 들어서니 나무들이 흐릿하게 번져 보였다. 꿈이나 괴기영화 속으로 들어간 듯한 느낌이 들었다. 이끼와 나무 색깔만으로 이런 착시현상을 일으킬 수 있다는 게 놀라웠다.

해변 도로를 따라 7~8군데의 전망 포인트가 조성돼 있었다. 포인트 조Point Joe, 차이나 록China Rock, 실 록Seal Rock, 버드 록Bird Rock, 론 사이프러스 록Lone Cypress Rock 등이 모두 하나같이 예뻤다. 실 록과 버드 록에서는 건너 바위섬에서 뒹굴고 있는 물개와 갈매기들이 바로 눈앞에 보였다. 론 사이프러스 록에선 기암절벽 위에 홀로 선 사이프러스 나무가 우리를 맞았다.

기괴하게 생긴 해안의 바위와 고목들을 보는 재미도 쏠쏠했다. 아이들은 동물 모양 바위와 유령처럼 생긴 고목을 보며 즐거워 했다. 하영이는 "유령 고목과 함께 사진 찍어달라"고 졸라댔고, 준하는 무섭다면서도 유령고목 옆을 떠나지 않았다. 고목과 갈매기, 흰 바위섬이 어우러진 곳도 있었다. 아내는 이곳 해안도로가 지금까지 봐온 도로 중 가장 예쁜 것 같다고 했다.

17마일 도로 주변은 골프의 메카이기도 하다. 길 중간에 골프 코스가 불쑥 불쑥 나타나곤 했다. 푸른 바다 바로 옆에 조성된 녹색 잔디코스에서 라운딩하는 모습은 환상적이었다. 비록 골프에는 소질이 없어 '백팔번뇌'^{108타 이하의 저급한 골프} 수준이지만 이곳에선 꼭 한번 라운드를 하고 싶었다.

이곳에는 미국 내 최고급 골프장 10여개가 밀집해 있다. 특히 US오픈이 수차례 열린 페블비치^{Pebble Beach}는 미국에서 가장 유명한 골프장으로 손꼽힌다. 바다와 잔디가 어우러진 모습은 보기만 해도 즐겁다. 해변 바로 옆에 골프연습장이 하나 있었다. 그곳에서 연습 샷을 날리는 사람들 모습이 너무 부러웠다. 한번 클럽이라도 휘둘러 볼까 싶어서 물어봤더니 연습장도 회원이어야 한단다.

그런데 왜 이곳이 페블비치인지 궁금했다. 골프코스와 맞닿은 해변으로 내려가 보고서야 그 이유를 알았다. 그곳에는 동글동글한 조약돌^{페블}이 지천으로 깔려 있었다. 17마일 도로를 빠져나가자 몬테레이였다. 이곳에서 주립역사공원과 고래잡이 어시장이었던 피셔맨스 워프를 들렀다. 어시장 자리에는 고래 대신 셀 수도 없을 만큼 많은

17마일도로에서 본 태평양 해안

바다사자가 자리를 차지한 채 누워 있었다. 동물과 사람이 공존하는
곳이었다.

전날 몬테레이에 들어오기 전 큰 사고가 날 뻔 했다. 빅서에서 캐
멀 방향으로 가는데 뒷차가 바짝 다가오더니 자꾸 경적을 울렸다. 그
래서 차를 갓길 쪽으로 붙이고 추월하라는 신호를 보냈다. 그런데 그
차는 추월은 하지 않고 계속 경적만 울려댔다. 나는 속으로 '성격 참
더러운 놈이네'라고 욕했다.

결국 화장실도 갈 겸 캠핑장이 있는 옆길로 빠져나갔다. 그런데 뒷
차가 또 다시 우리를 따라 들어오는 게 아닌가. 그 차는 결국 내 차 옆

에 섰다. '오늘 정말 이상한 놈을 만났구나. 도대체 무슨 트집을 잡으려는 걸까?' 한편으로는 해코지를 당할까 봐 불안한 느낌도 들었다.

그런데 그 차의 운전자는 70세 전후의 백인 노인이었다. 옆에는 할머니도 타고 있었다. 그 노인은 창문을 내리더니 "아까부터 좇아오면서 봤는데, 당신 차 운전석 쪽 뒷바퀴가 바람이 빠져 납작해졌다. 위험해서 말해주려 따라왔다"고 했다. 깜짝 놀라 뒷바퀴를 보니 정말 절반 이상 주저앉아 있었다.

너무 고마워서 감사 인사라도 하려 했는데, 노인 부부는 이미 차를 몰고 나가 버렸다. '참 오지랖도 넓다'고 생각할 수 있지만, 저런 마음 좋은 사람들 덕에 미국이 건전하게 돌아가는 것이기도 했다. 만일 그들이 바퀴에 펑크가 난 것을 우리에게 알려주지 않았다면, 절벽길에서 과속하다 큰 사고가 났을 지도 모른다. 우리에겐 생명의 은인이었던 셈이다.

아내는 "불안하니 정비소부터 가자"고 했지만, 이런 절벽길에 정비소가 있을 리 만무했다. 어찌됐든 몬테레이까지는 가야 고칠 수 있을 것 같았다. 아주 천천히 조심스럽게 차를 몰았다. 속도를 평소의 절반으로 줄였다. 등에서 식은 땀이 다 났다. 몬테레이에는 어둠이 완전히 깔린 후에야 도착했다. 물론 정비소는 다 문을 닫았다. 응급조치로 주유소에 가서 바람을 넣으려 했지만, 기계가 고장나 있었다. 할 수 없이 덜거덕거리는 차를 몰고 몬테레이의 숙소까지 거북이 걸음으로 갔다. 나의 애마愛馬는 다음날에야 무사히 수리를 마칠 수 있었다.

레드우드

천년의 붉은 거인들

미국 SF 영화 '혹성 탈출, 반격의 서막'을 보면 샌프란시스코 북쪽의 레드우드 Red Wood 숲이 등장한다. 약물의 힘으로 지능이 진화한 실험용 침팬지와 오랑우탄 등 유인원들이 인간을 피해 숨어 들어 자신들만의 왕국을 건설한 곳이 바로 레드우드다. 정식 이름은 뮤어 우즈 Muir Woods 국립공원이다. 시청자들은 왜 레드우드가 인간의 접근을 거부하는 유인원의 천국이 됐는지 의아해 할 것이다. 직접 가보기 전에는 레드우드의 특이함을 알기가 쉽지 않다. 레드우드는 자연의 위대함과 인간의 보잘 것 없음을 잘 보여주는 곳이다. '백년도 못 살면서 천년의 근심을 안고 살아가는 인간'의 어리석음을 말이다.

금문교를 넘어 차로 몇 분만 달리면 샌프란시스코만의 아름다운 내해內海 연안도시 소살리토 Sausalito 가 나온다. 이곳에서 동북쪽으로는 샌프란시스코 부자들이 사는 고급 주택가가 펼쳐진다. 안개와 바람이 많은 샌프란시스코와는 달리 이곳은 사시사철 화창하고 온화하

뮤어우즈 국립공원의 레드우드 숲

레드우드 부근의 소살리토 해변

다. 다리 하나 건넜을 뿐인데. 기후의 변화는 참으로 오묘하다. 바닷
가에 연한 거리에는 각종 기념품 가게와 예쁜 카페, 레스토랑, 리조
트 호텔이 줄지어 서있다. 바다에는 형형색색의 요트들이 떠다녔다.
이런 자연환경 덕에 일찍이 예술가들과 부자, 관광객들이 이곳으로
몰려 들었다고 한다.

소살리토에서 1번 국도를 따라 20여분 가량을 올라가면 뮤어 우즈
국립공원이 나온다. 별 기대 없이 들어간 공원 길은 숲이 우거지고
산세도 멋졌다. 신비로운 레드우드 길에 취해서였을까. 의도치 않게
살생殺生을 저지르고 말았다. 미국 여행 중 첫 번째 로드 킬Road kill이

었다. 산 길을 달리는데 갑자기 5m 앞 도로변에서 조그만 다람쥐 한 마리가 불쑥 튀어나왔다. 급하게 브레이크를 밟았지만 운전석 앞바퀴에 덜컹하는 느낌이 왔다. 불가항력이었다. 가엽게도 다람쥐는 즉사했다. 혹시 부양가족이 있는 놈이었다면? 새끼들도 무사하지 못했을 것이다.

미국에 있는 동안 로드 킬을 피하려고 무던히도 애썼다. 동물의 생명도 소중하거니와 운전자와 동승자도 위험해지기 때문이다. 특히 사슴처럼 큰 동물과 부딪히면 차도 망가지고 사람도 다치는 경우가 많다. 동물을 피하려다 더 큰 사고로 이어지기도 한다. 피하기 힘들다면 그냥 정면 충돌하는 편이 낫다고도 한다. 나는 밤이든 낮이든 동물들이 갑작스럽게 출현하는 경우에 대비해 신경을 곤두세웠다. 그런데 이번엔 그 친구가 너무 작았고 거리도 가까웠다. 다람쥐의 극락왕생極樂往生을 빌었다.

뮤어 우즈 국립공원에는 수령 2000년이 넘고, 높이 100m 이상인 거인 레드우드가 수없이 자생하고 있다. 레드우드는 자이언트 세콰이어삼나무와 비슷한 종류로 공룡 시대부터 살아왔다고 한다. 트레일 코스마다 숲 설명서가 달려 있고, 주요 포인트와 독특한 나무마다 이름표도 붙어 있었다. 레드우드의 가장 큰 특징은 밑동 가까이에 기형적으로 부풀어 오른 혹이 붙어있는 것이다. 사람도 아닌 나무에 웬 혹이 있는 걸까? 놀랍게도 이 혹은 바로 어미 레드우드가 키우는 새끼 레드우드였다. 나무 밑동에서 새끼나무가 자라나 분화를 하는 특이한 번식 방식이었다. 항상 이렇게 분화하는 것은 아니지만 이렇게 단세포 동물같은 방식으로 자손을 번식시키는 경우가 많다고 한다.

레드우드 사이로 햇살이 내리 비췄다. 나무의 붉은 색이 녹색 이끼와 어우러져 환상의 정원에 온 듯한 느낌을 줬다. 레드우드 사이로는 맑은 시냇물이 흘렀다. 그 위로 예쁜 나무 다리가 세워져 있었다.

지름 3m가 넘는 거대한 레드우드 일부는 밑동이 썩어서 완전히 비어 있었다. 큰 나무집이 된 것이다. 그 안에 하영이와 준하가 들어가니 마치 만화 속에 나오는 스머프 하우스 같았다. 산책하던 사람들이 줄서서 나무 안에 앉아 사진찍는 모습이 우스웠다. 4km 길이의 레드우드 숲을 걸으며 향기를 맡으니 몸과 마음이 모두 되살아나는 느낌이었다. 수천년간 인간을 내려다 보며 굳게 살아온 레드우드에게 우리는 얼마나 하찮은 존재일까. 레드우드에선 인간이나 유인원이나 벌레나 다 같은 숲의 식구일 뿐이다.

그런데 왜 이곳에 레드우드 숲이 생겼을까? 샌프란시스코는 겨울이 우기雨期다. 여름에는 태평양에서 짙은 안개가 몰려온다. 레드우드의 성장에 필수적인 수분이 일년 내내 공급되는 것이다. 레드우드 숲이 특이하게 태평양 쪽 사면에만 형성돼 있는 것도 이같은 이유 때문이라고 한다.

레드우드는 요세미티 국립공원의 거대 세콰이어와 닮았다. 레드우드의 밑동 굵기는 요세미티 세콰이어 보다 얇지만, 키는 더 크다. 빛깔도 발그스름한 게 훨씬 고왔다. 요세미티의 세콰이어가 남성적이라면, 레드우드는 여성적인 느낌이었다. 요세미티 메리포서 그로브 Mariposa Grove 의 세콰이어는 보통 1000년 가량 살면서 100m 이상 자란다. 가장 나이가 많은 것은 수령이 3000년이나 됐다고 한다. 세콰이어 숲 입구에는 벼락을 맞아 쓰러진 거대한 삼나무가 있었다. 지름 3m가 훨씬 넘는 나무 뿌리 아래에서 가족사진을 찍었는데, 괴물의 주둥이에 삼켜지는 듯한 느낌이었다. 아이들은 세콰이어와 레드우드를 친구처럼 대했다. 그렇게 우리는 불로장생 거인들의 벗이 됐다.

샌프란시스코의 야경

샌프란시스코의 야경을 가장 잘 볼 수 있는 명당은 단연 트레저 아일랜드Treasure Island다. 오클랜드Oakland와 샌프란시스코를 잇는 베이 브리지Bay Bridge 가운데 있는 작은 섬이다. 이곳에서 100여개의 마천루들이 희뿌연 바다 안개를 뚫고 불빛을 밝히는 장관을 볼 수 있다. 여기서 바라본 샌프란시스코의 실루엣과 디자인은 뉴욕보다 훨씬 예뻤다. 샌프란시스코 시내뿐 아니라 베이 브리지, 금문교Golden Gate Bridge가 한 눈에 바라다 보였다. 해가 금문교 아래로 떨어지면 태평양 하늘은 발그스름하게 물든다. 신비한 안개에 싸인 미지의 도시같은 몽환적 분위기다.

샌프란시스코 시내에선 코이트 타워Coit Memorial Tower가 베스트 야경 포인트다. 텔레그래프 힐Telegragh Hill 위에 세워진 55m 짜리의 이 전망탑 꼭대기에 올라가면 샌프란시스코 야경이 360도 파노라마로 펼쳐진다. '판타스틱!'이란 탄성이 절로 나왔다. 시내의 웬만한 마천루와 관광포인트는 다 내려다 보였다. 250m 높이의 뾰족한 트랜스아메리카 피라미드 건물 위로 보름달이 휘영청 떠올랐다. 멋지다 못해 괴이하기까지 했다. 드라큘라나 늑대인간 같은 공포 영화에 나올 법한 장면이었다.

야경을 즐길 때 한 가지는 주의해야 한다. 아무리 여름이라도 하더라도 샌프란시스코의 밤 바람은 차갑다. 긴팔 옷과 점퍼를 입었는데도 찬바람이 피부를 파고 들었다. 오래 머물기가 힘들었다. 준하는 스트롤러에 태운 뒤 담요로 꽁꽁 싸맸다.

샌프란시스코 시내에서 가장 인상적인 것은 가파른 언덕길과 전차다. 롬바르드 Lombard 스트리트는 그 중에서도 압권이다. 러시안 힐 부근에 있는 이 길은 경사도가 30도 이상이다. 세계에서 가장 가파르고 구불구불한 Z자형 언덕길이다. 그냥 걸어 내

샌프란시스코의 명물 롬바르드 스트리트

려오기도 힘든데 이곳을 차를 타고 꼬불꼬불 내려온다고 생각해 보라. 브레이크를 세게 밟아도 차가 슬금슬금 미끄러지는 상황에서 핸들을 정신없이 틀어야 한다. 스릴 만점인 데다 전망도 그만이다.

길 양 옆으로는 고급주택이 늘어서 있고, 화단에는 형형색색의 꽃들이 피었다. 푸른 하늘과 꽃, 예쁜 집, 기하학적 문양의 도로가 만나 멋진 그림을 만들었다. 다만 이 도로를 타려면 10분 이상 기다려야 한다. 도처에서 몰려든 관광차량이 장사진을 치기 때문이다.

케이블카라고 불리는 옛날식 전차는 아이들에게 최고 인기다. 해변에 가까운 베이Bay 스트리트에서 파웰Powell 스트리트까지 전차를 타고 언덕길을 달렸다. 전차를 처음 보는 하영이와 준하는 전차의 '끼익 끼익' '덜컹 덜컹' 소리에 마냥 즐거워 했다. 사실 전차를 재미있게 타려면 난간에 매달려 가는 게 좋다. 전차 끝부분의 발 받침대에 서서 난간을 잡은 뒤 몸을 전차 밖으로 확 내민

채 바람을 맞으며 가야 제 맛이다. 옆의 자동차나 상대편 전차가 옷깃을 스칠 듯이 지나갈 때 그 짜릿함이란! 요금은 1인당 3~4달러나 됐지만 하나도 아깝지 않았다. 아이들이 하도 졸라서 전차를 다시 한번 더 타야 했다.

샌프란시스코에 왔다면 미국 와인의 메카인 나파Napa와 소노마Sonoma 밸리의 와이너리와인 양조장도 빼먹지 말아야 할 코스다. '와인 컨트리'라는 두 계곡의 거대한 포도밭에는 440여개의 와이너리가 몰려 있다. 나파의 대표적 와이너리인 로버트 몬다비Robert Mondavi, 소노마의 부에나 비스타Buena Vista 등에선 10~30달러에 포도밭·양조장 견학이나 와인 시음을 할 수 있다. 그러나 맛있다고 이 와인 저 와인 다 마시다간 자기도 모르게 알딸딸하게 취하게 된다. 그런들 어떻겠느냐 마는.

라호야와 장폴게티
서부 해안의 보석

미국 서부 해안을 여행하면서 생각지 못한 보석을 두번 만났다. 첫 번째는 LA 북쪽 말리부 해변에 있는 장 폴 게티 미술관The Jean Paul Getty Museum 이다. 미국의 석유왕인 장 폴 게티가 고대 로마 양식으로 지은 박물관으로, 그가 생전에 수집한 고대 미술품들이 다수 소장돼 있다. 이곳은 인터넷을 통해 사전에 예약을 해야 입장할 수 있다. 입장료는 없지만 주차료는 내야 한다. 큰 기대를 안 하고 간 곳인데 예상 밖으로 멋져서 반나절 이상을 머물렀다. 말리부 비치가 한눈에 내려다보이는 명당에 자리잡은 데다 건물들이 하나같이 고풍스럽고 멋져서 외부만 둘러봐도 눈이 즐겁다.

특히 로마식으로 지어진 회랑과 분수, 정원은 탄성을 자아내기 충분했다. 서기 79년 이탈리아 베수비오 화산 폭발 때 묻힌 헤라클래스 지역의 로마 저택 '빌라 데이 파피리'Villa dei Papiri 를 본떠서 건축했다고 한다. 기둥과 회랑으로 둘러싸인 길이 50m, 너비 30m 가량의 정원

장폴게티 미술관의 로마식 정원

한 가운데에는 깊이 50cm 정도의 풀Pool이 있다. 풀에선 분수가 뿜어져 나오고 회랑 주변에는 꽃이 만발했다. 정원 끝에 서니 말리부 해안과 태평양이 파노라마로 펼쳐졌다.

전시실 한 가운데에는 자연채광이 되는 작은 회랑이 자리잡았다. 헤라클레스 신전과 실내 허브 정원, 로마식 도로도 조성돼 있었다. 소장품은 미국 내에서도 톱 클래스라고 했다. 로마 시대의 장군과 여인 조각상, 미술품, 장신구, 그리스와 에트루리아의 물병과 주전자, 벽화와 신상 등이 가득했다. 또한 이집트와 아시아에서 수집한 각종 미술품과 조각·공예품, 남미 잉카문명의 유물도 전시돼 있었다. 게티는 로마와 그리스에 심취한 고대문명 마니아였다고 한다.

전시실의 뒤편으로는 레스토랑과 야외 카페, 피크닉 공간이 따로 조성돼 있었다. 아이들과 식사를 하면서 풍광을 즐기기에 제 격이었다. 야외에도 여기저기 볼거리가 많았다. 아내는 "나중에 꼭 다시 한 번 오고 싶다"고 했다.

두번째로 놀란 곳은 샌디에이고 시내에서 15km 북쪽에 있는 라호야La Jolla였다. 라호야는 멕시코어로 '보석'이라는 뜻이다. 서부 해안의 최고 휴양지 중 하나로 꼽힌다. 태평양에 접한 절벽해안을 따라 파도의 침식작용으로 만들어진 자연 동굴들이 바다의 괴물처럼 입을 벌리고 있었다. 하얀 포말이 검은 동굴과 부딪히면서 아름다운 풍광을 연출했다.

해안 바위 곳곳에는 바다사자와 물개가 집단 서식하고 있었다. 하영이와 준하는 바다사자들이 한 데 엉겨 뒹굴며 장난치는 모습을 넋나간 듯 바라보았다. 이곳 바다사자들은 가까이 다가가도 경계심을 보이긴 커녕 미동도 하지 않았다. 어떤 놈은 사람들이 다니는 길까지 엉금엉금 기어 나왔다. 그만큼 동물과 사람이 평화롭게 공존하고 있었다. 바다사자와 기념사진을 팡팡 찍은 뒤 아래쪽 해변에 있는 공원으로 갔다.

해변에는 저마다 다른 디자인과 색채를 뽐내는 아기자기한 카페와 레스토랑이 줄지어 있었다. 공원 잔디밭엔 야자수와 함께 가지가 넝쿨처럼 늘어진 열대식물이 자생하고 있었는데, 바다와 잘 어우러졌다.

해변 곳곳에 바비큐 파티가 벌어지고 있었다. 아빠는 고기와 소시지를 굽고, 엄마와 아이들은 공놀이를 하며 놀았다. 아름다운 풍광 속에서 바비큐를 즐기는 모습을 보니 절로 행복해지고 한편으론 부러웠다. 우리는 바비큐 냄새를 맡는 것으로 만족해야 했다. 너무 북적이지도 조용하지도 않은 적당한 평화로움이 좋았다. 바다에선 10여 명의 미국인들이 해수욕을 하고 있었다. 눈으로 보기엔 좋았는데, 직접 발을 담가보니 차가워서 온 몸이 오싹했다. 샌디에이고는 위도에 비해 날씨가 선선한 편이다. 여름에도 그늘에 들어가면 오히려 긴 팔을 입어야 할 정도였다.

그런데 샌디에이고에서 한 가지 고민에 부딪혔다. 멕시코의 티후아나Tijuana를 다녀올 것인가 말 것인가. 티후아나로 출국할 때는 괜찮은데 다시 입국할 때가 문제였다. 멕시코 불법이민 때문에 미국 입국 심사가 까다로워 시간이 엄청나게 걸렸다. 호텔 직원은 "최소 3~4시간, 길면 5~6시간 기다려야 할 수도 있다"고 했다. 지인들도 한 목소리로 "티후아나에 가면 별로 볼 게 없어 실망할 거다. 거기서 도둑맞은 사람들도 많더라"고 했다. 결국 포기하고 말았다.

대신 샌디에이고 역사박물관과 동물원을 가기로 했다. 역사박물관은 희한한 역사의 아이러니를 느끼게 하는 곳이었다. 샌디에이고는 원래 스페인과 멕시코 땅이었다. 그런데 1860년대 미국이 전쟁을 통해 이곳을 멕시코로부터 빼앗았다. 멕시코 전쟁을 통해 미국이 뺏은 땅은 텍사스와 뉴멕시코, 애리조나, 유타, 캘리포니아 등 미 본토의 3분의 1이 넘는다.

샌디에이고 라호야 해안의 바다사자들

　그런데 150년 전 미국에 땅을 뺏긴 멕시코인들이 지금은 불법 체류자가 되는 것을 감수하고서라도 옛 땅으로 돌아오려 하고 있다. 우리 같으면 과거사를 되새기며 칼을 갈았을 것이다. 하지만 멕시코인들은 낙천적 성향 때문인지 과거사는 별로 따지지 않는 듯 했다. 대신 새 삶을 찾아서 캘리포니아 등 미 서부 지역으로 몰려 들어가고 있다. 이미 캘리포니아 인구의 30% 가량이 히스패닉이다. 조금만 더 있으면 캘리포니아의 다수는 히스패닉이 차지할 가능성이 높다. 멕시코인들은 과연 자신의 고토故土를 되찾고 있는 것일까.

영화의 세계

　LA 방문 때 빼놓을 수 없는 곳이 할리우드Hollywood와 유니버설 스튜디오다. 영화의 세계를 제대로 맛보려면 아침 일찍부터 움직여야 한다. 늦게 가면 줄서다 볼 일 다 볼 수 있다. 캘리포니아의 따가운 햇살도 살인적이다.

　유니버설 스튜디오 입구에는 숨은 복병이 있다. 바로 유령의 집이다. 하영이가 "유령을 보고 싶다"고 졸라서 아무 생각없이 들어갔다. 그냥 유령 인형이나 괴물이 전시된 줄 알았다. 그런데 어두운 복도 곳곳에서 괴물이나 유령차림을 한 사람이 불쑥 튀어나와서 등을 떠밀고 괴성을 질렀다. 괴물 인형만 등장하는 디즈니 유령의 집과는 차원이 달랐다. 어둠 속에서 갑자기 유령이 얼굴을 들이밀고 토끼몰이를 해대니 어른들도 비명을 지르며 혼비백산했다. 준하는 '인간 유령'의 등장에 경기를 일으키며 마구 울어댔다.

　나는 괴물 인간에게 "저리 가라"고 소리를 질러 쫓아 버렸다. 그러나 뒤따라오던 아이들이 계속 괴성을 지르는 통에 준하는 더 놀라서 울었다. 복도는 앞을 분간하기 힘들 정도로 어두워서 하마터면 넘어질 뻔했다. 아내는 "괜히 들어와서 애만 놀랐다"고 후회했다. 하지만 나는 최고의 '유령의 집'으로 꼽고 싶다.

　놀란 준하를 달래준 것은 터미네이터 공연이었다. 대형 스크린의 가상 이미지와 사람의 실제 액션이 뒤섞여 있어 울던 준하가 박수를 치며 좋아했다. 유니버설 스튜디오의 최대 인기 어트랙션인 워터월드는 압권이었다. 실제 영화

와 똑같이 만든 야외
세트장에서 모터보트
가 종횡무진 박진감
있는 쇼를 펼쳤다. 배
우들이 고공에서 다
이빙하고, 화염이 폭
발하는 등 영화와 크
게 다르지 않았다.

쥬라기 공원은
공룡 세트장을 지나

LA 할리우드의 유니버설 스튜디오

가는 워터 슬라이드였다. 특히 마지막에 갑자기 티라노 사우르스의 이빨이 나
타나고, 그 목구멍을 지나 20m 아래로 수직 낙하할 때는 간담이 서늘했다.

영화 촬영장들을 지나가면서 실제 체험을 하는 스튜디오 투어는 의외로 짜
릿한 재미가 있었다. 야외 연못 세트장에서 죠스가 갑자기 나타나자 모든 사람
들이 비명을 지르며 물벼락을 맞았다. 지하철이 붕괴되고 대홍수가 일어나는
영화 세트장은 스케일이 상상 이상이었다. 세트장이 무너지면서 엄청난 양의
물이 쏟아져 들어왔는데 정말 급류에 휩쓸릴 것 같았다.

할리우드에선 대형 야외공연장인 할리우드 볼Hollywood Bowl, 원통형 레코드
를 쌓아놓은 듯한 독특한 모양의 캐피털 레코드 타워 빌딩, 아카데미 시상식이
열리는 코닥 씨어터, 중국 사원풍의 맨스 차이니스 극장 등을 차례로 볼 수 있
다. 미국 연예계 스타들의 손바닥 부조가 있는 '스타의 거리'도 바로 이어져 있
다. 일부 젊은이들은 거리 바닥에 있는 마이클 잭슨의 손바닥 부조 앞에 꽃다
발을 놓고 추모했다.

할리우드 사인 대형 광고판을 보기 위해선 언덕길을 엄청 올라가야 한다. 듀런
드 드라이브Durand Drive 와 비치우드 드라이브Beachwood Drive 가 만나는 곳에 가

면 할리우드 사인이 잘 보인다. 1923년부터 할리우드의 상징으로 자리잡은 이 광고판은 원래 할리우드 힐스라는 새로운 행정지의 탄생을 알리는 광고탑이었다. 글자 하나의 높이가 15m다. 그런데 1932년 페그^{Peg}라는 할리우드 스타가 광고판 위에서 투신 자살한 이후 자살의 명소가 되기도 했다.

크레이터 레이크
미국의 백두산 천지

　오리건^{Oregon} 주의 크레이터 레이크 국립공원^{Crater Lake National Park} 은 화산 분화구에 생긴 고산 호수다. 내가 이 곳에 간 것은 그 이름 때문이었다. 소행성이 지구와 부딪혀서 만들어진 지형^{크레이터}을 연상시켰다. 와이오밍 주에 있는 크레이터 오브 더 문^{Craters of the Moon} 국립공원을 생각했던 듯하다. 이런 내 상상은 완벽한 오류로 판명났지만, 결과는 탁월했다. 상상도 하지 않았던 최고의 경치를 볼 수 있었다. 바로 미국에서 '백두산 천지'를 만난 것이다.

　공원 입구에서 정상까지는 차로 10분 이상 계속 오르막을 달려 올라가야 한다. 길 양편으론 여름에도 녹지 않은 눈들이 1m나 쌓여 있었다. 드디어 전방에 림 빌리지^{Rim Village} 가 보였다. 크레이터 레이크를 둘러싸고 도는 순환도로인 림 로드^{Rim Road} 의 출발점이다. 림 로드 끝에 서자 크레이터 레이크가 한 눈에 들어왔다.

　"우와~!" "야아~! 정말 멋지다" 나와 아내, 하영이의 입에서 동시에 탄성이 터져 나왔다. 자연풍광에는 다소 무관심했던 준하조차도 "와" 하고 소리쳤다. 눈쌓인 봉우리에 둘러싸인 수정같이 맑은 호수였다. 얼마나 맑고 수심이 깊은 지 호숫물은 파랗다 못해 사파이어 빛으로 물들어 있었다. 구름 한 점 없는 푸른 오리건의 하늘보다 더 파랬다. 바라보고 있노라니 그 극단의 순수함에 저절로 녹아들 것 같았다. 미국인들은 이 빛깔을 '그레이트 딥 블루great deep blue'라고 했다.

호수를 처음 보는 순간 뭔가가 떠올랐다. "백두산 천지다!" 정말 닮은꼴이었다. 아내도 "맞아, 그렇네"라고 맞장구쳤다. 이 먼 미국 땅, 그것도 오리건의 벽지에 와서 백두산 천지를 만날 줄이야. 정말 감개무량했다.

호수를 둘러싼 봉우리와 능선들도 예사롭지 않았다. 거친 바위산이 있는가 하면, 퇴적층이 확연히 드러나는 봉우리, 흙과 모래로 이뤄진 등성이도 있었다. 봉우리 꼭대기와 경사면 곳곳에는 눈이 두텁게 쌓여 있었다. 이 또한 백두산과 비슷하지 않은가. 크레이터 레이크 전체가 백두산 천지와 흡사했다.

안내서를 보니 둘은 고도부터 비슷했다. 백두산 장군봉이 2750m, 크레이터 레이크를 이루는 마자마산의 최고봉인 Mt 스콧Scott이 2721m다. 백두산과 마찬가지로 2400~2700m대의 마자마산 봉우리들이 크레이터 레이크를 둥그렇게 에워싸고 있다. 여름에도 곳곳에 눈이 쌓여 있다.

천지와 크레이터 레이크는 화산폭발로 인한 분화구에 눈 녹은 물이 고이면서 생긴 칼데라 호수다. 호수 규모는 크레이터 레이크가 크

오리건의 마자마 산과 크레이터 레이크

눈쌓인 크레이터 레이크와 위저드섬

다. 크레이터 레이크는 최대 지름이 9.7km로 천지$^{3.6km}$의 2.7배, 면적은 약 6배다. 최대 수심은 589m로 천지^{384m}보다 깊다. 하지만 호수면의 해발 높이는 천지가 2257m로 크레이터 레이크^{1882m}보다 좀 높다. 호반 일부에 약간의 평탄한 땅이 있을 뿐 그 밖에는 깎아지른 절벽이나 흙바위 경사면이라는 것도 공통점이다. 크레이터 레이크와 백두산의 위도 또한 북위 43도 부근으로 비슷하다. 세상에 이런 조화가 어디 있단 말인가.

다만 몇 가지 차이점이 있긴 하다. 백두산의 봉우리들은 산세가 험하고 접근이 힘들다. 하지만 크레이터 레이크의 봉우리들은 상대적으로 유려하고 순환도로를 통해 쉽게 접근할 수 있다. 백두산이 남성적이라면, 크레이터 레이크는 여성적이다. 또 백두산 천지는 기후가 워낙 변화무쌍해 관람·접근이 가능한 날이 얼마 되지 않는다. 하지만 크레이터 레이크는 상대적으로 날씨가 안정적이어서 겨울을 제외하면 대부분 관람·접근이 가능하다.

백두산 천지에는 섬이 없지만 크레이터 레이크에는 섬이 두 개 있다. 대규모 화산 폭발 이후 소규모 추가 분출이 일어나면서 호수 가운데 섬이 생겼다. 시놋 전망대Sinnott Memorial Overlook에서 볼 때 왼편의 큰 섬이 마녀가 쓰는 고깔모자를 닮았다는 위저드Wizard 섬이다. 너비 1km에 높이는 200m 가량으로 호수 투어에 참여하면 올라가 볼 수 있다. 섬에는 침엽수림이 빽빽이 들어차 있다. 위저드 섬 꼭대기에 오르는 것만도 상당한 시간과 힘이 든다고 한다. 오른 편의 조그만 섬은 팬텀 십Fantom Ship. 너무 작아서 배처럼 보이기도 섬처럼 보이기도 한다는 뜻에서 이런 이름이 붙었다.

순환도로를 따라 10여개의 포인트가 있다. 첫번째 디스커버리Discovery 포인트에선 바로 발 아래로 위저드 섬이 보인다. 2400m급 봉우리인 더 와치맨The Watchman과 힐맨 피크Hillman Peak 사이의 와치맨 오버룩에선 사파이어 빛 호수가 가장 잘 보인다. 멋진 고사목이 표석처럼 자리잡고 있어 기념사진 찍기에도 최고다. 돌 무더기 산인 더 와치맨 꼭대기엔 전망대오두막가 있다. 우리가 갔을 당시엔 낙석 위험

때문에 등산로가 일시 폐쇄됐다.

메리암Merriam 포인트는 가파른 직벽인 라오 록Llao Rock 위에 있다. 아래를 내려다 보니 현기증이 일면서 파란 호수가 나를 끌어당겼다. 오른 편으로는 '악마의 등뼈Devil's Backbone'가 날을 세우고 있었다. 화산 폭발 당시 용암이 그대로 굳어 만들어진 붉은색 돌기둥들이었다. 푸미스 포인트 주변의 클리트우드 트레일Cleetwood Trail을 걸어 내려가면 호수 보트 투어 선착장이 나온다. 다만 급경사를 40여분 정도 내려가야 한다. 호수 투어에는 3~4시간이 걸린다. 미국의 천지에 손을 담그려면 그 정도의 노고는 들여야 하지 않겠는가.

초강력 모기 퇴치법

미국 여행을 하면서 의외의 복병 중 하나가 모기다. 미국 같은 선진국에서 웬 모기 타령이냐고 하겠지만, 자연환경이 잘 보존된 미국에선 모기의 생존환경도 그만큼 좋다. 모기에게 조금이라도 덜 당하려면 모기 퇴치약을 미리 피부에 바르거나 모기 스프레이를 뿌리는 게 좋다. 여름에도 긴팔 티셔츠나 점퍼를 준비해 둬야 한다. 모기 물린 데 바르는 파스와 홈매트는 필수품이다. 모기에 물린 지 단 5~10분만에 피부가 터져 피가 나는 걸 보면 이 말이 이해가 갈 것이다. 하지만 가장 원시적인 대처법이 가장 효과적인 경우도 있다.

크레이터 레이크 국립공원 남서쪽 입구에 있는 마자마 빌리지 인Mazama Village Inn에 밤 늦게 도착했을 때다. 이곳은 단독 주택식 통나무 산장이다. 너무 늦어서인지 직원들은 산장 열쇠와 예약서류를 프론트 입구에 걸어두고 퇴근했다. 이렇게 자유방임식으로 운영하는 곳은 처음 봤다. 산길을 10분간 헤매다 겨우 우리 통나무집을 찾았다.

문제는 그 다음부터였다. 차에서 내리자 마자 살인적 모기의 공습이 시작됐다. 오랜만에 푸짐한 저녁식사 거리가 생겼으니 말이다. 짐을 옮기는 잠깐 동안에도 10군데 이상을 물렸다. 겨우 아이들을 데리고 캐빈으로 들어간 뒤 '휴우' 한숨을 쉬었다. 그러나 방안을 둘러본 순간, 나와 아내는 경악했다. 방과 부엌, 욕실 안이 온통 모기떼로 새까맣게 도배돼 있었다. 그렇게 많은 모기떼는 처음 봤다. 오래 전부터 이곳을 점령하고 살던 터줏대감들인 게 분명했다.

처음엔 탐색전을 펴던 모기들이 이내 '웽웽' 거리며 아이들을 덮쳤다. 하영이는 비명을 지르며 아내 뒤로 숨었다. 서툴게 두 손을 휘젓던 준하는 얼굴을 감싸더니 이내 침대 위에 납작 엎드렸다. 내 두 눈에서 분노의 불길이 타올랐다. 이런 나쁜 놈들!

신문 뭉치로 한 마리씩 때려잡기 시작했다. 아내도 동참했다. 모기들이 천장이나 침대 아래로 이리저리 도망쳤다. 신문 뭉치로는 한계가 있었다. 욕실에서 수건을 가지고 나왔다. 수건에 스냅을 줘서 채찍을 날리는 방식으로 한 마리 한 마리 섬멸전을 시작했다. 열 마리, 스무 마리. 10여분 만에 내가 마흔 마리, 아내가 스무 마리를 처단했다. 그리고 수건 날리기 20분 만에 100마리 넘는 모기를 집단 처형했다.

전등 뒤로 숨는 패잔병을 향해 회심의 일타를 날렸는데 전등이 '쨍그랑'하며 깨졌다. 유리조각이 사방으로 튀었다. 증오심에 눈이 멀어 너무 강스파이크를 날린 것이다. 모기 잡는데 대포 쏜 격이랄까. '그나저나 내일 프론트에는 뭐라고 변명하나. 깬 값 달라고 하면 어쩌나' 걱정이 됐다. 하지만 모기 관리를 잘못한 산장 측도 책임이 없다고 할 수는 없다.

나는 아내에게 식사 준비를 맡겨놓고 욕실로 들어갔다. 거기엔 적의 주력부대가 아직 남아 있었다. 10분간 피 튀기는 살육전 끝에 30여마리를 추가 사살했다. 수건은 적들의 피로 흥건하게 물들었다. 샤워를 하고 나니 좀 전 피의 향연이 씻겨 내려가는 듯 했다. 그런데 잠자리에서 악마의 패잔병들이 부활했다. 아이들은 "모기가 또 물어요"라고 소리쳤다. '아! 이 지옥의 사자가 또 나서야 한단 말인가.' 불을 켠 나는 침대와 바닥, 욕실을 뛰어다니며 30분간 숨은 20여마리를 더 사살했다. 도대체 어디서 이 많은 모기들이 나오는지. 문과 창문을 다 단속했는데, 참으로 놀라웠다. 나의 잔당 소탕전 덕분이었을까. 다음 날 아침까지 가족들은 편안하게 잠들 수 있었다.

캐스케이드
산신령과 수도사를 만나다

샌프란시스코 북부에서 크레이터 레이크까지는 가도 가도 농장과 들판이 이어진다. 7시간 내내 이어지는 대단위 농장을 보면서 캘리포니아가 얼마나 넓고, 비옥한 땅인지를 실감하게 된다. 이곳은 미국 내 최대 농업 생산지 중 하나다. 그런데 이런 곳이 운전자에겐 취약이었다. 너무 단조롭고 눈요기 거리가 없으니 졸음을 참기 힘들다. 그런데 레딩 Redding 을 지나 마운트 샤스타 Mt Shasta 에 들어서면서 갑자기 눈이 번쩍 뜨였다.

평야가 끝나고 구릉지대가 나타나는가 싶더니, 눈앞에 거대한 흰 봉우리가 불쑥 나타났다. 처음엔 구름인 줄 알았다. 자세히 보니 정말로 흰 눈을 이고 있는 초대형 봉우리였다. 이런 설산雪山이 어떻게 이곳에 우뚝 솟은 것일까. 벌써 오리건 주로 넘어온 건가? 나중에 안 사실이지만, 샤스타산은 캐나다 남부에서 캘리포니아 북부로 이어지는 서부 해안 최대 산맥인 캐스케이드 Cascade 산맥에서 두 번째로 높

오리건 최고봉인 후드산

은 산이다. 해발 4322m. '하얀 산'이란 이름처럼 3~4개의 봉우리가
온통 흰 눈으로 덮여 있었다. 거뭇거뭇한 바위색이 단 한 점도 없는
완벽한 순백이다. 특히 앞쪽에 있는 봉우리는 화산이 분출할 때 생긴
분화구 모양이 확연하게 드러나 있었다.

　주변의 고만고만한 산들에 비해 높이나 규모가 월등했다. 그래서
이질적이고 비현실적이었다. 외계에서 온 물체 같았다. 마치 산신령
이 하늘에서 굽어보는 듯했다. 산을 보고 또 봐도 질리지 않았다.

샤스타 산에 눈길을 뺏긴 지 얼마 되지 않아 전방에 기암奇巖의 행렬이 등장했다. 바위 표면이 온통 쭉쭉 쪼개진 형태의 병풍 같은 봉우리들이었다. 바위 사이에 난 틈의 길이가 수직으로 족히 수백m는 될 듯 했다. 그런 바위 봉우리가 열 개 이상 이어져 있었다. 금방이라도 덮쳐 내릴 듯한 기세였다. 험한 산세가 꼭 우리나라 월출산을 닮았다.

이 봉우리들은 캐슬 크랙Castle Crag 주립공원이었다. 200만년 전 샤스타산과 함께 화산 활동으로 생겨난 뒤 100만년 간 빙하 이동에 따른 침식과 풍화작용으로 현재와 같은 모습을 지니게 됐다고 한다.

캐스케이드 산맥의 중간에서 만난 영봉靈峰은 오리건 주 최고봉인 후드Hood산이다. 크레이터 레이크에서 4시간 반 가량을 북쪽으로 달려 마드라스Madras를 지나면 거대한 설산이 시야에 들어온다. 후드산은 한쪽 경사면이 사람의 얼굴을 닮았다. 하얀 후드외투에 달린 모자를 쓴 자상한 수도사를 연상시킨다. 그래서 후드 쓴 수도사라고도 불린다.

다른 쪽은 다소 완만한 경사면인데 이쪽으로 스키장 등 리조트가 세워져 있었다. 후드산은 해발 3425m인데 정상 부근인 3000m까지 리프트가 올라간다. 한여름에도 흰 눈을 밟으며 스키를 즐길 수 있는 팀버라인 로지Timberline Lodge로 갔다. 스키는 탈 줄 모르지만 설원과 스키어들을 구경하고 싶었다. S자 오르막 길을 15km 이상 꼬불꼬불 올라가야 했다.

리조트 입구 도로에 들어서는데, 우리 차 앞을 스키어 한 명이 쏜살같이 지나갔다. 깜짝 놀라 급브레이크를 밟았다. 전속력으로 활강

하던 스키어가 속도를 줄이지 못한 채 눈이 쌓인 도로 위를 지나가 버린 것이다. 그는 저만치에서 멎더니 아무 일 없었다는 듯이 스키를 벗고 로지로 걸어갔다. 정상 쪽을 바라보니 꼭대기 부근부터 스키나 스노보드를 타고 떼지어 내려오는 사람들이 보였다. 이들 대부분은 도로 바로 앞까지 내려와서야 정지했다. 다들 신나는 얼굴이었다.

주차장에 차를 세우고 나오는데, 기온이 장난이 아니었다. 한 여름인데도 차거운 바람이 쌩쌩 불었다. 가까이서 본 후드산은 멀리서 볼 때와 또 다른 느낌이었다. 온화한 수도사의 얼굴은 온데 간데 없고, 바위덩어리 험산이 돼 있었다. 당초엔 이곳에서 점심을 먹으려 했다. 그러나 겨울옷을 입지 않은 우리들에겐 너무 가혹한 환경이었다. 추위에 떨다 리조트 안에서 차 한잔을 마신 뒤 내려왔다.

후드산 중턱의 캠핑장에서 늦은 점심을 해먹었다. 새 소리와 선선한 바람, 적당한 햇볕까지 피크닉 하기에 딱 좋았다. 멀리 정상을 올려다 보았다. 다시 예전의 자상한 수도사였다. '보는 위치에 따라 천변만화하는구나.'

후드산 아래 파노라마 포인트Panorama Point에 서니 컬럼비아 계곡과 함께 지평선 멀리 워싱턴 주의 레이니어Rainier산이 보였다. 캐스케이드 산맥 최고봉인 레이니어산4394m이 머리에 흰 눈을 얹은 채 강렬한 햇빛을 반사했다. '이제 미국 본토 최북단이 얼마 남지 않았다'는 게 실감났다. 레이니어 국립공원은 미 본토에서 가장 큰 빙하지역이다. 그곳에서 에몬스 · 니스퀄리 빙하와 나라다 폭포, 복스 캐니언 등을 만날 수 있다.

에콜라와 컬럼비아강
오리건의 비경

　우리에겐 다소 생소하지만, 오리건은 해안 곳곳에 숨은 절경이 많은 것으로 유명하다. 특정한 한두 곳이 아니라 가는 곳 모두가 그렇다. 수백개의 관광지와 포인트가 있다고 해야 할까. 이 중에서 우리가 간 곳은 캐넌 비치Cannon Beach와 에콜라 주립공원Ecola State Park, 애스토리아Astoria 등 북부 해안 지역이었다.

　캐넌 비치는 문화인과 예술인의 마을이다. 거리엔 예쁜 갤러리와, 카페 · 레스토랑, 기념품 가게가 즐비했다. 해안에는 헤이스택 록Hay-stack Rock이라는 거대한 바위섬이 떠있다. 캐넌 비치의 상징이다. 이곳의 곱고 평평한 백사장은 너비가 100~200m나 됐다. 젊은이들에겐 거대한 운동장이자 놀이터였다.

　캐넌 비치 옆에 있는 에콜라 주립공원은 정말 기대 이상이었다. 해변을 따라 20여개의 예쁜 바위섬들이 파란 바다 위에 채색돼 있었다. 옅은 바다 안개 속에 흰 옷을 입고 파도와 맞서는 모습이었다. 빅서의 절벽 해안 이상으로 멋졌다.

바다로 돌출된 절벽길에 에콜라 포인트가 있었다. 절벽 끝에 서니 8개의 작은 바위섬이 파도를 맞으며 하늘을 향해 고개를 세우고 있었다. 바위의 모양 하나 하나가 독특했다. 절벽 곳곳에는 갖가지 색깔의 야생화가 자라나 까맣게 말라 죽은 고사목과 기묘한 조화를 이뤘다.

에콜라 포인트에서 2km 가량 옆에는 인디언 비치라는 풍광 좋은 서핑 해안이 있다. 젊은 서퍼들이 거친 파도를 향해 헤엄쳐 나가는 가운데 조개를 줍는 관광객들이 해변 곳곳을 누볐다. 가슴이 뻥 뚫리면서 청량감이 온 몸을 가득 채웠다. 이곳 공원에서 싸온 음식을 펴놓고 예정에 없던 피크닉을 했다. 경치도 최고, 밥맛도 최고. 그 무엇도 부러울 게 없었다.

오리건 코스트를 따라 북쪽으로 더 올라가면 오리건의 최북단 마을 애스토리아가 나온다. 이곳의 명물이 애스토리아 칼럼Column 이다. 해안의 높은 언덕 위에 세워진 높이 50m 가량의 기념비 겸 전망탑이다. 컬럼비아Columbia 강을 따라 태평양까지 뱃길을 낸 초기 개척민들을 기념해 만든 것이라고 한다. 칼럼에는 미 북서부 개척의 스토리가 그림으로 담겨 있다. 고대 로마의 황제들이 자신의 전승戰勝을 기념하기 위해 그 내용을 새겨넣은 개선탑과 같은 형태다.

칼럼은 등대처럼 걸어서 올라갈 수 있었다. 미 서부 아우터 뱅크스에서 높이 80m 등대를 걸어 올라간 것처럼 이번에도 하영이와 함께 칼럼을 올랐다. 전망탑에 서니 탁트인 하늘을 배경으로 오리건의 해안과 태평양, 컬럼비아 강과 워싱턴 주가 한 눈에 들어왔다. 애스토

오리건의 해안 절경 에콜라 주립공원

리아와 워싱턴 주의 메글러^{Megler}를 잇는 긴 다리도 바로 아래에 보였다. 이 다리는 폭이 좁고 높이가 낮아 마치 바다 위를 달리는 느낌을 준다. 꼭 한번 달려볼 만하다.

오리건과 워싱턴을 가르는 컬럼비아강은 아름다운 폭포들로 유명하다. 후드산에서 흘러내린 수십 갈래의 계곡물이 컬럼비아 강과 만나면서 강변 폭포를 만들어 냈다. 컬럼비아강은 폭이 2km가 넘고 물살이 빨랐다. 강변을 따라 미국 횡단 화물열차들이 쉼 없이 지나갔다. 놀라운 것은 열차 행렬의 길이가 상상을 초월한다는 점. 준하는

컬럼비아강 계곡의 폭포

화물열차 칸의 수를 세기 시작했다. "하나 둘… 여덟 아홉 열 그리고 응~" 바로 한계가 드러났다. 그런데 화물열차 칸수 세기는 어른에게도 버거웠다. 나도 오십 몇 개까지 세다가 포기했다. 한국에서는 화물칸이 아무리 많아도 30개를 넘지 않는다. 그런데 이건 끝이 없었다. 나중에 오기가 나서 세어 보았더니 70개가 넘었다. 화물칸에 컨테이너를 이층으로 실어서 운송하는 경우도 많았다. 미국이 대국^{大國}은 대국인 모양이었다.

강변 국도 오른 편에 보네빌^{Bonneville} 댐과 함께 배가 다니는 갑문이 보였다. 이어 왼편 절벽에 처음으로 엘로와^{Elowah} 폭포가 나타났다. 컬럼비아강에는 총 108개 폭포가 있다고 한다. 공교롭게도 108 번뇌를 연상시킨다.

컬럼비아강 폭포를 보려면 구^舊 도로로 가야 한다. 말꼬리를 닮은 호스테일^{Horsetail} 폭포와 오네온타^{Oneonta} 폭포 등을 지나 컬럼비아 계곡 최대인 멀트노마^{Multnomah} 폭포에 도착했다. 규모나 시설이 다른 폭포와는 확연히 달랐다. 일단 낙차가 189m로 미국 내 5번째다. 폭포는 2단으로 돼 있었다. 1단 폭포 밑에 있는 난간에 서서 위를 올려다 보고, 또 2단 폭포를 내려다 볼 수 있었다. 엄청난 수량과 낙차가 만들어 내는 폭포의 포효가 귀를 먹먹하게 했다. 폭포 옆으로 난 길을 한참 꼬불꼬불 올라가니 폭포 앞을 가로지르는 구름다리가 나타났다. 아래를 내려다 보니 까마득했다. 다리 한 가운데에 서서 떨어지는 거센 물줄기를 배경으로 기념촬영을 할 수 있었다. 준하는 무서워서 얼이 빠진 모습이었다. "아빠! 빨리 내려가~"

뒤이어 나타난 쿠페이Coopey, 브라이덜 베일Bridal Veil 폭포 등도 각자 아기자기한 특색이 있었다. 컬럼비아 계곡의 마지막 코스는 크라운 포인트Crown Point에 세워진 비스타 하우스Vista House. 컬럼비아 강가의 200m 높이 언덕에 세워진 육각형의 이 석조건물은 서부 개척 시대 철도와 도로를 만든 사람들을 기리기 위해 1917년 세워졌다. 석양이 지는 가운데 도도하게 흐르는 컬럼비아강과 그 양편의 절벽, 그 너머로 버티고 선 설산雪山이 어우러져 경외로운 장관을 연출했다. 컬럼비아강을 따라 내려가 포틀랜드Portland에서 '장미의 정원'International Rose Test Garden을 보면 화룡점정의 디저트가 될 것이다.

올림푸스산
미국의 땅끝에서

미국의 최북단에 위치한 올림픽 국립공원 Olympic National Park 은 사방 100km에 달하는 초대형 '땅끝 공원'이다. 올림푸스산2429m을 중심으로 바다와 호수, 산맥과 빙하, 온천이 어우러졌다. 애스토리아에서 태평양을 따라 북쪽으로 3시간 30분 거리다. 시애틀과는 내해를 가운데 두고 마주하고 있다.

올림픽 공원으로 가는 해안 길은 풍광이 뛰어났다. 하지만 바다는 거칠고 차가웠다. 해안도로가 끝나고 계곡길이 나타났는데, 여기가 올림픽 국립공원을 대표하는 호 우림지 Hoh Rain Forest 다. 호강江을 따라 펼쳐진 빽빽한 산림지역으로, 위도 48도에 위치한 세계에서 보기 드문 온대 우림이다. 위도 48도면 만주 하얼빈보다 북쪽이고 몽골 울란바토르와 비슷하다. 그런데 여기에 열대우림과 비슷한 온대 밀림이 들어서 있다니 정말 희한했다.

어떻게 이런 일이 가능할까. 우선 연간 3000mm가 넘는 엄청난 강우량 덕분이다. 이 지역까지 올라온 북태평양 난류가 따뜻한 수증기를 바닷바람에 실어 보낸다. 그러나 이 수증기는 거대한 올림푸스산을 넘지 못하고 엄청난 양의 비와 눈을 이곳에 뿌리게 된다. 더구나 북태평양 난류의 영향으로 이곳의 기온은 겨울에도 영하로 잘 내려가지 않는다. 그래서 전혀 예상치 못한 곳에 온대 우림이 생겨난 것이다.

나는 온대 우림이 도대체 어떤 곳인지 궁금했다. 여행을 떠나기 6개월 전쯤 하영이의 영어 개인교사였던 버지니아Virginia 선생이 이곳 얘기를 했다. "나는 대학생 때 친구 3명과 함께 노스캐롤라이나에서 오리건, 시애틀까지 여행간 적이 있어요. 2박3일 동안 4명이 교대로 밤낮없이 운전을 해서 갔지요. 그 때 올림픽 국립공원을 들렀는데, 호 우림지란 곳이 너무나 인상 깊었어요. 나중에 기회가 되면 꼭 가보세요."

호 우림지로 들어가는 호 강江 양편에는 나무들이 빽빽이 들어차 있었다. 한 여름인데도 햇볕이 잘 안 들지 않을 정도였다. 공기도 서늘했다. 차에서 내려 호 우림지의 트래킹 코스로 들어갔다. 축축 늘어진 나무줄기는 녹색 이끼로 뒤덮여 있었다. 공룡이 살던 중생대의 숲에 들어온 듯한 느낌이었다. 나무 가지가 위로 자란 정상적인 경우보다 아래로 자란 것들이 많았다. 꼭 나무귀신들 같았다. 아예 유령이라는 이름의 팻말이 붙어있는 나무도 있었다. '반지의 제왕'이나 '해리 포터'같은 영화에 나오는 이상한 숲에 온 것 같았다. 이 나무 저 나무를 옮겨 다니며 기념 사진을 찍는데, 하영이가 "으스스하고 무섭다"고 했다. 내가 귀신 소리를 냈더니 아이들이 소스라치게 놀랐다.

여울 물은 비할 데 없이 맑았다. 올림푸스 산 부근의 빙하에서부터 내려온 이 물은 차갑기도 하려니와 눈으로 보기만 해도 가슴이 시원해 지는 느낌이었다. 손으로 떠서 한번 물맛을 봤다. 역시 보이는 그대로 청정수였다.

숲을 따라 조금 더 올라가니 100m 높이의 거목, 삼나무들이 나오기 시작했다. 밑동이 썩어서 꺼멓게 구멍이 뚫린 나무들도 많았다. 이끼 낀 유령나무와 어울려 괴이한 분위기를 자아냈다. 그 때 큰 배낭을 짊어진 백인 등산객이 다가오더니 "저쪽으로 한번 가 보라"고 했다. 그는 "올림푸스산 빙하까지 등산을 다녀오는 길인데, 큰 사슴 엘크Elk 떼가 보였다"고 했다. 그러고 보니 등산로 입구에 '엘크가 출몰할 수 있으니 가까이 가지 마시오'라고 안내 문구가 써 있었다. 평소에는 사람에 무관심한 동물이지만, 한번 위협을 느끼면 엄청나게 사나워질 수 있다고 했다.

우리는 100m 정도를 뛰어갔다. 관광객 5~6명이 한쪽을 응시하며 소곤거리는 게 보였다. 그들의 시선을 따라가 보니, 굉장히 큰 엘크 몇 마리가 풀을 뜯고 있었다. 뿔의 크기가 상상 이상이어서 덮치면 뼈도 추리기 힘들어 보였다. 하영이와 준하는 목소리를 낮춘 채 "저기 사슴이다. 사슴"하며 좋아했다. '즐거움 반, 무서움 반'인 표정이었다.

나는 다른 관광객 한 명과 같이 엘크에게 다가갔다. 15m 전방까지 접근해서 엘크의 얼굴 사진을 찍었다. 그런데 한 놈이 나를 보더니 신경질적으로 고개를 흔들었다. 뜨끔했다. 다행히 그 놈은 잠시 나를

올림푸스 산에서 만난 야생 사슴

응시하더니 몸을 돌려 반대 방향으로 성큼성큼 달려가 버렸다. 이곳
은 곰과 쿠거, 수달 등 야생동물의 천국이었다. 호강이 바로 연어의
고향이기 때문에 가능한 일이다. 곰과 수달 등은 연어를 먹이로 겨울
을 난다고 한다.

　호 우림지에서 나와 1시간 가량을 달리면 크레센트 호수Crescent Lake
가 나온다. 이름 그대로 초승달처럼 예쁘게 구부러진 산중 호수다.
호수 형태와 주변 풍광이 아름답거니와, 호수 표면에 자욱하게 끼어
있는 물안개가 환상적이었다.

　올림픽 국립공원에서 빠트리지 말아야 할 곳은 솔덕 온천Sol Duc Hot

Springs 이다. 크레센트 호수에서 올림푸스산 방향으로 20분을 더 들어가야 한다. 멀리 하얀 올림푸스 산이 바라다 보이는 가운데 산과 하늘로 둘러싸인 노천온천이다. 수질이 좋기로 유명해서 여행의 피로를 풀기에 그만이었다. 온천 주변에는 통나무집 리조트도 있다. 솔덕온천은 유아용 풀과 온탕, 열탕, 수영장 등 4개의 풀로 이뤄져 있다. 여름에 무슨 온천이냐고 하겠지만, 이곳은 산속이다. 여름에도 가을처럼 서늘하다. 올림푸스산과 온대우림을 바라보면서 온천에 몸을 담가보라. 여독도, 스트레스도, 인간세상의 시름도 모두 사라진다.

캐나다 레이크 루이스 일근의 새발자국 호수

PART 3

눈과 얼음의 세계

스파핫과 말린

캐내디언 로키의 명품 폭포

로키산맥은 알래스카 아래에서부터 뉴멕시코까지 4800km를 남북으로 뻗어있다. 남미의 안데스 산맥^{7000km}에 이어 세계 두 번째로 길다. 보통 로키산맥하면 미국 중서부를 떠올리지만 로키의 정수^{精髓}는 캐나다에 있다. 이른바 캐내디언 로키를 보지 않고선 로키를 말하지 말라고 한다. 밴쿠버^{Vancouver} 동부에서 캘거리^{Calgary} 서부에 걸친 방대한 캐내디언 로키의 중심은 재스퍼^{Jasper}와 밴프^{Banff} 다.

밴쿠버에서 캐내디안 로키로는 두 갈래 길이 있다. 첫 번째는 5번 고속도로로 가다 캠룹스^{Kamloops}에서 1번 고속도로로 갈아탄 뒤 곧장 로키를 넘어 관광 중심지인 밴프로 가는 경로다. 두 번째는 5번 고속도로로 계속 북상해 밸마운트^{Valemount}에서 16번 도로로 로키를 넘어 재스퍼로 가는 길이다. 앞의 길은 짧고 편안하지만, 북쪽 캐내디안 로키의 절경을 놓친다. 멀리 돌더라도 북쪽 길을 택했다.

밴쿠버에서 밸마운트까지 가는 8시간의 길 곳곳에선 숨은 폭포의

캐나다 서부 클리어워터의 헴켄 폭포

향연이 펼쳐졌다. 제일 먼저 들른 곳은 브라이덜 베일^{Bridal Veil} 폭포다. 요세미티와 컬럼비아강 계곡에도 신부 드레스의 베일을 닮은 같은 이름의 폭포가 있다. 주차장에서 15분 정도 걸어올라 가니 울창한 산림 속에 높이 100m가 넘는 베일 모양의 폭포가 흘러내리고 있었다. 수량이 많지는 않았지만 울창한 녹음과 어울려 꿈속 풍경같은 느낌을 줬다. 폭포 옆에서 먹는 간식이 꿀맛이었다.

그 동북쪽의 소도시 클리어워터^{Clearwater}에는 그 일대에서 제일 유명한 스파핫^{Spahats} 폭포가 있다. 동네 주민에게 길을 물었더니 다짜고짜 "한국 사람 아니냐"면서 "사거리 주유소의 한국인 상점에서 물어보라"고 했다. 한국인 부자^{父子}가 운영하는 이 주유휴게소는 그 지역에서 가장 유명한 가게라고 했다. 두 사람은 아주 친절했다. 스파핫 폭포와 웰스 그레이 공원 일대의 유명한 폭포들을 소개해 줬다. "외지인은 잘 모르지만 경치가 최고예요. 세계문화유산에 넣자는 움직임까지 있으니까. 안 가보면 후회합니다."

스파핫은 기이하게 생긴 폭포였다. 인디언 말로 곰이란 뜻이다. 빽빽한 산림을 뚫고 강물이 U자형으로 깊게 파인 계곡을 따라 흐르다 갑자기 절벽을 만났다. 50m 깊이로 파인 좁은 U자형 계곡에서 폭포물이 75m 절벽 아래로 내리 꽂혔다. 더구나 스파핫 폭포를 둥그런 모양의 절벽이 단지처럼 감싸고 있어서 폭포 소리가 공명을 일으켰다. 폭포 위의 어두운 U자 계곡은 악마의 주둥이처럼 섬뜩하고도 신비한 느낌을 줬다.

스파핫에서 좀 더 올라가니 헴켄^{Helmcken} 폭포가 기다렸다. 머틀

강 상류에 있는 이 폭포는 캐나다에서 4번째로 큰 규모다. 높이는 141m. 수량이 엄청난 데다 사나운 맹수 소리를 냈다. 장대한 스케일에 압도당한다는 느낌이 들었다.

밸마운트에서 재스퍼로 가려면 옐로우패스를 넘어야 한다. 길 옆에는 캐내디언 로키의 최고봉^{3954m}인 롭슨^{Mt Robson} 산이 버티고 있다. 항상 머리에 흰 눈을 이고 사는 캐내디언 로키의 수문장이다. 롭슨 옆으로 장엄한 설산들이 줄지어 서 있었다. 재스퍼는 인간의 손길이 늦게 닿았고 상대적으로 밴프보다 개발도 늦었다. 캐내디언 로키에 있는 4개 공원 중에서 가장 넓으면서 자연 그대로 보존된 땅이다. 겨울에는 도로들이 눈에 막혀 고립되는 경우도 있다고 한다.

재스퍼 시내에서 7km 북쪽에 있는 패트리샤^{Patricia} 호수와 피라미드^{Pyramid} 호수는 빙하가 만든 휴양지였다. 예쁜 방갈로가 늘어선 리조트 선착장에서 호수 주변을 바라보니 낙원이 따로 없었다. 머리가 희끗희끗한 로키의 봉우리를 배경으로 맑은 호숫물이 찰랑거렸다. 아이들과 호수 물에 손을 담그면서 놀다가 산책길도 걸었다. 바라보기만 해도 힐링이 되는 곳이었다.

재스퍼 남동쪽 애니트^{Annette}와 에디쓰^{Edith} 빙하호수를 지나면 말린 협곡이 나온다. 보기 드문 크레바스형 협곡이었다. 처음에는 아무리 봐도 협곡이 안보여서 사기를 당한 줄 알았다. 그런데 어디선가 '웅웅'거리는 울림이 들려왔다. 그리고 불과 몇m 앞에 홀연히 크레바스가 나타났다. 3~5m 너비의 갈라진 틈 아래를 보고는 기겁했다. 까마득히 50m 아래쪽에 엄청난 급류가 지축을 흔들 듯 물보라를 일으키

캐나다 재스퍼의 말린 협곡

고 있었다. 이처럼 좁고 깊은 협곡은 처음이었다. 이런 크레바스 협곡이 수백m 이어져 있었다.

일부 구간은 뛰어서 건널 수 있을 정도로 좁았고, 협곡 아래가 잘 보이지 않는 곳도 있었다. 협곡 곳곳에 다리가 세워져 있었다. 그 위에서 협곡을 내려다 보니 오금이 저렸다. 얼마나 많은 동물들이 밤에 이 틈새를 보지 못하고 추락했을까 하는 생각이 들었다.

말린 협곡을 지나 거대한 메디슨^{Medicine} 호수로 들어섰다. 호수가 푸르스름한 빛을 띠고 있었다. 빙하가 녹은 호수였다. 주변의 삼림과 회색 바위, 흰 봉우리와 잘 어울렸다. 이 호수는 빙하가 녹는 여름에는 범람하다가 가을·겨울이 되면 호수 바닥이 드러난다. 석회암 층을 통해 물이 자동적으로 빠져나가기 때문이란다.

스피릿 아일랜드

빙하 호수에 피어난 꽃

　재스퍼의 말린 호수는 그 길이가 40km에 달한다. 빙하 호수로는
세계에서 두 번째로 큰 규모다. '악하다'는 뜻의 명칭과는 달리 캐내
디언 로키의 호수 중에서 가장 아름다운 곳이다. 투명하고 맑은 물과
호수를 에워싼 설산과 빙하, 침엽수림이 웅장하면서도 살가운 풍경
을 만들어 낸다. 이곳이 유명한 것은 호수도 호수지만 그 한 가운데
떠있는 '스피릿 아일랜드 Spirit Island' 때문이다.

　말린 호수길 끝에는 선착장과 조그만 리조트가 있다. 그 곳에선 한
시간 간격으로 '말린호와 스피릿섬'으로 가는 보트가 출발한다. 보트
로 호수와 섬을 둘러 보는 데는 2시간 정도가 걸린다. 보트 투어를 기
다리는 동안 선착장 주변 공원을 산책하면 아기자기하게 볼거리가
많다. 호수 건너 저 멀리에 병풍처럼 펼쳐진 만년설의 산과 거대한
빙하는 경외감을 느끼기에 충분하다.

　쾌속 유람선의 선장은 제법 유머감각이 있는 사람이었다. 농담과

퀴즈를 섞어가면서 호수 곳곳의 지명과 사연을 흥미진진하게 펼쳐놓았다. 여름철엔 이 호수에서 낚시를 하거나 관광하는 사람들이 대거 몰려온다. 그런데 낚시나 경치 구경에 빠져서 배끼리 충돌하는 사건이 종종 벌어진다고 했다. 그러면서 곡예를 하듯이 배의 방향을 급하게 틀어 관광객들을 놀라게 했다. 선경仙境 속 스릴 넘치는 질주였다.

호수의 중간 지점부터 거대 빙하가 눈앞에 다가왔다. 호수 옆에 늘어선 준봉峻峰 사이 골짜기마다 수백m 두께의 빙하가 똬리를 틀고 있었다. 처음엔 그냥 눈이 조금 덮여 있는 줄 알았다. 그런데 배가 봉우리 가까이로 다가가자 빙하의 거대한 단면이 드러났다. 빙하의 단면 자체가 수백m 높이의 절벽이었다. 지층처럼 빙하의 층도 또렷하게 보였다. 빙하가 그대로 무너져서 머리위로 쏟아질 것 같았다. 빙하는 여름에 조금씩 녹는다. 그래서 봉우리 부근에서 아래쪽으로 조금씩 밀려 내려온다. 때때로 절단면 부근의 빙하가 절벽 아래로 무너져 내리기도 한다.

각 봉우리에 이름이 붙어있듯이 빙하도 각자의 이름이 있다. 말린 호수 주변으로 말린산 빙하 등 대형 빙하만 4개가 자리잡고 있었다. 작은 빙하까지 합치면 10개도 넘었다. 호수 전체가 빙하와 만년설로 덮여 있다 해도 과언이 아니다.

빙하에 매료돼 있는 사이 호수의 폭이 눈에 띄게 줄었다. 호수가 호리병처럼 잘록하게 들어간 지점에 아름다운 스피릿 아일랜드가 자리잡고 있었다. 말린 호수와 주변 빙하지역의 정기가 오롯이 담긴 섬이었다. 캐내디언 로키의 봉우리와 영령들이 스피릿을 굽어보며 보

살펴주는 듯 했다. 춥고 거친 빙하에서 홀로 피어난 꽃처럼 보였다. 빙하와 설산을 배경으로 스피릿 아일랜드의 신록이 묘한 조화를 이뤘다.

배가 섬의 조그만 선착장에 닿았다. 섬 주위로 산책로가 나 있었다. 주변 풍경을 감상하기 그만이었다. 맑고 선선한 공기에 가슴이 펑 뚫렸다. 호수는 빙하수답게 여름인데도 손이 시렸다. 길 주변에 늘어선 크고 작은 침엽수들이 손짓하듯 바람에 가지를 흔들었다. 섬 주변엔 조그만 부속 섬들이 있었는데 그 형태가 이색적이고 예뻤다. 호숫가 바위에 앉아 로키의 수천m 준봉들과 눈의 대화를 나눴다. 정신이 절로 맑아졌다. 왜 스피릿이라는 이름이 붙었는지 알 것 같았다. 이 섬에 살았으면 하는 생각이 들었다. 그러나 특급 보호지역인 스피릿 섬엔 그 흔한 매점이나 기념품 가게 하나 없었다. 엄격하게 위생 관리가 되는 화장실이 하나 있을 뿐이었다.

섬을 둘러보고 돌아오는 배 안에서 먹은 햄버거도 경치만큼 끝내줬다. 준하는 오물오물하며 큰 햄버거 하나를 다 해치웠다. 평소에는 보기 드문 일이었다. "준하 너도 이곳이 맘에 드니?" "응! 좋아"

말린 호수에서 밴프로 가는 길에 에디쓰 카벨Edith Cavell 산에 들렀다. 이곳은 천사가 날개를 편 모습을 닮았다는 엔젤 빙하로 유명하다. 그러나 화창하던 날씨가 급변하더니 진눈깨비가 쏟아지기 시작했다. 한치 앞도 분간하기 힘들 정도였다. 눈물을 머금고 후퇴해야 했다. 대신 아싸바스카Athabasca 폭포로 갔다. 폭포는 여러 단으로 이뤄진 계단식 폭포였다. 유량과 유속이 엄청나 각 단마다 특이한 형태의 바위가 생겨났다. 폭포 물이 바위를 뚫고 들어갈 기세였다. 폭포에서 진눈깨비를 맞으며 요기를 했다. 얼은 손을 호호 불면서 말이다.

　이 곳부터 컬럼비아 대빙원^{또는 아싸바스카 빙하}까지는 만년설에 덮인 설산과 절벽의 연속이었다. 밴프까지 이어지는 이 길을 컬럼비아 아이스필드 파크웨이라고 부른다. 이 길 자체가 캐내디언 로키의 5대 절경 중 하나다. 2시간 동안 로키의 험준한 산봉우리가 끝없이 펼쳐졌다. 장엄했다. 미국 로키에서도 보기 힘든 광경이었다. 우리 가족은 차창 좌우로 펼쳐지는 풍경에 연신 "와 저기 저 산 멋있다" "저기도 좀 봐"하며 눈을 떼지 못했다. 자칫 사고날 뻔 해서 아내에게 핀잔까지 들었다. 그러면 캐내디언 로키의 나머지 4개 절경은 뭘까. 스피릿 아일랜드와 컬럼비아 대빙원, 루이스 호수^{Lake Louise}, 밴프 설퍼산^{Mt Sulphur}의 곤돌라라고 한다.

컬럼비아 대빙원
수만년 전 빙하수를 마시다

아이스필드 파크웨이의 중간 지점을 지나자 끝없는 오르막 길이 펼쳐졌다. 산중턱까지 구름에 가려진 검붉은 바위산이 나타나더니, 잠시 후 거대한 설원이 모습을 드러냈다. 컬럼비아 아이스필드^{대빙원}였다. 캐내디언 로키에서 절대 놓쳐선 안되는 넘버원 포인트다. 대빙원은 엄청난 양의 눈과 얼음으로 뒤 덮여 있었다. 거대한 설원이 쓰나미처럼 쏟아져 내릴 것 같았다. 첫 눈에 압도당하는 기분이었다.

설원의 상단은 고도가 너무 높아서 구름에 가려져 있었다. 설원의 맨 아래에는 빙하가 녹은 푸른 석회색의 호수가 다소곳이 자리잡고 있었다. 대빙원 건너편에 있는 리조트와 휴게소는 컬럼비아 대빙원 관광의 출발점이다. 여름에만 운영되고 가을부터 봄까지는 폐쇄된다. 컬럼비아 대빙원은 개인 차량으로 들어갈 수 없다. 빙하 진입로는 돌산과 절벽을 깎은 비포장도로다. 급경사인 데다 언제 절벽에서 바위가 굴러 떨어질 지 모른다. 빙하가 녹은 급류도 넘어야 한다.

캐내디언 로키의 컬럼비아 대빙원 입구

더구나 빙하에 들어가면 일반 차량은 아예 움직일 수가 없다. 바퀴가
헛도는 것은 물론이고 빙하에 빠지거나 크레바스 사이로 곤두박질칠
수 있다.

그래서 이곳에서만 볼 수 있는 명물이 바로 설상차^{雪上車}다. 전 세계
에서 오직 이곳에서만 볼 수 있다는 설상차. 빙하 위를 종횡무진 달
리는 거대한 중장비형 버스다. 설상차를 타기 전 컬럼비아 빙원을 정

면에서 바라보는 전망대로 갔다. 옅은 햇빛 줄기가 구름을 뚫고 빙하를 비췄다. 조금 전까지만 해도 암회색의 괴물처럼 웅크리고 있던 빙하가 갑자기 하얀 빛의 천사로 바뀌었다. 빙하가 반사한 빛 때문에 난 한 순간 설맹雪盲이 됐다. 천변만화하는 컬럼비아 대빙원의 속살을 본 것 같았다.

이곳의 얼음은 빙하시대 말기부터 수만년 간 쌓여온 것이라고 한다. 빙하는 양 옆으로 솟은 두 개의 큰 산에 둘러싸여 있다. 오목한 계곡에 수만년간 눈이 쌓이면서 거대한 빙하가 형성된 것이다. 오랜 세월의 더께만큼이나 빙하의 깊이도 상상을 초월한다. 빙하가 쌓인 깊이가 최대 900m에 이른다고 한다. 북한산837m 보다 높은 것이다.

설상차는 바퀴 수가 8개이고, 바퀴 하나의 높이가 어른 키만 했다. 타이어의 두께와 너비도 엄청났다. 건설 중장비용 타이어에나 볼 수 있는 빗살무늬가 도드라져 있었다. 눈 위에서 미끄러지지 않고 헤쳐 나가기 위해서란다. 차의 하부는 대형 중장비와 흡사했지만 상부는 버스 모양이었다. 전체 높이도 일반 버스의 2배였다. 이 차는 눈에 빠지거나 헛도는 일이 절대 없다고 한다. 여러 개의 바퀴에 모두 동력이 전달되는 방식이라 바퀴 한 개가 눈에 빠져도 다른 바퀴는 움직이기 때문이다.

자동차를 좋아하는 준하는 설상차가 너무나 신기한 지 입을 다물지 못했다. "와! 바퀴 정말 크다." 차에 오르는 계단이 높고 가팔라서 내가 겨우 안고 오르는데, 안내 여직원이 잡아 올려줬다. 그는 준하가 귀여운지 연신 영어로 '귀엽다' '몇 살이냐'고 물었다. 영어를 못 알아들는 준하는 그냥 웃을 뿐이다. 남자가 물었으면 바로 외면해 버렸을 텐데, '예쁜 누나'에게는 그러질 않았다.

설상차는 급경사 비포장도로를 느린 속도로 흔들림 없이 잘 내려 갔다. 빙하를 눈앞에 두고 급류가 가로막았다. 빙하가 녹아 좁고 물살이 빠른 천㎞을 형성한 것이다. 설상차는 곧장 급류를 뚫고 지나 갔다. 넓게 펼쳐진 빙원 위에는 설상차의 바퀴 자국이 도로처럼 멀리 뻗어 있었다. 빙하는 멀리서 볼 때와 느낌이 사뭇 달랐다. 평평하게 눈 쌓인 평지가 아니라 얼음이 삐죽 삐죽 튀어 올라온 울퉁불퉁한 길이었다. 빙하가 움푹 꺼진 곳도 있었다. 안내원은 버스에서 내리기 전 "절대 멀리 가지 말고, 독자 행동하지 말라"고 신신당부했다. 곳곳에 눈이 녹아 만들어진 웅덩이와 크레바스가 있고, 얼음이 꺼질 위험도 있다고 했다.

앞다퉈 버스에서 내린 관광객들은 일제히 "으악! 추워"라며 비명을 질렀다. 얼음에서 올라오는 냉기와 산에서 불어 내리는 바람이 장난이 아니었다. 수만년 간 얼음을 채워놓은 아이스박스 안에 들어갔다고 상상해 보라. 영하 5도 이상은 되는 것 같았다. 빙하는 의외로 딱딱했다. 부드럽고 촉촉한 눈길이 아니었다.

빙하를 둘러보며 사진을 찍는데 준하는 춥다고 아우성이었다. 하지만 막 바로 버스로 돌아갈 수는 없었다. 이곳에 오면 반드시 해야 할 일이 있었기 때문이다. 바로 빙하가 녹은 물을 마시는 일이다. 수만년 전에 하늘에서 눈으로 내려와 얼음이 됐다가 다시 빛을 본 100% 순수한 H_2O다. 녹은 빙하수가 모여 흘러내리는 작은 시냇물

컬럼비아 대빙원 위를 운행하는 설상차 앞에서

이 있었다. 푸른 색이 감돌았다. 생수병에 담아 한 모금 들이켰다. 입 안이 얼얼할 정도로 차갑고, 눈이 환해질 정도로 깨끗했다. "캬, 죽인 다!" 아내와 하영이, 준하도 한번 맛을 보더니 계속해서 들이켰다. 배 가 부를 만큼 빙하수를 마시고 나서 생수병에 다시 가득 담았다.

아내는 "준하가 감기 걸릴 지도 모르겠다"며 먼저 버스에 올랐다. 나는 하영이 사진을 찍어 주려고 몇 발자국 뒷걸음질을 쳤다. 그런데 오른발이 갑자기 푹 빠졌다. 그리고 엄청난 냉기가 엄습해 왔다. 빙 하가 녹아 생긴 작은 웅덩이에 발목 위까지 빠진 것이었다. "앗, 차가 워" 외마디 비명을 지르자 주변 사람들이 달려와 "괜찮냐"고 물었다.

안내원까지 달려와서 "웅덩이 조심하라고 하지 않았느냐"면서 걱정스럽게 쳐다봤다.

　1분도 지나지 않아 발이 얼어붙었다. 급하게 버스에 올라 신발·양말을 벗고 수건으로 발을 감쌌다. 빙하 우습게 보다가 큰 코 다칠 뻔했다. 양 옆으로 솟은 거친 바위산을 바라보면서 컬럼비아 대빙원을 내려왔다. 평생 잊혀지지 않을 것 같은 장관이었다. '언제 다시 올 수 있을까?'

레이크 루이스
자연과 인간이 만든 걸작품

컬럼비아 대빙원에서 1시간 이상을 내려오면 그림같은 호반의 도시 레이크 루이스Lake Louise에 다다른다. 사진으로만 봐도 절로 탄성이 나오는 곳이다. 이 곳에 오기 전 꼭 들러봐야 할 곳이 있다. 페이토 Peyto 호수다. 이 호수는 세 갈래로 갈라진 옅은 하늘 색의 빙하호수인데 산 위에서 보면 그 색채나 모양새가 형언하기 어려울 정도로 아름답다.

차로 정상까지 올라간 뒤 10여분쯤 걸어가야 한다. 걷지 않으려는 준하를 유모차에 태우고 흙투성이 경사길을 낑낑 매며 올라갔다. 탁 트인 절벽 조망대에서 호수를 바라보니 입이 절로 벌어졌다. 여기까지 오느라 흘린 땀이 아깝지 않았다. 조망대 양 옆으로 펼쳐진 절벽과 나무 숲도 좋았다.

페이토 호수에서 조금 내려오면 넓고 푸른 보우Bow 호수가 얼굴을 내민다. 높은 설산을 배경으로 길게 누워있는 이 호수는 아이스필드

로키의 설산을 품은 레이크 루이스

파크웨이의 최고 포인트 중 하나다. 설산들 사이에는 거대한 보우 빙
하가 자리잡고 있다. 호수에 비친 설산과 빙하의 모습이 아름다웠다.
호수에도 빙하, 하늘에도 빙하! 쌍둥이 빙하처럼 보였다.

　보우 호수 아래에는 기이한 모양의 빙하도 있었다. 새의 발자국처
럼 세 갈래로 갈라진 형태였다. 이 때문에 '까마귀발Crowfoot 빙하'라는
이름이 붙었다. 도로 옆으로 우뚝 솟은 몇 개의 설산 사이에 터를 잡
은 이 빙하는 이름 그대로 까마귀발을 닮았다.

페어몬트 샤토 호텔에서 본 레이크 루이스

밴프 지역의 소도시 레이크 루이스는 설산 중턱에 있는 루이스 호수 이름을 그대로 따왔다. 루이스 호수의 독특한 아름다움은 세계적으로도 유명하다. 차를 타고 한참 언덕길을 올라간 뒤 펼쳐지는 루이스 호수와 설산의 풍경은 한 폭의 수채화 같았다. 산 꼭대기의 흰 눈과 검은 바위절벽, 그 계곡 사이로 흐르는 빅토리아 빙하가 파란 루이스 호수와 어우러져서 환상적인 풍광을 만들어냈다. 반짝이는 호수에 설산이 녹아 내린 모습을 보는 순간 영원히 빠져들 것만 같았다.

루이스 호수에는 인간이 만들어 낸 작품이 하나 있다. 호수 바로 앞에 있는 페어몬트 샤토 레이크 루이스 호텔이다. 설산과 정면으로 마주하고 있는 이 호텔은 그 자체로 예술이다. 멋진 외형과 색채, 그 주변에 조성된 꽃밭과 잔디밭 등이 루이스 호수와 기막힌 조화를 이루고 있다. 조물주가 빚은 호수와 인간이 세운 건축물이 어우러져 걸작품으로 거듭난 것이다. 주민들은 이곳을 '야생의 다이아몬드'라고 부른다고 한다. 1890년 소박한 통나무집에서 시작해 지금은 553개의 객실과 호화로운 7개의 레스토랑을 갖춘 최고급 리조트호텔이 됐다. 이곳에서 바라보는 레이크 루이스의 경치는 타의추종을 불허한다.

원래 이곳에서 하루 밤을 묵고 싶어서 예약을 해보려 했다. 그러나 하루 방값이 무려 400달러였고 만석이었다. 이렇게 비싼데도 항상 예약이 꽉 차있으니 인기가 어느 정도인지 짐작할 만 했다. 호숫가에는 산책코스와 보트 선착장이 있다. 여기서 카약과 보트를 빌려 탈 수 있다.

레이크 루이스에서 캐내디언 로키의 중심지인 밴프Banff까지는 한 시간 정도 거리다. 밴프는 로키 관광의 관문으로 '동화속의 도시' '휴가를 보내기에 최적의 도시'로 알려져 있다. 우리가 숙소로 잡은 림록Rimrock 리조트 호텔은 밴프의 명물 중 하나인 설퍼Sulphur산 등성이에 위치해 있다. 호텔에서 보이는 설퍼산의 위용과 밴프의 야경은 최고였다. 하루 방값이 200달러가 넘는다는 게 단점이긴 하지만 말이다.

높이 2300m인 설퍼산은 등산을 할 수도 있지만 곤돌라가 명물이다. 곤돌라에서 바라본 풍경은 어른들은 물론이고 아이들에게도 신나는 일이었다. 설퍼산 맞은 편에는 바위 지층이 뒤틀려서 옆으로 누워버린 림록이 버티고 있었다. 보기 드문 형태의 지형이었다. 고도 2000m인 림록의 정상 부근엔 눈이 쌓여 있었다. 거기서 높이 50m

단위로 내려오면서 서로 다른 색깔의 암석층이 연이어 나타났다.

곤돌라에서 내리자 마자 찬 기운이 확 몰려왔다. 전망대로 나가니 별천지가 기다리고 있었다. 눈을 머리에 인 봉우리들이 구름을 베개 삼아 푸른 창공을 향해 솟구쳐 있었다. '검은 암석 덩어리가 순백의 파트너를 만나면 이처럼 아름다울 수 있는 것이구나'하는 생각이 들었다. 구름의 바다 사이로 밴프 시내가 내려다 보였다. 설퍼산 정상에 만들어진 산책로를 따라 도니 2000~3000m 높이의 설산들이 사방에 나타났다. 서로 경쟁을 하듯 구름 위로 배꼼이 얼굴을 내밀고 있었다. 재스퍼에서 밴프까지 내려오면서 봤던 캐내디언 로키의 봉우리들이었다. 만년설을 머리에 이고 일렬로 행군하는 것처럼 보였다. '구름 위의 산책'을 하는 느낌이었다. 사람들이 왜 설퍼산을 '캐내디안 로키의 5대 절경'으로 꼽는지 알 것 같았다. 설퍼산은 유황온천 Upper Hot Springs 으로도 유명하다. 림록과 보우강을 배경으로 세워진 고풍스런 스프링스 호텔과 보우Bow 폭포도 들러볼 만하다.

최고의 스테이크

캐나다 앨버타Alberta주 최대 도시인 캘거리Calgary는 동계올림픽이 열린 '눈
의 도시'다. 목축업과 석유 산업의 중심지로서 서쪽엔 캐내디언 로키, 동쪽엔
광활한 대평원이 펼쳐져 있다. 쇠고기 수입 문제나 광우병 논란이 있을 때마다
이름이 오르내리곤 한다. 나는 이 곳에서 예상치 못한 최고의 식도락을 경험했
다. 일반 가정집에서 맛본 생애 최고의 스테이크 요리!

캘거리에는 유럽 여행 중에 알게 된 한인 가족이 살고 있었다. 안부 인사 겸
연락을 했는데, 꼭 식사대접을 하겠다고 했다. 빠듯한 여행 스케줄 때문에 어
쩔 수 없이 아침 7시에 그 분 집을 방문했다. 그런데 이분이 갑자기 바비큐 판
을 꺼내 스테이크를 굽겠다고 했다. 아침부터 웬 스테이크? "그러지 마시라"고
했지만 "멀리서 손님이 왔는데 안된다"며 기어코 쇠고기를 굽기 시작했다.

아내와 하영이는 내게 귀엣말로 "밥맛도 없는데 아침부터 고기 못 먹을 것
같다"고 했다. 나도 마찬가지였다. 하지만 성의를 무시할 순 없었다. 그 분은
커다란 스테이크를 열 덩어리 넘게 구웠다. 양념은 소량의 소금과 후추 뿐이었
다. 나는 '다른 식구가 많은 건가' 생각했다. 그런데 나와 아내, 하영이 앞에 놓
인 큰 접시에 세 덩어리씩을 얹어 주는 게 아닌가. 깜짝 놀란 나는 "아침에 이
렇게 많이 주시면…"이라고 사양했다. 그러나 그 분은 "일단 드셔 보시라"며
접시를 디밀었다.

어쩔 수 없이 스테이크를 잘라서 한 입 씹는데, 깜짝 놀랐다. 세상에나! 살살 녹았다. 이런 쇠고기, 이런 스테이크는 처음 맛봤다. 양념이 거의 없는 순수한 쇠고기에서 이런 맛이 나다니. 감히 말하건대 평생 맛본 쇠고기 중 최고였다. 사양한 게 무색할 정도로 계속 칼질을 해댔다. 10분만에 세 덩어리째를 삼키면서 보니 아내와 하영이도 두 덩어리를 해치우고 있었다. 쇠고기를 거의 안 먹는 준하도 연신 스테이크 조각을 받아 먹었다. 그 분은 아주 흐뭇한 표정으로 우리를 바라봤다. 내가 물었다.

"정말 이런 쇠고기 맛은 처음입니다."

"맛있죠? 캘거리 와서 앨버타 스테이크를 못 드시고 가면 평생 후회해요."

"앨버타는 광우병이나 쇠고기 마찰로만 기억하고 있었어요. 특별한 양념을 했거나 특등급 고기인가요?"

"아뇨. 양념 한 것 없고, 이틀 전에 아는 집에서 사온 고기예요."

"그런데 어떻게 이런 맛이 나지요?"

"앨버타는 겨울에 영하 30도까지 내려갑니다. 여기 방목하는 소들은 스스로 혹한을 버텨내야 하죠. 여름 동안 풀을 열심히 뜯어서 체내에 다량의 지방을 축적해야 합니다. 그 지방층이 결국 천연 마블링이 되죠. 사료 먹이고 운동 안 시켜서 만드는 인공 마블링과 다릅니다. 2~3년만 지나면 나이테처럼 몇 층의 천연 마블링이 형성됩니다. 그러니 최고의 맛이 나는 거지요."

어느새 내 접시에 있던 마지막 스테이크 조각도 사라졌다. 이렇게 쇠고기를 많이 맛본 건 처음이었다. 그것도 아침 7시에. 아내도 "이렇게 맛있는 스테이크는 처음"이라고 했고, 입맛이 예민한 하영이도 "정말 맛있었다"고 했다. '앨버타 쇠고기=광우병 쇠고기=질 낮은 쇠고기'라는 내 편견은 이날 이후로 완전히 깨졌다.

글레이셔 국립공원
설산에서 본 별천지

캐나다 워터톤을 빠져 나오면 국경 검문소가 나온다. 산간벽지인
데다 통행객도 적어 단 20초만에 '입국 심사'가 끝났다. 다시 미국이
다. 17번 국도를 따라 30분을 가니 드넓은 '세인트 메리Saint Mary' 호
수가 나타났다. 길이가 30km에 달하는 큰 호수다. 호수 위쪽으로 장
엄한 글레이셔Glacier 국립공원이 위용을 드러냈다. 온통 설산雪山이
었다. 산정山頂을 향해 한 줄기 도로가 나 있었다. '태양으로 가는 길
Going-to-the-Sun Road'.

무슨 이름이 이렇게 거창한가 싶었지만 명불허전名不虛傳이었다. 글
레이셔 국립공원의 속살을 하나 하나 볼 수 있는 최고의 드라이브 코
스였다. 사실 글레이셔 관광 자체가 이 도로를 따라 움직이는 것이라
해도 과언이 아니었다. 여러 포인트가 있지만, 얽매일 필요는 없었
다. 가다 서면 그곳이 바로 최고의 포인트였으니까.

북미 여행 중 별 기대 없이 들렀다가 깜짝 놀란 '숨은 진주'들이 몇

군데 있었다. 구니슨의 블랙캐니언과 콜로라도강 대협곡, 라스베이거스의 밸리 오브 파이어, 빅서와 몬테레이의 17마일 도로, 크레이터 레이크, 에콜라 주립공원, 와일드 라이프 루프 등이 대표적이다. 글레이셔 국립공원은 그 중에서도 톱 클래스였다.

세인트 메리 호수를 따라 글레이셔 국립공원을 오르다 보면 처음 나오는 포인트가 '라이징 선Rising Sun'이다. 빙하가 녹아 파랗게 빛나는 맑디 맑은 호수와 그 건너편에 우뚝 솟은 3000m급 준봉들, 그 사이에 쌓인 거대한 빙하를 파노라마로 볼 수 있다. 히말라야 산맥에 올라와 있는 느낌이었다. 산맥 골짜기를 따라 쏟아져 내리는 빙하수도 맑고 시원했다.

그 다음은 '선 포인트Sun Point'. 널찍하고 피크닉 시설도 있어서 점심을 먹기 딱 좋았다. 파란 호수와 검푸른 무늬의 봉우리, 백색 빙하를 바라보면서 식사를 하니 신선놀음이 따로 없었다. 점심 후 '선리프트 고지Sunrift Gorge'와 '잭슨 글레이셔 오버룩Jackson Glacier Overlook'에 올랐다. 눈앞에 잭슨 글레이셔와 블랙풋 글레이셔, 펌펠리 글레이셔, 해리슨 글레이셔, 스페리 글레이셔 등 거대 빙하들이 차례로 눈에 들어왔다. 빙하 위로는 거친 지층을 드러낸 채 머리에 흰 눈을 뒤집어 쓴 암벽 봉우리들이 창공을 호령했다.

100m가 넘는 거대한 빙하의 단면이 절벽 위에 위태롭게 걸려 있었다. 가슴이 탁 트였다. 햇살은 따사롭고 산은 맑았다. 산상山上 빙하의 정수精髓였다. 캐내디언 로키의 컬럼비아 대빙원과는 또 다른 느낌이었다. 컬럼비아가 거대하고 무시무시한 얼음 왕국이라면 글레이셔

글레이셔 국립공원의 설산과 폭포

는 산 위에서 햇살을 받고 서 있는 순백색 눈의 왕국 같았다.

끝없는 오르막 길을 오르는데 갑자기 앞차들이 멈춰섰다. '사이에 Siyeh 밴드'라고 하는 굴곡도로다. 길이 좁아서 한 쪽 방향의 차량들을 보내고 나서 다른 방향 차들이 교대로 지나가는 곳이다. 140도 각도로 길이 완전히 꺾이는 부분에 폭포가 있었다. 여름 햇살에 눈이 녹아 생긴 빙하폭포다. 10여분을 기다려 이 곳을 통과하자 글레이셔 국

태양으로 가는 길에서 본 글레이셔

립공원에서 차로 갈 수 있는 최고 지점^{해발 2025m}인 로간 패스^{Logan Pass}
가 나타났다. 로간 패스에는 산장 휴게소와 비지터 센터가 있다. 그
500m 위에 산정^{山頂} 빙하가 멋진 자태를 뽐내고 있었다. 빙하까지 올
라가는 사람들도 적잖았다. 그 너머로 1km 정도를 더 가면 산정 호
수가 나온다. 클레멘츠^{Clements} 산과 레이놀즈^{Reynolds} 산 아래에 감춰진
'히든 레이크^{Hidden Lake}'다.

　산장 휴게소를 나오면 내리막길이 시작된다. 길 양 옆에는 지난 겨울에 내린 눈이 아직도 2m 높이로 쌓여 있었다. 눈 녹은 물이 끊임없이 흘러내려서 도로 한 편은 아예 시냇물이 돼 있었다. 오른편 절벽 위에 둥그런 구멍이 난 '트리플 아치^{Triple Arch}'가 손짓했다. '위핑 월^{Weeping Wall}'이란 절벽에는 빙하가 폭포를 이루며 쉴 새 없이 쏟아졌다.

길이 좁아지면서 까마득한 낭떠러지가 나타났다. 절벽의 한 켠을 깎아 만든 이 길은 그야말로 구절양장九折羊腸이었다. 도로의 폭은 5~6m 남짓. 차 2대가 겨우 스쳐 지나갈 정도로 위태로웠다. 왼편은 까마득한 낭떠러지. 얼핏 봐도 절벽 아래까지 500m는 될 듯 했다. 오른편 사면에선 빙하 녹은 물이 끊임없이 흘러내렸다. 일부 구간에선 아예 폭포수가 차 지붕위로 쏟아져 내렸다. 피할 길이 없었다. 폭포수가 떨어지자 아이들은 환호성을 지르며 좋아했다. 준하는 연신 "또, 또"를 외쳤다. 폭포수로 자동세차를 하는 셈이었다. 길 위로 떨어진 엄청난 폭포수는 도로를 가로질러 왼편 낭떠러지로 다시 떨어졌다. 아마 저쪽 편 산에서 보면 2단 폭포로 보일 터였다.

처음엔 오른쪽 절벽만 쳐다보느라 몰랐는데, 도로 왼편 설산의 경치가 더 환상적이었다. 클레멘츠산과 오벌린산의 눈 덮인 봉우리가 위풍당당하게 버티어 섰다가 천길 낭떠러지로 이어졌다. 신부 드레스처럼 빛나는 두 갈래 폭포가 검은 절벽 사이를 하얗게 수놓았다. 높이가 수백m는 돼 보였다. 아마도 두 산 사이의 빙하와 히든 레이크에서 발원한 폭포 같았다. 보기 드문 장관이었다.

아내와 아이들은 좌우에 펼쳐지는 설산의 향연에 넋을 잃었다. 많은 사람들이 그 풍광을 사진에 담으려고 연신 차를 세웠다. 나도 마찬가지였다. 이 때문에 도로는 수시로 정체됐다. 1시간 가량 절벽길을 내려오면서 자연이 주는 최고의 행복감을 맛봤다. '태양으로 가는 길'은 정말 천국으로 가는 길 같았다. 발걸음이 떨어지질 않았다. 실락원失樂園이었다. 글레이셔의 비경을 마음 속에 되새기면서 설산과 작별했다.

웨일즈의 왕자

캐나다 캘거리에서 남쪽으로 3시간 정도 내려가면 마운틴 뷰Mountain View 라는 민가도 없는 이름뿐인 마을이 나온다. 여기서 오른쪽으로 꺾어 들어가면 워터톤 레이크Waterton Lake 국립공원이다. 미국과 캐나다의 국경에 위치한 워터톤은 멋진 산세와 빙하, 호수가 어우러진 곳이다. 미국의 글레이셔 국립공원과 이어져 있다. 양국의 쌍둥이 공원인 셈이다.

캐내디언 로키와 미국 로키가 이곳에서 만난다. 태평양쪽의 해양판과 캐나다의 북구판, 남쪽 로키판, 동쪽 대평원판이 겹치는 곳이다. 이곳에서 세 개의 강이 발원한다. 서쪽으로 컬럼비아Columbia 강이 흘러서 오리건과 워싱턴주를 거쳐 애스토리아에서 태평양과 만난다. 동북쪽으로는 사스카치완Saskatchewan 강이 발원해 캐나다를 동쪽으로 횡단한 뒤 허드슨만을 거쳐 대서양으로 이어진다. 남동쪽으로는 미주리Missouri 강이 시작돼 미시시피강으로 합류한 뒤 카리브해로 흘러든다.

워터톤 국립공원은 규모 자체는 크지 않다. 미국 글레이셔 국립공원에 비하면 10분의 1 규모다. 그러나 워터톤 호수를 끼고 멋진 풍광들이 기다리고 있다. 이 호수는 상·중·하로 나뉜다. 아래 호수는 너비가 1km 정도에 불과하지만 위쪽 호수는 길이가 10km를 넘는다. 호수 주변에는 2500m 이상의 설산이 줄지어 있다. 특히 위쪽 호수의 우측에 뾰족한 성채 모양으로 솟은 캠벨산

웨일즈의 왕자에서 바라본 워터톤 국립공원

은 한편 그림 같다. 맞
은 편에는 고트혼트산
이 캠벨과 위용을 겨
룬다.

호수에서 바라본
이 설산들은 생김새
자체도 특이하고 아
름답지만, 호수에 비
친 모습이 더 매혹적
이다. 호수 양 옆으로는 큰 폭포가
있다. 고트혼트산까지 등산로를 따라가면 폭포를 잘 볼 수 있다.

워터톤에서 가장 유명한 건 '웨일즈의 왕자Prince of Wales'다. 중간 호수와 위
쪽 호수가 갈라지는 언덕 위에 위치한 고풍스럽고 아름다운 목조 건물이다. 멀
리 캠벨산과 고트혼트산, 워터톤 호수를 배경으로 서있는 '웨일즈의 왕자'는 캐
나다를 상징하는 풍경 중 하나다. 캐나다의 공항 어디에서나 이 사진을 볼 수
있다. 밴쿠버 공항에서 '웨일즈의 왕자'를 처음 보았는데, 그 아름다움에 매료
돼 한참 동안 넋을 잃고 바라봤었다. 그래서 그 이름을 잊지 않고 있었다.

그런데 워터톤의 교통 표지판에서 그 이름을 우연히 발견했다. 나는 온 몸
에 전율이 일어나는 설렘을 느끼면서 표지판을 따라 언덕 길을 올라갔다. 그리
고 마침내 워터톤 호수의 언덕 위에서 '웨일즈의 왕자'를 발견했다. 목조 건물
과 그 뒤로 우뚝 선 캠벨과 고트혼트를 발견한 순간 "야! 여기가 바로 거기야"
라고 소리쳤다. 놀랍게도 사진과 똑같은 풍광이 눈앞에 펼쳐져 있었다.

웨일즈의 왕자는 영국의 에드워드 왕자를 기려서 지은 건물이라고 한다. 웨
일즈의 왕자는 당시 영국의 왕세자를 가리키는 말이다. 5층의 영국식 목조건
물인 웨일즈의 왕자에선 워터톤 공원 전체가 한 눈에 들어온다. 푸른 호수와

녹색 언덕이 예쁜 하모니를 이루고 있다. 건물 안에는 기념품 가게와 카페가 있고, 2~5층은 호텔이다.

이곳에서 1시간 동안 정신 없이 사진을 찍고 워터톤의 경치를 즐겼다. 건물 뒤편이 갑자기 소란스러워져 가보니 커다란 순록 몇 마리가 정원에 들어와 풀을 뜯고 있었다. 나는 바로 앞까지 다가가서 사진을 찍었다. 아름다운 동화 같은 풍경에 취해선지 위험하다는 느낌이 전혀 들지 않았다. 순록들도 별다른 경계심을 보이지 않고 평온하게 풀을 뜯었다. 이곳에는 흑곰과 순록 등 야생동물이 많이 산다고 한다. 워터톤 호숫가에는 여름 방갈로와 별장들이 줄지어 있고, 각종 카페와 기념품 가게도 많다. 호숫가를 산책하며 따스한 햇살을 즐기기에 최적의 장소다.

초원의 토네이도

캘거리에서 워터톤으로 내려갈 때의 일이다. 햇볕이 다사롭고 화창한 날씨였다. 그래넘Granum이라는 곳을 지나 810번 도로 분기점에 이르렀을 때 갑자기 앞쪽 하늘에 이상한 현상이 나타났다. 맑기만 했던 하늘의 오른편 저 멀리에 시커먼 소용돌이가 생겨난 것이다. 주변 하늘과 전혀 어울리지 않는 생경한 모습에 온통 시선을 빼앗겼다. 비구름과 비슷했지만 수평으로 넓게 퍼져 있는 게 아니라 수직으로 좁게 서 있었다. 더구나 소용돌이치듯이 움직였다.

순간 나는 '토네이도'를 떠올렸다. 대평원의 무법자 토네이도. 더 자세히 보니 시커먼 소용돌이 구름 사이로 비가 흩뿌리는 것처럼 보였다. 순수한 토네이도가 아니라 비바람을 동반한 돌개폭풍이었다. 내 차와 거리는 10km 정도.

5분 간 돌개폭풍을 구경하는 동안 차 한 대 지나가지 않았다. 주변엔 넓은 들판과 지평선, 그리고 간간이 풀을 뜯는 소떼뿐이었다. 그런데 곧장 남쪽을 향하던 도로가 오른쪽으로 꺾이기 시작했다. 돌개폭풍이 정면으로 보였다. '설마~ 아니겠지.' 한데, 어라! 도로가 오른쪽으로 더 꺾이는 게 아닌가. 돌개폭풍은 이제 차 앞으로 확 다가왔다. 그때까지 우리를 비춰주던 햇빛이 불현듯 사라졌다. 이제 눈 앞엔 시커먼 돌개폭풍 밖에 보이지 않았다.

앞 좌석에서 잠자던 하영이가 깨어나 "저게 뭐야"라고 소리쳤다. 덩달아 깬 준하는 "무서워"라며 아내에게 매달렸다. 이미 차를 돌리기엔 너무 늦었다. 거대한 돌개폭풍이 아가리를 벌리고 우리를 집어삼켰다. 사방이 시커멓게 변했다. 마치 해진 후의 어스름녁 같았다. 태풍같은 회오리 바람이 몰아치고 빗방울이 떨어지는가 싶더니 콩알만한 우박이 앞유리를 때리기 시작했다. 바람은 더욱 거세지고, 우박은 밤알만해 졌다. 창문이 깨질 듯 비명을 토해냈다. 윈도우 브러시를 작동시켰지만 한 치 앞도 보이지 않았다. 급하게 브레이크를 밟았다. 헤드라이트를 켜도 우박밖에 보이지 않았다. 차장을 때린 우박이 산산이 부서지면서 굉음이 울렸다. 엄청난 회오리 바람에 차가 뒤집어질 듯 좌우로 흔들렸다.

'휘잉 휘잉'하는 회오리 바람과 우박 쏟아지는 소리가 모든 것을 삼켰다. 준하는 울기 시작했고, 하영이도 손으로 눈을 가렸다. 나와 아내는 얼어붙은 채 아무 말도 할 수 없었다. 우리는 그렇게 5분 넘게 돌개폭풍의 소용돌이 속에 내팽개쳐 졌다. 그 넓은 대지에 우리 말고 다른 사람은 아무도 없었다. 차 한대 지나가지 않고 민가도 한 채 없는 대평원. 우리는 세상과 완전히 단절됐다. 토네이도 돌개폭풍 속에 우리 가족 뿐이었다. TV에서만 봤던 토네이도의 공포를 이 때 처음 체험했다.

5분여가 지나자 우박의 크기가 작아지고 비바람도 잦아들기 시작했다. 그제서야 겨우 차를 움직여 돌개폭풍의 손아귀에서 조금씩 벗어났다. 도로엔 커다란 우박 덩어리들이 여기저기 흩어져 있었다. 우박이 타이어에 부딪히면서 저벅저벅 소리를 냈다. 10분이 지나자 돌개폭풍은 멀어지고 주변 풍경이 또렷이 보였다.

제일 놀라운 것은 소떼였다. 길 옆에 수십 마리의 소떼가 고개를 숙인 채 풀을 뜯고 있었다. 밤알만한 우박이 옆에 흩뿌려져 있었다. 광란의 돌개폭풍을 만나고도 공포에 떨기는 커녕 태연하게 식사를 하다니. 조금 전까지 공포에 떨었던 내 모습이 오히려 부끄러워졌다. 소를 미련하다고 말하지만 그네들보다 못한 게 인간 아닐까.

옐로스톤
살아있는 화산의 땅

와이오밍 주 북서쪽, 몬태나·아이다호 주와의 경계선에 있는 옐로스톤Yellowstone 국립공원은 태초의 신비와 야생이 살아있는 광활한 대자연이다. 1872년 세계 최초로 국립공원으로 지정됐으며 세계에서 가장 규모가 큰 국립공원이다. 왜 옐로스톤이란 이름이 붙었을까. 공원 곳곳에는 화산 활동으로 인한 연기와 열수熱水가 솟아나는 간헐천이 많다. 화산의 유황 성분 때문에 간헐천 주변의 바위와 땅은 대부분 노란색으로 뒤덮여 있다. 노란 바위의 땅인 것이다.

이곳은 북미에서 화산 활동이 가장 왕성하게 살아있는 곳이다. 세계에서 가장 큰 화산이 지하에서 꿈틀거리는 곳, 또 항상 뜨거운 지열과 온천이 뿜어져 나오는 곳이다. 앞으로 수십~수백년 안에 대규모로 폭발할 가능성이 있다고 한다. 그럴 경우 북미 전체를 초토화시킬 수 있는 활화산이 바로 옐로스톤이다.

옐로스톤의 북쪽 출입구인 가디너Gardiner는 공원의 5개 출입구 중

유일하게 연중 열려있는 곳이다. 가장 크고 번화한 곳은 서쪽 출입구인 웨스트 옐로스톤West Yellowstone 으로 각종 리조트와 숙박·관광시설이 몰려있다. 그랜드 티턴Grand Teton 국립공원으로 통하는 남쪽 출입구와 코디Cody 로 가는 동쪽 출입구, 쿠크 시티Cooke City 로 이어지는 북동쪽 출입구 등은 겨울철11월~4월초에는 폐쇄된다.

옐로스톤 국립공원 관광은 크게 폭포와 간헐천으로 나눌 수 있다. 8자 모양으로 된 총 229km의 그랜드 루프Grand Loop 도로가 중심이다. 8자의 위쪽이 어퍼 루프로 매머드 온천Mammoth Hot Spring 과 각종 폭포들이 자리잡고 있다. 아래쪽 로어 루프에는 물이 솟구치는 간헐천과 옐로스톤 호수가 있다. 2개의 루프와 그랜드 티턴까지 구경하려면 최소 3일은 잡아야 한다.

가디너에서 20여분간 언덕길을 꼬불꼬불 올라가면 연기가 자욱한 분지가 나타난다. 이곳이 바로 매머드 온천이다. 온천·호텔·리조트 촌이 붙어있다. 이곳의 진짜 하이라이트는 매머드 테라스다. 뜨겁게 끓어서 분출되는 온천수와 유황가스가 빚어놓은 추상적 회화작품이다. 이 일대는 항상 허연 연기에 휩싸여 있다. 매머드 테라스를 걷다 보면 현실이라고 느껴지지 않을 희한한 풍경이 곳곳에 펼쳐진다. SF 영화 속에 들어온 듯한 기분이 든다.

지하에서 끊임없이 솟아나는 온천수는 계단식의 하얀 석회암층을 따라 흘러내린다. 산기슭에 위치한 계단식 천수답을 보는 듯 하다. 그 둔덕마다 울긋불긋하고 노란 유황이 끼어 있고, 바닥엔 기하학적 물결 무늬가 끝없는 파도처럼 새겨져 있다. 어떤 것은 거북의 등껍질

무늬를 닮았다. 물의 깊이는 기껏해야 3~4cm. 푸른 회색빛이 감돌거나 노란 유황빛이 나기도 한다. 테라스 곳곳의 바위틈에선 연기가 솟구쳐 오른다.

안내판에는 '이 곳 물은 만지지 말라'고 적혀 있다. 이곳에서만 발견되는 독특한 박테리아에 감염될 수 있기 때문이다. 하지만 그렇다고 그냥 지나칠 순 없지 않은가. 물에 손을 담가보았다. 하영이가 "아빠 안 돼요"라고 소리쳤다. "앗, 뜨거워!" 사우나의 열탕보다 훨씬 뜨거웠다. 50도에 가까운 것 같았다.

바위 틈새에선 '쉭쉭' 소리가 났다. 온천수는 말라버리고 시커먼 구멍만 남아 거친 숨을 몰아쉬는 것 같았다. 온천수에 함유된 유황과 석회석 성분이 쌓여서 높이 5m까지 자란 바위도 있었다. 노랗고 허연 이 바위의 맨 꼭대기에선 여전히 온천수가 솟구쳐 올랐다. 바위 아래에 난 여러 개의 작은 구멍에서도 쉴새 없이 물이 뿜어져 나왔다. 화산이 살아 숨쉰다는 게 느껴졌다.

매머드 온천에서 10여분을 내려가면 쉽이터 클리프Sheepeater Cliff와 인디언 크릭이 나온다. 쉽이터 클리프는 바위가 수직으로 쭉쭉 갈라진 모양의 30~40m 높이 절벽이다. 아마 이 절벽 위에서 양들이 떨어져 죽은 일이 있었던 것 같다. 인디언 크릭은 과거 인디언들이 거주했던 예쁜 여울 변 캠핑 사이트였다. 그곳에서 10여분을 더 들어가자 로어링 마운틴Roaring Mountain이란 팻말이 나왔다. 뭔지 궁금해 들어가 보았다. 도로 옆에 높이 200m 정도 돌산이 솟아 있었다. 그런데 곳곳에서 '쉭쉭' '으르렁' 소리와 함께 연기가 뿜어져 나왔다. 산 전체가

옐로스톤 국립공원의 로어폭포

온천수가 솟아나는 옐로스톤의 석회석 바위

울부짖으며 포효하는 것 같았다. 유황 냄새가 강하게 풍겼다. '이름 정말 잘 지었다.'

노리스Norris 간헐천 분지 부근에서 왼쪽으로 방향을 틀어 들어가면 멋진 폭포가 나타난다. 계단식 폭포인 버지니아 캐스케이드Virginia Cascade다. 하지만 이건 맛보기에 불과하다. 그랜드 캐니언 지역에 있는 어퍼·로어 폭포가 옐로스톤의 메인 요리다.

로어 폭포의 높이는 나이아가라의 2배에 가까운 94m. 암녹색의 옐로스톤강이 계곡 아래로 떨어지면서 하얀 물보라를 일으키는 모습은 일대 장관이다. 폭포 주변에는 수백m 높이의 거대한 협곡이 형성돼 있다. 로어 폭포를 제대로 보려면 협곡을 따라 늘어선 여러 개의 포인트로 가야 한다. 가장 아래에 있는 인스퍼레이션 포인트에선 로어 폭포와 그 아래 대협곡을 한 눈에 볼 수 있다. 폭포는 사진에서 본 것보다 더 위풍당당했다. 그랜드 뷰 포인트와 룩 아웃 포인트에선 로어 폭포가 손에 잡힐 듯 다가왔다.

어퍼 폭포는 로어 폭포보다 높이는 낮지만 유량이 엄청났다. 뷰 포인트에 서니 폭포가 만들어내는 굉음 때문에 옆 사람 목소리가 안 들렸다. 거친 물살이 우리를 집어삼킬 듯 요동치며 40m 아래 절벽으로 떨어졌다. 허연 물보라를 일으키는 괴물처럼 느껴졌다. 아내와 아이들은 무섭다며 표정이 굳어졌다. 사진을 찍는데 물보라가 덮쳤다.

폭포 반대편에 있는 엉클 톰스 트레일에선 어퍼 · 로어 폭포를 모두 볼 수 있다. 어퍼 폭포는 밑에서 위로, 로어 폭포는 바로 옆에서 볼 수 있다. 그 아래 아티스트 포인트는 말뜻 그대로 예술같은 풍광을 볼 수 있는 곳이다. 로어 폭포가 가장 잘 보이는 장소이기도 하다.

타워 루즈벨트 Tower Roosevelt 지역에는 타워 폭포가 있다. 높은 탑처럼 생긴 바위를 양 옆에 두고 웅장한 폭포수가 30m 아래로 떨어졌다. 길을 돌아 올라가면 폭포의 위에서 아래를 내려다 볼 수도 있다. 폭포 주변에는 페트리파이드 트리 Petrified Tree 가 있다. 나무가 죽은 뒤 돌처럼 시커멓고 단단하게 굳어져 버린 것이다. 밑동 5m 정도만 남은 이 화석 나무는 수백만년 전에 만들어졌다고 한다. 공원 순찰대가 와서 "산 중턱에 큰 사슴이 있다"고 알려줬다. 올려다 보니 큰 사슴 두 마리가 우리를 바라보고 있었다. 하영이와 준하는 사슴을 부르며 손을 흔들었다. 그러나 곧이어 "곰이나 늑대가 자주 출몰하니 조심하라"는 순찰대의 말에 우리는 소스라쳐 차로 달려갔다.

노리스 간헐천 분지 Norris Geyser Basin 는 공원 내에서 가장 뜨겁게 활

동하는 온천 지대다. 간헐천^{가이저}이란 땅 속에서 지상으로 분출해 솟
구치는 분수같은 온천을 말한다. 그 모습을 보면 지구가 살아 숨쉬고
있다는 걸 실감할 수 있다. 1~2초 단위로 분출하는 작은 간헐천이 있
는가 하면 몇 분 단위로 물이 솟구치는 대형 가이저도 있다.

곳곳에서 부글 부글 끓는 소리와 함께 흰 연기가 솟아났다. 가까이
다가가는데 갑자기 뜨거운 물과 증기가 '촤악' 소리와 함께 4~5m 가
량 솟구쳤다. 깜짝 놀란 하영이와 준하가 소리를 지르며 내 뒤로 숨
었다. 사실 나와 아내도 놀랐다. "아니 세상에 뭐 이런 게 다 있어!" 1
분 정도가 지나자 굉음과 함께 온천수가 또 다시 공중으로 솟구쳤다.
이번엔 아이들도 신기한 표정으로 고개를 배꼼이 내밀고 가이저를
쳐다봤다. 이 간헐천은 분출 타이밍이 불규칙했다. 몇 분간 아무 소
식이 없어 돌아서려는 찰나 다시 분출 쇼가 이어졌다. 스팀보트 가이
저^{Steamboat Geyser}는 증기선을 꼭 닮은 모양새로 증기와 온천수를 연신
뿜어댔다. 노리스 간헐천 센터에서 분지 전체를 바라볼 수 있는 조망
대로 갔다. 탁 트인 분지 곳곳에서 거대한 온천호수와 가이저들이 증
기를 뿜고 있었다. 멋지다 못해 경외로웠다.

아티스트 페인트 팟^{Artist Paint Pot}은 간헐천으로 인해 생긴 얕은 웅덩
이인데 그 색채가 오묘했다. 간헐천을 중심으로 형성된 작은 솥단지
모양의 지표면엔 빨강과 노랑, 파랑 등 갖가지 색깔이 물들어 있었다.
땅 위에 수놓은 색채의 향연이었다. 간헐천에서 나온 각종 화학 물질
이 쌓여 만들어진 것인데 화가가 그려놓았다 해도 믿을 것 같았다.

로어 루프에선 본격적인 가이저의 세계가 펼쳐진다. 로어 가이저

와 그레이트 파운틴 가이저, 미드웨이 가이저, 어퍼 가이저 등이 연달아 나타났다. 드넓은 들판에 갑자기 나타나는 로어 가이저는 크고 작은 간헐천들이 다채롭게 뒤섞여 있었다. 강가에 위치한 그레이트 파운틴 가이저는 푸른색을 띤 연못같은 간헐천이 5~6개 연결돼 있었다. 수심이 깊어서 온천수가 공중으로 솟구치지는 못했다. 하지만 푸르스름한 온천 연못 바닥의 바위틈 사이에서 온천수가 솟아올라오는 게 보였다. 어찌 보면 천상의 호수 같기도 하고 다르게 보면 악마의 목구멍 같기도 했다. 어퍼 가이저는 매머드 온천 테라스와 비슷한 풍경이었다. 곳곳에 가이저가 솟구치는 가운데 형형색색의 유황 물결무늬가 지표면을 수놓았다.

간헐천의 압권은 올드 페이스풀^{Old Faithful}이다. 내셔널 지오그래픽 채널 등에서 지구의 신비를 보여주는 대표적 케이스로 소개되곤 한다. 공원 내 1만여개의 간헐천 중에서 이것만큼 규칙적으로, 일정한 수량과 높이로 분출되는 것은 없다. 하루 평균 20여회, 50m 높이로 솟구친다. 한 시간 남짓마다 한번씩 거대한 열수가 솟아 오르는데 지속 시간은 3~4분에 이른다. 100여년 전에 처음 발견된 이후 지금까지 비가 오나 눈이 오나 규칙적으로 분출하고 있다.

원래 올드 페이스풀은 날마다 분출 시간이 조금씩 바뀌기 때문에 미리 시각을 알고 가는 것이 좋다. 올드 페이스풀 관리사무소에 전화를 거니 "정확한 시간은 예측하기 힘들지만 40여분 전에 분출했으니 지금쯤 서둘러 오라"고 했다. 우리는 급히 올드 페이스풀로 달려 갔다. 많은 사람들이 간헐천의 분출구를 중심으로 지름 50m에 둘러

50m 높이로 열수를 분출하는 올드 페이스풀

쳐진 울타리 주변에 진을 치고 있었다. 모든 시선은 분출구에 집중돼 있었다. 우리가 울타리 20여m 앞까지 간 순간 '와!'하는 탄성이 터졌다. 분출구에서 엄청난 굉음과 함께 물방울이 튀기 시작한 것이다. 우리가 울타리에 서자 마침내 본격 분출이 시작됐다. 물줄기는 갈수록 높아지더니 50m 높이까지 솟구쳐 올랐다.

관광객들의 함성 속에서도 나는 사진을 찍느라 여념이 없었다. 분출되는 물줄기와 가족들을 모두 사진에 담아보려 했지만 쉽지 않았다. 분출은 3~4분간 이어졌다. 물줄기가 바람을 타고 하얀 물보라로 흩어졌다. 사람들은 희한하게 물줄기가 날리는 쪽에는 서있지 않았다. 아내와 아이들은 넋을 잃고 분출쇼를 바라봤다. 이날 옐로스톤에서 본 최고의 광경이었다.

광활한 옐로스톤 호수 서쪽 끝에 있는 웨스트 섬 West Thumb 은 호숫가 간헐천이다. 물이 흘러나오는 구멍이 투명하게 다 보이는 맑은 가이저가 있는가 하면 뻑뻑한 진흙이 부글부글 끓어오르는 머드 가이저도 있다. 색깔도 각양각색이다. 푸른 빛이 감도는 맑은 가이저, 시멘트 색깔의 가이저, 호수 안에서 화산 분화구처럼 융기해서 온천수를 뿜어내는 화산 가이저 등이 곳곳에 흩어져 있다. 어떤 가이저는 수심이 수십m 이상이었는데 온천수가 뿜어져 나오는 시커먼 구멍이 하도 크고 깊어서 지구의 중심부까지 이어져 있지 않을까 하는 생각까지 들었다. 웨스트 섬의 간헐천을 따라 난 관광로는 옐로스톤 호수와 산림도 조망할 수 있어 산책하기에 그만이었다. 뜨거운 증기가 곳곳에서 뿜어져 나와 상당히 덥다는 점만 빼면 말이다.

그랜드 티턴
록펠러가 사랑한 낙원

그랜드 티턴 Grand Teton 국립공원은 옐로스톤 바로 아래에 있는 형제 공원이다. 일반인들에게는 크게 알려져 있지 않지만, 경치가 아름답기로는 옐로스톤 이상으로 꼽힌다. '옐로스톤에 갔으면 꼭 들러봐야 할 곳'이라는 추천책자를 보고 가게 됐다.

옐로스톤에서 로우 루프를 따라 웨스트 섬까지 간 뒤 공원의 남쪽 출입구를 지나면 그랜드 티턴이 시작된다. 공원 한 가운데에 위치한 청정호수인 잭슨 Jackson 호를 설산들이 둘러싸고 있는 형태다. 옐로스톤 남쪽 출입구에서부터 그랜드 티턴 공원을 남북으로 관통하는 도로는 '존 D 록펠러 Rockefeller Jr 메모리얼 파크웨이'다. 록펠러는 20세기 초 미국 최고의 갑부다. 그런데 왜 이처럼 아름다운 국립공원 도로에 록펠러의 이름이 붙었을까? 공원 직원에게 그 이유를 물어보니 "이 도로가 록펠러의 소유였기 때문"이라고 했다. 국립공원 도로가 재벌의 개인 소유였다니. 놀라웠다.

눈쌓인 그랜드 티턴

　　록펠러는 생전에 미국 서부를 여행하면서 옐로스톤 국립공원을 찾
았다. 그런데 공원 남쪽 통로로 나오다 그랜드 티턴의 경치에 매료됐
다고 한다. 너무나 황홀해서 쉽사리 발길이 떨어지지 않자, 록펠러는
즉시 이 도로와 주변 땅을 매입해 버렸다. 누구와도 나누고 싶지 않
을 정도로 절경이었다는 것이다. 그랜드 티턴은 당시 국립공원이 아
니었다. 그러나 록펠러가 이 곳을 사유지로 만든 후 문제가 생겼다.
다른 사람들이 이곳을 자유롭게 드나들지 못하게 되자 불만이 폭발
한 것이다. 비판 여론이 비등하자 정부는 록펠러에게 압력을 넣었다.

그랜드 티턴

땅을 정부에 되팔라고 한 것이었다. 록펠러는 눈물을 머금고 땅을 다시 정부에 넘겼다. "나 혼자만 즐기기엔 이 경치가 너무 아름다웠다"는 말과 함께. 대신 그의 이름은 도로와 함께 남았다.

　도로 하나에 얽힌 사연치고는 '과장이 좀 심한 것 아니냐'는 생각이 들었다. 그러나 이 도로를 따라 달리면서 록펠러의 심정이 이해가 갔다. 파란 하늘을 배경으로 오른편에 솟은 모란Moran산과 그랜드 티턴 산은 그 색채나 형상이 금방이라도 살아 움직일 듯 생생했다. 험준한 산세는 히말라야나 알프스 산맥을 연상시켰다. 특히 푸른 사파이어 같은 잭슨 호를 끼고 눈을 머리에 인 준봉들이 늘어선 모습은 옐로스톤과 완전히 다른 느낌이었다.

리자드 크릭Lizard Creek에서 잭슨 호반 도로가 시작됐다. 잭슨호를 따라 내려가면서 티턴 산의 모습이 수시로 바뀌었다. 눈과 바위가 뒤엉킨 봉우리들이 연이어 나타났다. 짙푸른 호수 위로 하얀 빙하를 가슴에 안은 검푸른 티턴 산이 도드라져 보였다. 하늘에도 산, 호수 안에도 산이었다.

잠시 쉬기 위해 들른 콜터 베이Colter Bay는 지상낙원이라도 해도 과언이 아니었다. 잭슨 호숫가에 자리잡은 이곳은 그랜드 티턴산맥과 호수를 파노라마처럼 조망할 수 있었다. 호숫가 언덕에 선 우리는 동시에 "아~!"하고 탄성을 질렀다. 3000m가 훨씬 넘는 모란산이 덮칠 듯 솟구쳐 있고, 산을 수면위에 품은 잭슨 호가 햇빛을 받아 반짝였다. 호숫물은 너무 맑아서 그 아래 자갈과 모래가 훤히 들여다 보였다.

사람들은 얕은 파도가 치는 호수 안으로 들어갔다. 호수로 내려가는 길이 급경사라 망설였지만 내가 준하를 안고 다 함께 손잡고 내려갔다. 이 때 안 내려갔으면 후회할 뻔했다. 호숫물은 그냥 마셔도 될 만큼 깨끗했다. 세수를 한 뒤 신발과 양말을 벗고 호수에 발을 담갔다. 차갑고 짜릿한 감촉이 몸을 감싸고 올라왔다. 호수 바닥의 자갈도 미끄럽지 않고 깔끔했다. 호숫가 바위에 올라서니 모란산이 바로 눈앞에 보였다. 산 봉우리를 덮은 눈의 형상과 바위 결 하나하나까지 보였다. 봉우리 사이 계곡을 흐르는 빙하의 숨결도 느껴질 것 같았

티턴산과 잭슨호수

다. 따뜻하게 달궈진 바위에서 쉬면서 호숫가 모래를 밟으며 물장구
도 쳤다. 이곳에서 캠핑하면서 며칠을 보냈으면 하는 생각이 절로 들
었다.

　호반도로를 따라 잭슨 레이크 정선을 지나면 시그널Signal 산에 이
른다. 이곳엔 잭슨호와 그랜드 티턴 산, 공원의 왼편 고원지대를 한
번에 볼 수 있는 전망대가 있다. 공원 전체를 사방으로 조망할 수 있
는 유일한 곳이다. 꼬불꼬불 산길을 6km 정도 올라갔다. 전망대에
오르니 그랜드 티턴의 모든 지형이 한 눈에 들어왔다. 앞은 설산과
푸른 호수, 뒤는 녹음이 우거진 구릉지이고, 오른편엔 옐로스톤이 펼

쳐졌다.

이곳에서 그랜드 티턴의 경치를 즐긴 뒤 제니^{Jenny} 호수로 갔다. 잭슨 호에 비하면 규모가 작지만 그랜드 티턴 산이 바로 눈앞에 서있었다. 이곳 역시 콜터 베이 못지 않은 경치를 자랑했다. 그랜드 티턴 공원의 최남단인 무스^{Moose}에서 남쪽으로 더 내려가면 잭슨이란 도시가 나온다. 매년 세계 각국의 재무장관과 재계 인사가 모이는 '잭슨홀 미팅'으로 유명한 곳이다. 무스에서 북쪽으로 가는 길은 록펠러 파크웨이와는 달리 울창한 산림지대였다. 스네이크 강을 따라 원시림과 초원지대가 펼쳐져 있었다. 그랜드 티턴 산을 바라보면서 '미국은 참 복받은 나라'라는 생각이 뇌리를 떠나지 않았다.

사우스다코타의 배드랜즈

PART 4

야생 속으로

블랙베어와 버팔로

곰과 버팔로에 쫓기다

옐로스톤을 비롯해 미국 북·중부 지역은 야생의 세계다. 곰과 버팔로, 사슴 등 각종 야생동물들이 공원·농장·도로 곳곳에 출몰한다. 이곳에선 더 이상 인간이 주인공이 아니다.

그랜드 티턴에서 웨스트 옐로스톤으로 가는 산악도로에서 갑자기 길이 막혔다. 사람들이 모두 차에서 내리더니 도로 왼편을 주시하며 웅성댔다. 어두운 숲속 나무 사이로 시커먼 그림자가 움직였다. 검은 곰이었다. 하영이가 "우리가 아는 분들이 저기 서 있어요"라고 했다. 즉각 차를 세우고 뛰쳐 나갔다. 듀크대학에 같이 연수를 온 회사의 안덕기 선배 부부가 보였다. 비슷한 시기에 옐로스톤으로 여행을 왔다 이렇게 우연하게 만난 것이다. 달려가 인사했더니 선배 부부가 놀란 얼굴로 맞으면서 "저기 블랙베어가 있다"고 했다. 나무 숲 속에서 어슬렁거리던 곰은 우리가 그쪽으로 걸음을 옮기려는 찰나, 갑자기 숲에서 튀어나왔다. 사람들이 탄성을 질렀다. 그 소리에 자극 받았는

지 곰이 도로 쪽으로 달려 올라왔다.

　그런데 혼자가 아니었다. 작은 새끼 두 마리가 어미를 좇아 나왔다. 옐로스톤에서 '곰 세 마리' 가족을 보다니. 드문 횡재였다. 나는 위험하다는 것도 잊은 채 곰을 향해 곧장 달려갔다. 뒤에서 아내가 "가지 마"하고 외쳤지만 무시했다. 곰은 이제 도로 아래 10m까지 접근했다. 내가 더 달렸다면 곰과 부딪혔을 것이다. 나는 곰 10m 앞에서 카메라를 조준했다. 곰은 내게 시선 한번 안주고 도로를 횡단했다. 새끼 두 마리가 뒤따랐다. 두세 번 카메라 셔터를 눌렀다. '세상에나! 곰을 바로 눈 앞에서 보게 되다니.' 그것도 모자^{母子} 곰 가족을 한꺼번에 사진에 담았다.

'곰 세 마리'는 금세 오른편 언덕으로 올라가더니 숲 속으로 자취를 감추었다. 불과 1분도 안되는 순간이었다. 나는 의기양양하게 차로 돌아왔다. 주변에선 "모자 곰을 보는 것은 정말 희귀한 일"이라고 했다. 또 "새끼 있는 곰에 다가가는 것만큼 위험한 일도 없다"고 했다. 아내는 "죽고 싶어 환장했느냐"고 야단이었다. 그러나 내가 곰 모자를 찍은 사진을 보여주자 이내 "정말 멋지다"고 반색했다. 준하와 하영이도 "곰 세 마리다. 곰"하며 즐거워 했다.

옐로스톤에서 가장 보기 어려운 것이 늑대이고 그 다음이 곰이다. 그런데 우리는 그날 새끼곰을 보고 사진까지 찍었으니 대단한 행운이었다. 늑대는 여름철엔 고원지대로 올라가고 겨울에만 평원으로 내려오기 때문에 관광객들은 사실상 볼 수가 없다. 나는 그날 선배 가족과 함께 폭탄주와 고기 안주로 야생 곰 가족 목격을 자축했다.

곰만큼이나 인상적인 것은 버팔로^{바이슨}다. 옐로스톤 어퍼 루프를 달리는데 전방에 육중한 몸집의 검은 버팔로가 도로 위를 뒤뚱거리며 걸어갔다. 우리 차가 뒤따라오든 말든 관심 없다는 듯 길 한가운데로 계속 걸어갔다. 살짝 경적을 울렸지만 눈길도 주지 않았다. 나는 차를 버팔로 옆 1m까지 바짝 붙였다. 아내는 "당신 미쳤어! 빨리 지나가, 빨리"하고 소리쳤다. 나는 아랑곳하지 않고 버팔로 얼굴에 사진기를 들이댔다. '찰칵, 찰칵' 3방을 연속으로 찍었다. 사진기에서 버팔로 얼굴까지는 불과 50cm. 최근접 촬영이었다. 버팔로는 그제서야 험상궂은 얼굴로 나를 힐끗 쳐다봤다. 거센 콧바람을 뿜으면서

혹처럼 부푼 어깨와 등을 실룩거렸다. 하지만 눈은 소의 눈처럼 순해 보였다. 버팔로에게 미소를 보냈지만, 그 놈은 나를 완전히 무시했다. 사진을 본 준하는 "와! 음매다. 음매"라고 뛸 듯이 기뻐했다. 이곳에서 버팔로가 도로를 점령하는 것은 흔한 풍경이라고 한다. 사실은 버팔로가 아닌 우리가 그들의 나라를 침범하는 것이다.

　로어루프의 유황 화산지대인 설퍼 콜드론Sulphur Cauldron과 머드 볼케이노Mud Volcano에선 성난 버팔로에게 쫓기는 신세가 됐다. 유황 냄새와 연기가 자욱한 설퍼 콜드론에서 버팔로 수십마리가 느긋하게 낮잠을 즐기고 있었다. 시튼 동물기가 생각났다. 동물들은 유황 온천

지역을 좋아한다. 유황은 동물의 감각을 마비시키는 독성이 있어서 한번 취하면 좀체 벗어나기 힘들다. 온도도 높아 추위를 피하기에도 안성맞춤이다. 설퍼 콜드론의 버팔로들도 유황에 중독돼 있는 게 아닐까 싶었다. 우리가 차로 돌아가는 도중 버팔로 한마리가 도로를 따라 뛰어왔다. "빨리 뛰어!" 우리는 전속력으로 달려 차 안으로 뛰어들었다. 그 놈은 간발의 차이로 우리 차를 스쳐 지나갔다. 위기일발!

진흙이 '용의 포효'^{진흙 가이저의 실제 이름}처럼 크르릉 거리며 분출하는 머드 볼케이노에선 관광 탐방로 주변을 버팔로들이 점거하고 있었다. 어떤 놈은 벌렁 누워 뒹굴면서 진흙 마사지를 했고, 아예 진흙을 먹는 놈도 있었다. 버팔로 한 놈의 동태가 심상치 않았다. 계곡 콧바람을 강하게 내뿜던 놈이 갑자기 탐방로로 뛰어 오르더니 우리를 비롯한 관광객들 쪽으로 달려왔다. 모두들 소리를 지르면서 달아났다.

주차장에서도 난동이 벌어졌다. 풀을 뜯던 버팔로 한 놈이 갑자기 '크르릉' 거리더니 주차장에 있던 사람들을 향해 내달렸다. 머리를 숙인 채 뿔을 견준 전형적인 돌격 자세였다. 10여명의 관광객이 '꺄악' 소리를 지르며 사방으로 흩어졌다. 버팔로는 소리에 더 자극받은 듯 한 백인 소년을 향해 질주했다. 중학생으로 보이는 이 소년은 비명을 지르며 언덕 위로 달아났다. 하지만 그 놈은 포기하지 않고 언덕으로 쫓아 올라갔다. 소년이 100여m를 필사적으로 도망친 후에야 그 놈은 씩씩거리며 내려왔다. 분이 풀리지 않는 듯 여전히 고개를 휘휘 내저으며 사납게 발을 굴렀다. 역시 이 곳은 인간의 영역이 아니라 야생의 세계다.

와일드 라이프 루프

북미 최대 동물의 왕국

사우스 다코타 주의 러시모어^{Rushmore}에서 나와 윈드케이브^{Windcave} 국립공원으로 가는 길에 폭우가 쏟아졌다. 길을 잘못 들었는지 민가 나 주유소 하나 보이지 않았다. 비는 앞을 분간할 수 없을 만큼 쏟아 지고, 차창엔 김이 서려서 온통 뿌옇게 변했다. 어디가 어딘지 구분 도 가지 않았다. 오른편 초원에서 시커먼 동물 몇 마리가 튀어나왔 다. 깜짝 놀라 급브레이크를 밟았다. 버팔로 10여 마리가 차 앞쪽으 로 줄지어 도로를 건너갔다. 아내는 "얘들은 도대체 어디서 나타난 거야"라며 의아해 했다.

도로 오른편에 작은 이정표가 서 있었다. '와일드라이프 루프^{Wildlife} ^{Loop}.' 이름부터 범상치 않았다. 인터넷에서 이 동네 관광지를 찾다가 우연히 본 기억이 났다. 야생동물이 지천이어서 가족끼리 차로 둘러 보기 좋다는 곳이다. 버팔로를 보면서 나는 잠시 고민을 했다. "와일 드라이프라. 좋아, 한번 가보자."

야생 동물이 도처에서 출몰하는 와일드라이프 루프

　이곳은 커스터 Custer 주립공원의 일부였다. 결론적으로 말하면 내가 미국 여행에서 찾은 최고의 '숨은 진주'였다. 사실 이곳은 우리 여행 계획에 없었다. 그런데 우연히 이곳에 들어선 우리는 시쳇말로 완전히 '뻑' 갔다. 와일드라이프 루프를 지나는 내내 감탄과 스릴, 기쁨이 교차했다. 인생에선 예상 밖의 행운이 찾아온다. 그게 바로 이곳이었다. 그것도 길을 잃고 헤매던 최악의 순간에 말이다.

　와일드라이프 루프로 들어서니 왕복 2차선 도로가 1차선으로 확 좁아졌다. 도로 포장 상태도 나빴다. 오른편에서 갑자기 버팔로 몇 마리가 다시 튀어나왔다. "이놈들은 도대체 교통법규를 지킬 줄을 모르는구면." 투덜거리며 오른편을 본 나는 아연실색했다. 차 바로 오른쪽 풀밭에서 버팔로 100여 마리가 줄지어 우리 차를 향해 돌진하고 있었다. 빗 속이라 운전 중엔 보이지 않았던 것이다.

조수석에 앉아있던 하영이가 비명을 질렀다. "아빠, 버팔로가 차에 부딪칠 것 같아요!" 나도 놈들을 봤다. 하지만 차를 움직일 수가 없었다. 앞도 뒤도 옆도 온통 버팔로였다. 놈들은 코에서 허연 김을 뿜으면서 입으론 연신 '크르릉' 울부짖었다. 뛸 때마다 시커먼 털로 뒤 덮인 어깨가 실룩거렸다. 놈들의 소리를 가까이서 들으니 '버팔로는 소가 아니라 맹수에 가깝다'는 느낌이 확연해 졌다.

체격이 월등해 우두머리로 보이는 버팔로 한 놈이 내 차 바로 앞까지 오더니 갑자기 방향을 틀어 전방으로 내달렸다. 뒤따르던 놈들은 차 때문에 진로가 막히자 신경질적으로 콧김을 뿜으며 으르렁댔다. 금방이라도 뿔로 차를 들이받을 듯이 세차게 고개를 흔들었다. 그러다가 바로 옆의 놈의 어깨를 찔렀다. 어깨를 받힌 놈은 크게 소리를 지르더니 그 놈에게 달려 들었다. 두 놈이 내 차 바로 옆에서 머리를 치고 받으며 싸움을 시작했다. 가만 있다가는 차가 뿔에 받힐 것 같았다. 나는 차를 조금씩 전진시켰다. 그런데 놈들은 내 차를 따라 오면서 뿔 싸움을 계속했다. '으르릉, 훅훅'하는 거친 숨소리가 바로 옆에서 들렸다. '환장하겠네.'

주변이 온통 버팔로 천지였다. 버팔로에게 완전 포위당한 것이다. 검은 눈으로 나를 쳐다보는 게 보였다. 위기 상황에서도 나는 이 순

203

간을 놓쳐선 안된다는 생각을 했다. 차창을 열고 몸싸움을 하는 버팔로들에게 카메라를 내밀었다. 놈들의 얼굴이 바로 차창 옆으로 보였고, 거친 숨소리가 귓전을 때렸다. 아내는 "여보, 미쳤어? 문 닫아!"라고 다급하게 소리쳤고, 하영이는 "아빠! 쟤들 얼굴이 들어와요"라고 비명을 질렀다. 하영이가 울자 준하도 따라 울었다.

나는 차창을 올린 뒤 가족들을 달랬다. "괜찮아. 우린 차 안에 있어서 괜찮아. 쟤네 들은 차 탄 사람은 공격 안해. 지금 아니면 언제 버팔로를 바로 옆에서 보겠어." 차 주변을 뛰어다니며 몸싸움을 하던 버팔로들은 어느새 풀밭으로 내려가 풀을 뜯기 시작했다. 우리가 가만히 있으니까 금새 우리 존재를 잊고 자기 삶으로 돌아간 것이다. 우리 차를 풀밭의 큰 바위 하나 정도로 여기는 듯했다.

탁 트인 개활지로 나간 우리는 한번 더 놀랐다. 드넓은 초원에 수천마리의 버팔로가 풀을 뜯고 있었다. 예전 카우보이 영화에서만 보던 버팔로 떼가 내 눈앞에 파노라마처럼 펼쳐져 있었다. 우리는 너무 놀랍고 황홀해서 입을 다물지 못했다. 아까까지 차창만 열어도 소리치던 하영이는 "직접 사진을 찍어보고 싶다"며 차창 밖으로 손을 내밀어 버팔로 사진을 찍었다. 준하도 "소야, 소야, 이리 와"하며 버팔로에게 인사를 건넸다. 얼마 전까지 우리를 지배했던 '버팔로의 공포'는 사라졌다. 어느 새 친구가 된 듯했다. 한때 북미 평원을 지배했던 버팔로의 영화榮華가 이 곳에서 재연되고 있었다.

와일드라이프 루프는 길이가 24km에 달하는 방대한 지역이었다. 햇볕이 나기 시작했다. 버팔로 집단 서식지를 벗어나자 영양antelope과 사슴이 모습을 드러냈다. 아프리카에만 사는 줄 알았던 검은 무늬의 뿔 영양이 이곳에 살고 있을 줄이야. 한두 마리가 아니었다. 차를 몰고 전진할 때마다 새로운 놈들이 좌우 풀숲에서 고개를 내밀었다. 아이들은 영양과 사슴을 서로 먼저 찾겠다고 경쟁했다. 겁 많은 사슴과 긴 뿔의 엘크도 나타났다.

들판에는 프레리독 천지였다. 다람쥐처럼 생긴 프레리독이 땅굴에서 얼굴만 내민 채 우리를 쳐다보았다. 어떤 놈은 아예 굴 위에 올라서서 고개를 좌우로 돌리면서 독특한 소리를 냈다. 하는 짓이 정말 귀여웠다. 동물원에선 전혀 느낄 수 없는 스릴과 재미가 있었다. 진정한 사파리, 야생의 매력이 바로 이런 것이구나 하는 생각이 들었다. 길들여지지 않은, 예측 불가능성의 미학이랄까. 이곳을 빠져나와 윈드케이브 동굴을 보면서 최고의 하루를 마무리했다.

큰 바위 얼굴

사우스 다코타 주의 블랙힐스^{Blackhills} 국립공원에서 가장 유명한 것은 러시모어산^{Mt. Rushmore}의 큰 바위 얼굴이다. 초대 대통령인 조지 워싱턴과 독립선언문을 만든 토마스 제퍼슨, 에이브러햄 링컨, 테어도어 루즈벨트 등 미국을 대표하는 4인의 대통령 얼굴이 이 산 정상에 조각돼 있다. 미국 대통령을 상징하는 곳이자, 미국인들의 애국심을 고취하는 독립기념관 같은 곳이기도 하다. 우리나라 교과서나 역사책, 관광안내서에도 자주 나온다.

러시모어산으로 올라가는데 하늘이 점점 찌푸려지더니 빗방울이 내리기 시작했다. 러시모어는 메인 관광 코스인데, 결정적인 순간에 비가 내리니 낭패였다. 이곳은 국립공원 애뉴얼 패스^{연간 회원권}가 통하지 않았다. 주차비를 10달러나 냈는데 주차공간을 찾기도 힘들었다. 아내와 아이들을 먼저 입구에 내려주면서 "먼저 큰 바위 얼굴을 구경하고 있으라"고 했다. 차를 대고 올라오니 비바람이 보통이 아니었다. 아내는 출입구 옆 건물 아래에서 아이들을 감싼 채 떨고 서 있었다. "비바람이 너무 세서 움직일 수가 없다"고 했다. 그래도 여기까지 와서 큰 바위 얼굴을 못 보고 갈 수는 없었다. 일단 기념관 안으로 들어갔다.

안내 여직원에게 "다른 대통령은 잘 알겠는데, 테어도어 루즈벨트는 왜 이 산에 조각된 것이냐"고 물었다. 직원은 황당해 하는 기색이 역력했다. '뭐 이런 것을 묻는 놈이 다 있나'하는 표정이었다. 테어도어 루즈벨트는 제26대 대통령

사우스 다코타 러시모어 산의 미 대통령 얼굴

으로, 대공황과 2차 세계대전 당시 재임한 제32대 프랭클린 루즈벨트 대통령과 다른 인물이다. 우리에겐 상대적으로 생소하다. 하지만 미국인들에겐 각종 경제·사회정책의 기반을 다진 인물로 평가받고 있다. 여직원은 그가 한 경제·사회적 업적을 장황하게 늘어놓았지만, 나로선 여전히 잘 납득이 되질 않았다.

우리는 대통령 바위 앞에 설치된 전망대 쪽으로 걸어나왔다. 멀리 4명 대통령의 얼굴이 보였다. 생각보다 작아서 윤곽이 제대로 구분되지 않았다. 다시 빗방울이 굵어지고 바람이 세지더니 우산이 뒤집어 졌다. 엎친 데 덮친 격으로 바로 머리 위에서 하늘이 번쩍했다. 잠시 후 귀를 찢는 듯한 천둥소리가 사방으로 울려 퍼졌다. 놀란 관광객들은 삽시간에 건물 안으로 사라졌다. 아내는 "우리도 돌아가자"고 팔을 잡아 당겼다. 그러나 나는 준하를 안고 우산을 든 채 전망대 쪽으로 뛰었다. "더 늦기 전에 빨리 보고 돌아가자."

전망대에는 우리 뿐이었다. 비바람 불고 천둥번개 치는데 우산을 들고 탁 트인 전망대로 나설 사람이 누가 있을까. 미친 짓이었다. 하지만 그 덕에 우리는 누구의 방해도 받지 않고 러시모어의 큰 바위 얼굴을 구경할 수 있었다. 사진도 우리 맘대로 찍었다. 벼락맞을 위험과 비 맞는 불편만 감수하면 됐다.

바로 앞에서 본 큰 바위 얼굴은 사진과 느낌이 달랐다. 일단 큰 바위 얼굴의 크기가 기대만큼 크지 않았다. 얼굴 크기가 상하좌우 10m 정도였다. '큰 바위 얼굴'이란 이름이 과연 어울릴까 싶었다. 조각의 예술미도 제대로 느끼기 힘들었다. 날씨 탓이 컸다. 이런 궂은 날씨에는 어떤 절경을 본 듯 감흥이 오겠는가. 그래서 관광에는 날씨가 중요하다. 우리는 우산을 버린 채 한 명씩 돌아가며 대통령과 기념사진을 찍었다. '저 분들도 비 맞고 계신데 우리만 우산 쓰는 건 예의가 아니지 않나.' 햇빛은 나지 않았지만 번개가 대통령의 얼굴을 환하게 비춰줬다.

배드랜즈
아름다운 황무지

    사우스 다코타 주의 배드랜즈^{Badlands}는 레피드 시티^{Rapid City}에서 40여분 거리에 있는 메마르고 기이한 형태의 황무지다. 이름부터 '착하지 않게' 생겨 먹었다. 도저히 사람이 살기엔 힘든 불모의 땅이다. 하지만 풍광만큼은 어느 곳에도 뒤지지 않을 만큼 빼어나다. 이름과는 정반대다. 내가 미국에서 사귄 사람들 중 두세 명으로부터 "기회가 되면 배드랜즈는 꼭 가보라"는 권유를 받았을 정도다.

    이곳으로 가려면 90번 고속도로에서 월^{Wall}이란 도시로 빠진 뒤 240번 도로를 따라가야 한다. 월은 드럭 스토어로 유명하다. 1930년대 운전자들에게 무료 얼음물을 제공하면서 급격하게 성장했다. 도로변 휴게소에는 세일을 알리는 요란한 대형 광고판이 늘어서 있다.

    월에서 20여분을 더 들어가자 처음 보는 희한한 지형이 눈앞에 펼쳐졌다. 끝이 보이지 않는 사막 같은 황무지에 누렇고 쭈글쭈글한 형태의 바위산과 계곡이 꼬리에 꼬리를 물었다. 황량한 대지에는 나무는 물론이고 풀 한 포기 없었다. 너무나 생경한 풍경이라 지구를 떠나온 듯한 착각이 들었다. 퇴적암으로 이뤄진 바위산엔 형형색색, 갖가지 모양의 지층이 나이테처럼 새겨져 있었다. 중동 지역에 가면 볼 수 있는 나무 한 그루 없는 민둥산과 비슷한 느낌이었다. 지층의 무늬와 형태가 지극히 아름답다는 점을 빼면 말이다.

바위산의 모양도 독특했다. 지층에 따라 색이 노랗다가 하얗게 변하는 낮은 산맥이 병풍처럼 이어져 있었다. 그 옆에는 성채처럼 생긴 수려한 바위가 얼굴을 드러냈다. 한 모퉁이를 돌자 갑작스레 100m 높이의 멋진 돌산이 나타났다. 그 모양새가 캐내디언 로키의 험준한 산봉우리를 꼭 빼 닮았다. 꼭대기에 눈이 없다는 것만 빼면 캐내디언의 미니어처를 보는 느낌이었다. 걸음을 옮길 때마다 그 풍광과 색채, 형태가 시시각각 변했다. 햇빛의 방향, 골짜기의 깊이, 바위의 종류에 따라 매번 다른 얼굴을 선보였다. 특히 해 뜰 녘이나 해 질 녘, 달이 뜰 때 그 풍광이 가장 아름답다고 한다.

이곳은 지금도 풍화작용에 의한 침식이 진행되고 있다. 거센 겨울바람과 뜨거운 여름 햇살, 가끔씩 쏟아지는 폭풍우에 의해 산은 깎이고 계곡은 점점 파이고 있다. 얼마나 더 나쁜 땅이 될 지 알 수 없다.

언덕 위에 차를 세우고 걸어서 바위 절벽 근처까지 걸어가 보았다. 발 아래 흙이 부서져 절벽 아래로 우수수 흘러내렸다. 깜짝 놀라 한 발 뒤로 물러섰다. 발을 옮길 때마다 땅이 갈라지고 흙 부스러기가 굴러 내렸다. 발이 자꾸 미끄러졌다. 이래서 배드랜즈의 독특한 지형이 생겨난 거구나 하는 생각이 들었다. 위험했지만 언덕 줄기를 따라

사우스 다코타의 아름다운 황무지 배드랜즈

절벽 맨 끝까지 걸어가 보았다. 50여m 아래 시꺼먼 계곡 그림자가 구불구불 흘렀다. 물론 계곡에 물은 없었다. 다만 비와 함께 흘러내린 돌과 토사의 흔적은 남아 있었다.

옐로 마운즈 오버룩Yellow Mounds Overlook에서 보는 경치가 특히 멋졌다. 노란 색채의 쭈글쭈글한 바위산들이 첩첩이 이어지더니 우뚝 솟은 흰바위 병풍에 가로막혔다. 배드랜즈 루프 로드를 따라서 20군데 이상의 포인트들이 늘어서 있는데, 하나 하나가 보는 맛이 달랐

기이한 형태의 배드랜즈 바위산

다. 언덕 위에서 내려다 보면 배드랜즈의 전경이 파노라마처럼 펼쳐
졌다. 반면 계곡 아래로 내려가면 바위산에 새겨진 지층과 각양각색
의 모양새를 자세히 살펴볼 수 있다. 사방이 기암괴석으로 둘러싸인
배드랜즈의 중심부에 들어갔을 땐 경치가 너무 아름다워서 떠나기가
싫었다. 부질없게도 이런 곳에 계곡물과 나무그늘만 있다면 얼마나
살기 좋은 곳일까 생각했다.

하지만 뜨거운 여름 햇빛 속에선 5분도 버티기 힘들었다. 목도 바

짝 바짝 타들었다. 그럴 때마다 배드랜즈라는 이름이 실감났다. '이름 한번 참 잘 지었다.' 아이들은 차 밖으로 나가려 들지 않았다.

하지만 포실 트레일Fossil Trail은 아이들에게 인기가 아주 좋았다. 산책로 주변에 각종 동물 화석들이 전시돼 있었다. 오래 전 이곳에 살던 거북과 어패류, 파충류, 빙하기 전후 대형 포유류 등의 화석이었다. 이곳에선 공룡을 비롯한 동물 화석이 자주 발견된다고 한다. 산책로를 걷다가 화석이 나오면 아이들에게 설명을 해주었다. 준하는 화석만 보면 다 공룡인 줄 알고, "공룡 뼈, 공룡 뼈" 했다.

어떻게 이런 지형이 생겨난 것일까. 7500만년 전 이곳은 얕은 바다였고 수많은 해양생물이 살았다고 한다. 그런데 로키산맥이 융기하면서 이곳도 수면위로 떠올랐다. 이후 고온 다습한 기후 때문에 이곳은 한 때 밀림에 가까울 정도로 녹음이 우거졌다. 포유류를 비롯한 많은 동물들이 번성했다. 하지만 그 뒤 다시 기후가 극도로 건조해지면서 이같은 불모지로 변했다고 한다.

배드랜즈 루프 로드가 거의 끝나는 곳에 세다 패스 로지Cedar Pass Lodge라는 리조트 단지가 있다. 배드랜즈 관광의 관문 같은 곳이다. 그 주변에 있는 캐슬 트레일은 성채 모양의 바위계곡을 걸어서 둘러보도록 돼 있었다. 경치가 좋아 많은 사람들로 북적였다. 특히 해 질녘에 운치가 있었다. 이곳 언덕에서 서서 낙조에 물든 배드랜즈를 다시 한번 바라보았다. 황무지가 붉게 타올랐다.

빅혼

대평원의 수호자

옐로스톤 호수에서 코디 Cody 방향의 동쪽 출입구로 가는 14번 도로에는 대륙의 판이 갈라지는 곳임을 알리는 이정표들이 많았다. 로키산맥의 주봉들이 지나가는 지역이다 보니 고도가 2500~3000m에 달했다. 실반 패스 Sylvan Pass 를 지나자 전방이 확 트였다. 여기서부터 끝없는 내리막이었다.

동쪽 출입구를 지나면서 차의 음악 볼륨을 높였다. 이젠 별다른 볼거리가 없겠다고 여겼으니까. 그런데 계곡길 양 옆으로 빽빽하던 침엽수림이 듬성듬성해지더니 붉은 바위들이 고개를 내밀기 시작했다. 몇 km를 더 달려가자 붉은 바위들의 거대한 군락지가 펼쳐졌다. 양편 산은 이 바위들 때문에 불타는 듯 했다. 바위 하나 하나가 기기묘묘한 형상을 지녔다. 사람 얼굴을 닮은 바위, 동물 형상을 한 바위, 괴물 바위, 아치 바위, 촛대 위에 모자를 쓴 바위, 성채처럼 병풍을 둘러친 바위산 등이 쉼 없이 다가왔다.

와이오밍 주 코디의 붉은 바위 계곡

브라이스 캐니언에 가기 직전 나타났던 붉은 바위 계곡을 연상시켰다. 브라이스 캐니언과 라스베이거스 부근의 밸리 오브 파이어를 합쳐 놓은 것 같기도 했다. 아름다운 자태와 색채를 뽐내는 붉은 바위들의 패션쇼에 막혀 우리 차는 거의 서있다시피 했다. 수십 번이나 가다 서다를 반복했다. 옐로스톤과의 작별이 아쉬웠는데, 예상치도 않은 곳에 비경이 감춰져 있었던 것이다. 메인 요리 못지 않은 디저트 요리라고 할까. 옐로스톤을 차로 방문하는 사람이라면 코디 방향

215

병풍처럼 솟은 빅혼 산맥

동쪽 출입구의 붉은 바위 계곡을 빼놓지 말 것을 권하고 싶다. 옐로
스톤 내부 경치보다 이곳 풍광이 훨씬 더 빼어난 것 아닌가 하는 생
각이 들었다. 물론 옐로스톤의 거대한 폭포와 분출하는 가이저가 아
름답다는 건 변치 않는 사실이지만 말이다.

　동쪽 출입구의 관문도시인 코디를 지나 빅혼^{Bighorn} 국립공원까지
는 탁 트인 평원이었다. 산도 없고 목장과 농장이 끝없이 이어졌다.
그러다 갑자기 평원 위에 삐쭉 솟은 거대한 산맥이 나타났다. 이것이
빅혼 산맥이었다. 고도 3000~4000m로 몬태나 남부에서 와이오밍

북부까지 200km에 걸쳐있다. 클라우드 피크가 최고봉이며 마더피크, 헤젤턴 피크 등 3000m급 고봉이 이어져 있다.

구불구불한 산길이 시작됐다. 산은 거칠었다. 관목과 풀이 듬성듬성 자라고 있을 뿐 큰 나무는 하나도 보이지 않았다. 거친 피부결의 거대한 바위산들이 푸른 하늘을 배경으로 병풍처럼 늘어선 모습이 마치 접경의 성벽을 지키는 병사나 대평원의 수호자 같았다. 유타주의 삭막한 황무지 지형을 연상시켰다. 하지만 예외도 있었다. 도로 100~200m 아래 흐르는 파우더강 계곡엔 주변 풍광과는 어울리지 않게 녹음이 빽빽이 우거져 있었다. 그리고 갑자기 빅혼 폭포가 눈앞에 나타났다.

빅혼 계곡과 폭포는 삭막한 북부 빅혼 산맥의 젖줄이었다. 높이 50m 짜리 폭포가 쌍둥이처럼 붙어 있었다. 폭포를 따라서 협곡이 이어졌는데 폭은 50m 밖에 안됐다. 그 사이로 거대한 물줄기가 쏟아져 내렸다. 폭포를 바로 앞에서 감상할 수 있도록 전망대가 만들어져 있었다. 절벽길을 따라서 빅혼 폭포 주변의 협곡도 볼 수 있었다. 파우더강 협곡과 어우러진 절벽길은 아기자기한 풍광이 넘쳤다. 미국 내에서도 워낙 외진 곳이라 오가는 사람들이 많지 않을 텐데, 이렇게 멋진 산책로와 전망대가 있을 줄은 몰랐다. 가는 곳마다 이런 멋진 폭포와 협곡이 지천에 깔려 있는 미국이 부럽기도 했다. 빅혼 산맥 상층부는 넓은 분지였다. 이곳에 말과 소들이 방목되고 있었다. 워낙 고산지대라 안개가 사방에 자욱했다. 안개가 아니라 산맥을 넘다 지친 구름인지도 몰랐다.

빅혼 산맥을 넘으면 쉐리던^{Sheridan}이라는 작은 도시가 나온다. 황무지에 세워진 오아시스 같은 도시다. 우리가 이곳에 들른 것은 이 지역에서 거의 유일한 한국인 식당이 있었기 때문이다. 이름은 킴스 레스토랑. 메인 스트리트 끄트머리에 위치해 있었는데 찾기는 쉬웠다. 정확히 말해 한국식당은 아니었다. 한국인이 운영하지만 서양인을 대상으로 한 식당인데, 한식 메뉴가 포함돼 있었다. 이 집의 주 메뉴는 한국식 바비큐였다. 우리가 한국에서 왔다고 하자, 주인 아주머니가 반갑게 한국말로 맞았다. 손님은 모두 그 동네 사는 미국인들이었다.

너무나 배가 고팠던 우리는 뭐든 한식으로 달라고 했다. 주인 아주머니는 갈비와 전골, 계란국 등을 만들어 줬다. 한국식 갈비는 아주 맛있었다. 전골은 아주머니가 특별히 매콤하게 조리했는데 서양식과의 퓨전이라 독특한 맛이 났다. 준하는 계란국이 맛있었는지 갈비와 함께 정신없이 먹었다. 하영이는 매콤한 전골이 좋다고 했다.

저녁을 먹으면서 주인 아주머니에게 "왜 이런 외진 곳까지 와서 레스토랑을 열었느냐. 남편과 함께 운영하느냐"고 물었다. 아주머니는 "오빠와 함께 운영한다"고 했다. 가게에 걸린 사진 속 남자는 남편이 아닌 오빠였다. "젊은 시절 오빠와 미국으로 건너온 뒤 고생하며 이곳 저 곳으로 옮겨 다녔죠. 10여년 전 이곳에 정착한 거예요." 한국 사람 한 명 없는 오지에서 식당을 열어 성공한 것 자체가 대단했다. 배불리 후식까지 먹고 주인 아주머니의 배웅을 받으며 길을 나섰다.

데블스 타워

악마가 쌓은 바벨탑

    와이오밍 주의 동부는 초원과 황무지가 끝없이 펼쳐져 있다. 관광지라고 할만한 곳도 별로 없다. 유일한 예외가 바로 '악마의 탑'으로 불리는 '데블스 타워Devil's Tower다. 석유 중심도시인 질레트Gillette에서 90번 고속도로를 타고 무어크로프트Moorcroft로 간 뒤 14번 도로로 빠져서 북쪽으로 20여분을 더 들어가야 한다. 몬태나 · 사우스 다코타 주와 접경지대다. 나는 예전에 데블스 타워 사진을 보고 바로 필이 꽂혔다. 그래서 이 곳은 반드시 가봐야겠다고 생각했다. 기이한 모습과 이름이 모두 인상적이었다.

    직접 바라본 데블스 타워는 사진에서 본 이상이었다. 사방 산 하나 없는 광활한 평원에 갑자기 깎아지른 듯한 거대한 바위산이 우뚝 솟아있었다. 생김새부터 독특했다. 수없이 갈라진 쭈글쭈글한 피부의 악마가 대지를 뚫고 고개를 내민 형상이었다. 영화 '헬 레이저'에 나오는 쪼개진 피부의 괴물 같다고 할까.

표면이 수백 가닥으로 갈라진 데블스 타워

위로 올라 갈수록 좁아지는 원통형의 이 바위는 기단부에서 꼭대기까지 높이가 260m였다. 해발은 1500m. 데블스 타워의 꼭대기는 평평했다. 바위는 수직으로 수백개의 줄무늬 형태로 쪼개져 있었다. 가늘고 길게 서 있는 수백 개의 원주 기둥이 모여서 거대한 바위산을 형성한 것처럼 보였다. 사실은 기둥이 모인 게 아니라 통바위가 풍화작용으로 인해 수백 개의 원주 형태로 금이 간 것이다. 제주도 서귀포의 외돌개에 가면 이런 형태의 원주형 절벽을 볼 수 있다. 데블스 타워의 원주형 크랙 하나의 높이가 200m 넘는 것도 있다.

어떻게 이런 악마의 탑이 평평한 대지에 솟아난 것일까. 원인은 화산 활동이다. 5000만년 전 이곳은 지표면 아래에서 마그마가 분출했다. 그런데 마그마는 지상으로 솟구치지 않고 지표 바로 밑에서 분출을 멈췄다. 지상으로 솟아올랐다면 좌우로 용암이 퍼졌을 텐데, 지하에서 마그마가 갇히면서 원통형 모양으로 굳어졌다. 이후 풍화작용으로 주변 연약 지층이 깎여나가자, 거대한 돌탑이 지상으로 모습을 드러내게 됐다.

데블스 타워는 인디언 전설에도 나온다. 인디언 부족 처녀들이 밤에 촌락을 빠져나와 숲에서 춤의 파티를 여는데 곰 무리가 습격했다. 사력을 다해 도망가던 처녀들은 커다란 바위에 올라가 "바위님 우리를 도와주세요"라고 기도했다. 이들의 목소리를 들은 바위는 하늘 높이 솟구쳐 자라났다. 바위에 발톱을 박고 있던 곰들은 기다란 수직의 금을 남기면서 아래로 미끄러졌다. 이 바위는 데블스 타워가 됐고, 구사일생으로 목숨을 건진 처녀들은 하늘로 올라가 플레이아데스 성단의 7개 별자리가 됐다고 한다. 비록 전설이지만 데블스 타워 생성 과정을 설명하기엔 그럴 듯했다.

데블스 타워 주변에는 2개의 산책로가 나 있다. 외곽으로 크게 도는 레드 베즈 산책로와 타워 바로 아래를 도는 타워 산책로다. 우리는 타워 산책로를 따라서 데블스 타워를 360도 돌았다. 아침 햇살을 받아 번쩍이는 타워의 모습은 악마라기 보다는 신비로운 영물 같았다. 반사되는 햇빛 때문에 똑바로 쳐다보기도 힘들 정도였다. 환한 천사의 돌탑이었다. 그런데 햇빛이 비치지 않는 반대편^{북쪽}으로 돌아가자 느낌이 180도 달라졌다. 빛은 사라지고 거대한 원주형 크랙들이 도드라지면서 다시 악마의 모습으로 돌아왔다. 음침하면서 경외로운 악마.

그런데 뭔가 좀 이상했다. 바위가 조금씩 움직인다는 착각이 들었다. 자세히 살펴보니 바위 사이에 무언가가 있었다. 카메라의 망원렌즈로 다시 보았다. 사람이었다. 바위의 원주형 크랙 사이로 사람이 개미처럼 움직이고 있었다. 데블스 타워를 오르는 등반가들이었다. 그것도 한두 명이 아니라 10명이 넘었다. 이곳 저곳에서 경쟁하듯 데블스 타워를 기어오르고 있었다. 이제 막 등반을 시작한 사람도 있고, 정상을 50여m 남겨놓은 사람도 있었다. 하영이와 준하도 그제서야 사람을 발견한 듯 "우와! 사람이다. 사람" 하고 소리쳤다. 아슬아슬하고 위태로워 보였지만 그들은 조금씩 정상을 향해 발을 내딛고 있었다. 악마를 정복하기 위해 자기 자신과 싸우는 듯했다.

등반가들은 대개 아침 일찍 데블스 타워 등반을 시작한다고 한다.

그것도 햇빛이 비치지 않는 북서쪽 사면을 탄다. 왜일까. 햇빛이 비추기 시작하면 바위 표면 온도가 급격하게 올라가서 손에 화상을 입기 때문이다. 낮에 남쪽 사면 등반은 사실상 불가능하다. 이곳에는 매년 5000여명의 등반가들이 찾아와 악마의 탑 정복을 시도하고 있다. 등반 루트도 220개에 달한다. 이곳을 제일 처음 등정한 사람은 1893년 윌리엄 로저스^{Rogers}와 윌라드 리플리^{Ripley}였다. 그들은 나무 사다리를 이용해 등정에 성공했다고 한다. 그러나 훨씬 앞서 인디언들이 먼저 이곳에 올랐다는 얘기도 있다. 인디언들에게 데블스 타워는 신성한 곳이었을 것이다. 그래서 누구보다 먼저 이곳에 올라 제사를 지내려 했을 가능성이 높다.

데블스 타워 산책 길은 2km 남짓으로 1시간 정도 걸렸다. 오르내림이 심하고 길 일부는 타워의 원주형 크랙 바로 아래를 지나기도 했다. 산책길에는 데블스 타워 최초 등정에 사용된 나무 사다리를 볼 수 있도록 망원경이 설치돼 있었다. 철제 망원경에는 렌즈도 없는데 정말 나무 사다리가 보였다. 시원한 아침 공기속에 악마의 정기?를 받으며 걸으니 기분이 더없이 상쾌했다.

골드 러시

데블스 타워에서 동쪽으로 가면 사우스 다코타 주의 데드우드 Deadwood 가 나온다. 골드러시 시대에 서부로 가는 길목이자 금광 도시였다. 서부 영화에 나오는 전설의 총잡이 빌 히콕스가 활약한 곳이다. 지금은 금광이 거의 사라지고, 서부 역사 관광 및 카지노 도시로 변모했다. 하지만 아직도 데드우드의 명물은 금광 관광과 버팔로 스테이크다.

시내에서 가장 유명한 스테이크 하우스를 찾았다. 그런데 공교롭게 버팔로 생고기가 딱 떨어졌다고 했다. 할 수 없이 다진 버팔로 고기로 만든 스테이크 햄버거를 시켰다. 서부 시대 총잡이 차림의 컨트리 가수가 기타를 치며 흥을 돋웠다. 버팔로 스테이크 햄버거는 일반 햄버거와 맛이 달랐다. 기름기 없이 담백했다. 농장에서 건초와 사료를 먹여서 키운 쇠고기는 기름기가 많다. 하지만 야생 버팔로는 운동량이 많아서 지방 대신 근육과 살코기가 대부분이었다. 꽤 먹을 만 했다.

시 외곽에는 폐금광을 관광코스로 바꾼 '금광 체험장'이 있다. 갱도를 둘러보고, 직접 금을 수확해 보는 것까지 1인당 10달러 가량이 들었다. 관광객 15명 정도가 한 팀으로 들어갔다. 금광은 지하 50m 깊이에 있었고, 갱도도 길지 않았다. 커다란 광부 모자를 눌러쓴 준하의 모습이 웃겼다. 어린이용인데도 준하의 눈까지 완전히 덮었다.

지금도 그렇지만 옛날 골드러시 시대에 광산 노동은 정말 고된 일이었다고 한다. 일확천금의 꿈을 품고 많은 사람들이 몰려들었지만 정말 큰 돈을 번 사람은 별로 없었다. 대신 하루 16시간 이상 중노동에 시달렸다. 한번 금광에

데드우드의 폐금광에 남아있는 금맥

들어간 사람은 한달 이상 갱도에서 먹고 자면서 온종일 금을 캤다고 한다. 시각 적응 문제 때문이었다. 전기가 없던 골드러시 시대에는 기껏 가스등 몇 개를 켜놓고 채굴작업을 했다. 불빛 없이 암흑 속에서 작업을 한 경우도 있었다고 한다. 눈이 최대한 어둠에 적응되도록 하기 위해 광부들을 장기간 갱도 내에 붙잡아 둔 것이다. 이들은 한달여간 작업한 뒤 외부로 나갈 때는 중간 지점에서 하루 이상 적응기를 거쳤다. 그냥 나가면 눈이 멀어버리기 때문이다.

더 놀라운 것은 이들이 캐낸 금의 양이었다. 이 금광에서 100여명이 한달 내내 캔 금의 양은 몇 kg 수준이었다고 한다. 일확천금은 커녕 입에 풀칠하기도 힘들게 산 것이다. 이들이 금을 수확했던 방식도 재미있다. 광산에선 금 덩어리가 바로 나온 게 아니었다. 금광석 안에는 미세량의 금이 들어 있을 뿐이었다. 그래서 금광석을 잘게 부순 뒤 시냇가에서 사금砂金을 캐는 방식으로 수확했다고 한다.

우리도 금광에서 나온 뒤 잘게 부순 광석과 둥그런 그릇을 하나씩 받았다. 광석 부스러기를 그릇에 담아 흐르는 물에 담갔다 뺐다를 반복했다. 금가루는 돌가루보다 무거워서 그릇 아래로 가라앉았다. 쌀 씻을 때 조리질 하듯이 계속 돌가루를 그릇에서 솎아냈다. 신기하게도 그릇 바닥에 뭔가 반짝이는 것이 보

였다. 0.1~0.2mm 크기의 미세한 '금가루'였다.

　하영이는 눈이 휘둥그레해 져서 "와, 내가 금을 캐냈어요"라고 소리쳤다. 준하도 덩달아 신이 났다. 옆에서 지켜보던 아내도 "내가 직접 해 보겠다"며 팔을 걷어 부쳤다. 우리는 20여분간 서로 금 그릇을 뺏어 가며 미친 듯이 금을 캤다. 다른 관광객들은 대부분 떠났지만 우리 네 가족은 사생결단하듯 매달렸다. 골드러시 시대 금에 미친 사람들이 바로 이런 모습 아니었을까. 역시 금은 겨역하기 힘든 마법이 있나 보다. 그 날 우리가 캔 금 가루는 20개 정도. 가이드는 이것을 물이 담긴 작은 병에 넣어 주었다. 일종의 기념품이었다. 우리의 열성에 감복한 듯 했다. "이 정도면 얼마 정도 할까요?" "아마 3~4달러쯤. 잘 간직하세요. 돈 보다는 기억에 남을 테니까."

켄터키는 말이야

초원을 말 달리다

미국 일주여행 막바지에 켄터키 주에 들렀다. 한국인들은 대개 '켄터키 치킨'의 고향이라고만 알고 있는 곳이다. 나도 처음엔 남부의 오지라고 생각했다. 그런데 실제 위치는 중동부다. 여기서 퀴즈 하나. 켄터키는 남북 전쟁 때 북군이었을까, 남군이었을까. 답은 북군이다. 대부분 사람들이 켄터키는 남부에 있는 주이고, 남군이었을 거라고 생각한다. 하지만 켄터키는 지리적으로 북부에 가깝고 소속도 북군이었다.

켄터키에서 가장 유명한 것은 호스 파크^{Horse Park}다. 켄터키 더비^{Kentucky Derby}라는 세계 최대의 경마 레이스가 매년 루이빌에서 열린다. 우리는 렉싱턴^{Lexington} 교외의 호스 파크로 갔다. 입구에 엄청난 크기의 말 동상이 서 있었다. 사람이 아닌 말이 주인공인 곳이다. 미국인과 말의 관계는 각별하다. 말이 없었다면 서부개척은 불가능했을 것이다. 당시의 전설적인 총잡이나 카우보이들은 예외없이 말을

켄터키 호스파크에서의 승마 시범

잘 탔다. 지금은 그 말을 자동차가 대신했지만 말이다.

말 박물관을 둘러보고 나니 승마쇼가 시작했다. 말쑥하게 승마복을 차려입은 기수들이 윤기가 흐르는 멋진 말을 타고 등장했다. 한눈에도 공들여 키운 명마라는 것을 알 수 있었다. 밝은 다갈색 말, 초콜릿 색 말, 흰 바탕의 점박이 말 등 다양했다. 동물을 보고 '기품 있다'고 생각한 적은 별로 없었는데 이 말들은 세련되고 기품이 느껴졌다. 소개받은 말들이 묘기를 선보였다. 선회하여 달리기, 지그재그로 달리기, 허들 뛰어넘기.

특이하게도 기수들은 모두 여자였다. 절도 있는 동작과 말을 다루는 솜씨가 멋졌다. 잠시나마 하영이에게 승마를 가르쳐볼까 하는 생각이 들었다. 쇼와 퍼레이드가 끝나자 기수들은 관객들에게 다가와 말을 직접 만져볼 수 있도록 해줬다. 말의 갈기를 조심스레 만져보았다. 여성의 생머리도 관리하기 쉽지 않은데, 이 정도 가꾸려면 얼마나 간수를 잘 해야 할까 싶었다. 미간 사이를 쓰다듬어도 말은 얌전히 있었다.

기수는 "말을 만질 때 한가지 조심해야 하는데, 바로 말 뒤에 서서 갑자기 말을 건드리면 안된다"고 했다. 놀란 말이 본능적으로 뒷발질을 하기 때문에 사고가 나기 쉽다는 것이다. 그러나 승마 기술과 명마의 품종에 대해 설명할 때는 솔직히 무슨 말인지 알아듣기가 힘들었다. 기독교와 성경을 모르는 사람에게 '아브라함은 이삭을 낳고…' 하며 설명하는 것과 같았다.

드디어 호스 파크의 하이라이트인 '말 타기' 도전에 나섰다. 그렇지 않아도 서부 여행 때 그랜드 캐니언과 브라이스 캐니언에서 승마 관광 투어를 하지 못한 것이 아쉬웠다. 실전에 나서기 전에 간단한 교육을 받았다. 그리고 참가자들이 함께 말을 타고 인솔자를 따라 일렬로 교육장을 한 바퀴 돌았다. 나는 밤색 말에 카우보이 모자를, 하영이는 백마에 보호모를 썼다. 제주도에서 하는 승마 목장과 유사했다. 다만 말이 훨씬 컸고, 승마의 본산에서 제대로 탄다는 점이 달랐다.

드디어 목장 들판길을 달리는 본격적인 승마가 시작됐다. 2명의 가이드가 20여명을 인솔했지만, 기본적으로는 스스로 타는 것이었다. 나는 제법 카우보이 흉내를 내며 발로 말허리를 차며 속도를 냈다.

처음엔 조금 무서워했던 하영이도 기대 이상으로 신나게 말을 탔다. 수십명이 길게 늘어서서 파랗게 풀이 돋은 목장을 달리는 모습이 서부영화에 나오는 한 장면 같았다. 말이 한 발씩 뛸 때마다 사람들의 어깨와 허리가 따라서 출렁거렸다. 말이 속도를 내자 바람에 머릿결이 하늘거렸다. 30여분간의 승마시간은 쏜살처럼 지나갔다. 나와 하영이 모두 아쉬워하면서도 얼굴은 싱글벙글했다.

그동안 아내와 준하는 목장내 관광 마차인 트롤리를 탔다. 마구간과 박물관, 명마를 위한 특별 마사 등을 돌면서 "여기는 레이스를 수차례 제패한 명마를 기리는 기념관이며, 이 마사는 20세기 최고 명마가 여생을 보낸 곳"이라는 설명이 이어졌다. 관람객들은 그 때마다 '아~' '와~'하며 감탄했다. 준하는 관광보다는 트롤리를 끄는 말에 더 관심을 보였다. 이 말은 스무 명이 넘는 사람을 태우고 목장을 도느라 상당히 힘겨운 모양이었다. 계속 숨을 헐떡거렸다. 그런데도 준하가 다가가서 몸을 만지면 친구를 대하듯 온순한 표정을 지었다.

말과 관련해선 재미있는 유머가 하나 있다. 자동차가 발명되었을 때 말들은 "사람들이 우리 없이 저절로 움직인대"라며 의아해 했다. 그런데 자동차 운전자가 안전벨트를 매고 있는 모습을 본 말이 말했다. "그럼 그렇지, 이젠 지들이 직접 끄는구면." 차가 막힐 때마다 우리들도 가끔 얘기하지 않는가. "차라리 우리가 차를 끌고 가는 게 빠르겠다."

준하같은 어린아이를 위해 '조랑말 타기'pony ride 코스가 있었다. 조랑말 두 마리를 인솔자가 양 손으로 잡고 울타리 안을 한 바퀴 도는

것이었다. 조랑말은 일반 말보다 훨씬 작아 아이들에겐 새끼말처럼 보이는 것 같았다. 준하도 생각보다 별로 겁을 내지 않았다. 말도 안 통하는 서양 여자아이와 짝이 돼 조잘거리며 신나게 탔다. 준하는 중동에서 온 또래 아이와도 잘 어울렸다. 말이라곤 한마디도 통하지 않을 텐데도 말이다. 아이들에겐 바디랭귀지가 만국 공통어인가 보다.

　주변에서 가끔 "미국 여행 동안 뭐가 제일 재미있었느냐"고 물었을 때 하영이는 "켄터키에서 말 탄 거요"라고 했다. 그만큼 켄터키의 호스 파크에서 경험한 목장길 승마가 인상적이었나 보다.

세계 최대 어린이 박물관

시카고 남동쪽 인디애나폴리스에는 세계에서 가장 큰 어린이 박물관이 있다. 커다란 티라노사우루스의 머리와 이빨이 건물 지붕을 뚫고 나와 하늘을 향해 포효하고 있다. 그 옆에는 브론토사우루스 두 마리가 관람객을 맞았다.

4층 건물 전체가 어린이만을 위한 박물관으로 꾸며져 있었다. 주차장부터 엄청난 규모였다. 대형 주차장 건물에서 박물관까지 구름다리로 연결돼 있어 유모차를 끌고 가는 데 불편이 없었다. 오후 5시면 문을 닫기 때문에 서둘러 관람을 해야 했다. 우리는 남자팀과 여자팀으로 갈랐다. 하영이와 준하의 관심사가 확연히 다르기 때문에 편을 갈라 각자의 관심영역으로 '돌격'했다.

1층은 모든 아이들의 로망인 공룡의 세계였다. 공룡은 뉴욕 자연사 박물관에서 실컷 보았다고 생각했는데, 여기 공룡은 또 다른 특색이 있었다. 화석 뼈가 아닌 실사實寫 모형 공룡이었다. 쥬라기·백악기의 자연 환경에 맞춰 당시 공룡의 모형을 갖춰놓았다. 조명도 그럴싸하게 장치해서 마치 애니메이션 영화의 한 복판에 들어온 느낌을 줬다. 5분여만에 수억년의 시간을 지나쳤다. 정말 빠른 타임머신 아닌가.

그리고 나서 두 팀은 흩어졌다. 나는 준하와 함께 자동차 전시관으로, 아내는 하영이와 함께 바비인형관으로 갔다. 바비관에는 온 세상의 바비가 다 집결해 있었다. 아내는 "어릴 적 인형 놀이하던 기억이 났지만, 바비가 이렇게 다양한 줄은 몰랐다"고 했다. 여러 가지 직업의 옷을 입은 바비, 각 나라의 전통의 상을 입은 바비, 세계 정상급 디자이너들의 대표 의상을 입은 럭셔리 바비 등이 줄지어 있었다. 보통 바비는 앙증맞은 크기였지만, 어떤 바비는 사람 크기와 비슷했다. 뉴욕의 패션 쇼에 간 듯한 분위기랄까. 한 코너에선 마네킹에 의상을 입히고 아이들이 얼굴을 내밀어서 사진을 찍을 수

인디애나폴리스의 어린이 박물관

있게 했다. 하영이도 바비 못지 않은 맵시를 뽐내며 사진을 찍었다.

박물관 한 가운데 메두사 모양의 색유리가 설치된 나선형 길을 올라가면 자동차의 세계가 나온다. 명품차와 지프, 기차 등 각종 자동차 모형이 총망라돼 있고 실제 모형차를 타고 시뮬레이션 운전을 하는 코스도 있었다. 자동차광인 준하는 흥분의 도가니였다. 특히 레이싱카 모형은 대인기였다. 사진 찍으려는 사람들이 긴 줄을 섰다. 준하는 "경주차! 경주차!" 소리를 질렀다. 저보다 훨씬 큰 아이들 사이에서 실랑이를 벌이다 운전석을 차지했다. 생각보다 좌석 내부가 깊어서 어른 한 사람이 거의 쑥 들어갈 정도였다. 이래서 경주차를 탄 선수들이 거의 목만 나오는 구나 싶었다. 나는 준하와 함께 들어가서 마치 카레이서라도 된 듯이 소리를 지르며 가상운전을 했다.

한 층 위로 올라가니 직접 안에 들어가서 놀 수 있는 집·학교 모형이 나왔다. 아이들의 키와 눈높이에 맞춘 모델 하우스였다. 마치 내가 거인이 된 기분

이었다. 하영이는 '안네의 일기'로 유명한 안네 프랑크 집 모형에 들어갔다. 2차 대전 때 안네와 그 가족의 은신처를 2층으로 재현해 놓았다. 성문을 기어서 통과하는 시가지 모형, 아이스크림을 사고 팔아보는 가게 모형, 요리놀이를 하는 부엌모형 등을 정신없이 쏘다녔다.

그런데 박물관 문닫을 시간이 됐다는 안내 음악이 몇번 나오더니 갑자기 전시장의 불이 한꺼번에 꺼졌다. 우리는 깜짝 놀라 "불 켜주세요"라고 소리쳤다. 폐장시간을 기껏해야 5분 넘겼을 뿐인데. 심하다는 생각이 들었지만 어쩌랴. 미국인이 가장 칼같이 지키는 퇴근 시간인 것을. 아쉬움을 뒤로 하고 박물관을 나왔다.

스모키 마운틴
통나무 산장의 별밤지기

그레이트 스모키 마운틴Great Smoky Mountains은 애팔레치아 산맥 남부의 노스캐롤라이나와 테네시 주에 걸쳐있는 산악·생물권 보호구역이자 유네스코 세계유산이다. 자연경관이 뛰어나거니와 볼거리, 즐길 거리도 많다. 온난 다습한 기후 때문에 항상 구름과 안개로 덮여 있어 이 같은 이름이 붙었다. 미 동부 최대의 인디언 부족이었던 체로키족이 사는 곳이다. 이들은 미국 개척 초창기만 해도 동부에서 막강한 세력을 떨쳤지만 백인들과 다툼에서 산악으로 밀려났다. 결국 스모키 마운틴 보호구역에 유폐 당했다. 지금도 이 일대엔 체로키족 집단 거주지가 있지만, 인디언 문화는 거의 사라지고 카지노만 불을 밝히고 있다. 스모키 인디언 박물관 직원도 인디언이 아닌 백인이었다.

스모키 마운틴의 관문도시는 테네시 주의 개틀린버그Gatlinberg다. 각종 놀이시설과 리조트, 레스토랑이 몰려 있다. 이곳에서만 놀아도 하루를 충분히 보낼 수 있는 흥미진진한 유흥도시다. 스모키 마운틴

스모키 마운틴 주변의 침니록

관광은 클링만스 돔Clingman's Dome · 2024m에서 시작된다. 애팔래치아 산맥 최고봉인 미첼산Mt Mitchell · 2037m 다음이다. 개틀린버그에서 클링만스 돔까지는 계곡과 울창한 온대우림 지대가 펼쳐진다. 꼬불꼬불한 급경사 도로를 따라 수려한 경치를 뽐내는 포인트가 곳곳에 있다. 정상 아래 주차장부터는 걸어서 500m를 올라가야 한다.

그런데 정상 주변 경치가 이채로웠다. 길 주변이 온통 고사목으로 가득했다. 거센 바람과 혹독한 기후 때문에 말라죽은 것이다. 나무

236

윗부분과 가지는 대부분 부러져 날라가고 하얗게 변색된 밑동만 남았다. 일종의 나무 무덤인데, 을씨년스럽기보다는 환상적이었다. 죽음도 자연과 시간 앞에선 초월적 아름다움을 발하는 것일까. 돔 정상에는 높이 20m의 전망대가 서 있다. 거센 바람 속에 스모키 마운틴의 고봉들이 펼쳐졌다. 그런데 녹색 숲과 봉우리 이곳 저곳이 얼룩져 보였다. 더구나 얼룩진 숲이 움직였다. '아! 구름 그림자가 숲에 얼룩을 씌웠구나.' 푸른 하늘 아래 탁 트인 스모키의 산야를 보니 가슴까지 시원했다.

스모키에서 가장 인상적인 것 중 하나는 캐빈^{통나무 산장}이다. 해발 1000m 이상의 산 등성이에 통나무로 세운 2~4층 짜리 산장은 보기만 해도 멋있다. 더구나 이곳은 아침이 되면 구름의 바다에 뜬 섬이 된다. 구름과 안개가 산골짜기를 하얗게 메우며 올라오는 모습은 동양화를 보는 듯 하다. 캐빈의 베란다에서 그 장관을 바라보며 아침을 맞이해 보라. 의자에 앉아 차 한잔을 마시노라면 이미 신선의 경지다.

내가 두 번이나 간 곳은 개틀린버그 인근의 '프리저브 리조트^{Preserve Resort}'였는데, 산자락에 100개 가까운 통나무집이 늘어서 있었다. 캐빈은 단순한 숙소가 아니라 그 자체로 훌륭한 종합관광지다. 나중에는 "바깥 구경 나가는 것보다 안에서 노는 게 더 재미있다"는 말이 나올 정도였다.

우선 리조트 내에 야외 수영장과 자쿠지, 헬스클럽, 연회장, 교회까지 갖춰져 있다. 스모키 마운틴의 산자락을 배경으로 밝은 햇살을 받으며 수영을 하고 보글거리는 자쿠지에 몸을 담그면 유토피아가 따로 없다. 더구나 습식·건식 사우나도 있다. 미국에서 가장 아쉬운 게 있다면 바로 사우나다. 몇 달만에 처음 사우나를 하니 행복감이 밀려왔다. 같이 간 지인들끼리 "이러다 피부 벗겨지겠다"는 농담도 했다.

캐빈엔 방 2~4개, 거실 2~3개, 다락방 등이 있어서 보통 2~3가족이 함께 MT를 한다. 가격은 캐빈 하나당 150~300달러 선이었다. 콘도처럼 숙식에 필요한 모든 시설이 완비돼 있을 뿐 아니라 놀 거리도 넘쳤다. 일단 캐빈 앞 베란다에서 바비큐를 구워먹는 재미가 쏠쏠하다. 스테이크는 기본이고 불고기, 김치 삼겹살, 소시지, 군 감자·고구마까지 다 가능하다. 그릴 앞에 테이블과 의자를 꺼내놓고 스러져가는 저녁 노을을 바라보며 술 한잔 곁들이면 그야말로 최고의 만찬이다.

하지만 캐빈의 밤은 이걸로 끝이 아니다. 캐빈에는 당구대와 축구 게임대, 슬라이드 게임대 등이 설치돼 있어 남녀노소 모두 '게임의 세계'에 빠진다. "한 게임 더!" "설욕전" 하다 보면 신선놀음에 밤이 깊어가는 줄 모른다. 그러다 지치면 2~3층 베란다에 있는 야외 자쿠지로 향한다. 따뜻한 자쿠지에 몸을 담그고 쏟아지는 별빛을 보노라면 세상사 시름이 모두 잊혀진다. 몸이 더워질 때쯤 되면 야간의 나체쇼로 열기를 식힌다.

스모키에서 스릴 만점은 래프팅이다. 개틀린버그 남쪽 계곡의 래프팅 코스는 2시간 짜리로 급류와 호수, 작은 폭포 등을 모두 만날 수 있다. 나는 하영이와 함께 6인용 배를 탔다. 맨 앞 조타수 역할을 했는데 물살이 세서 바위에 부딪히기 일쑤였다. 급류가 수차례 보트를 덮치면서 온 몸이 젖고 어깨는 뻐근했다. 옆 보트에선 몇 사람이 급류 속으로 곤두박질쳤다. 작은 연못이 나타나자 나는 맨 먼저 물속으로 뛰어들었다. 물은 차가웠지만 수심은 깊지 않았다. 한데 물살에 밀려 보트에서 멀어져 떠내려갔다. 보트 쪽으로 온 힘을 다해 헤엄을 치는데 다리가 바위에 부딪혔다. 급하게 따라온 보트에 겨우 올라탈 수 있었다.

마지막 관문은 하류에 있는 높이 2m 폭포였다. 가이드는 "보트에 몸을 밀착시키고 계속 노를 저으라"고 했다. 마침내 하얀 물보라와 함께 폭포의 목구멍이 드러났다. 보트가 하늘로 솟구치는가 싶더니 폭포 아래로 자유낙하했다. 추락은 길게 느껴졌다. '퍽'소리와 함께 온 몸에 충격파가 전달됐다. 물보라가 얼굴을 덮쳤고, 숨이 꽉 막혔다. 뒤에 앉았던 하영이가 비명을 지르며 보트 바닥에 내동댕이쳐 졌다. 곳곳에서 '악'하는 비명이 터졌다. 하영이는 보트 바닥에 엎드려 있었다. 나는 미친 듯이 노를 저었다. 보트가 요동치며 몇 바퀴 돌더니 소용돌이에서 빠져 나왔다. 비록 노를 두 개 잃었지만 다친 사람은 없었다. 모두 완주의 환호성을 질렀다.

지하의 바다

잃어버린 세계를 찾아서

쥘 베른의 소설 '잃어버린 세계를 찾아서'^{원제 '지구 중심으로의 여행'}에서 주
인공은 예기치 않은 사고로 지하 수천m 세계로 떨어진다. 소설에는
지하 세계를 흐르는 호수와 바다가 등장한다. 큰 물고기와 바다 괴물
이 살고 있을 정도로 큰 바다. 물론 상상의 세계다. 이 소설은 영화로
도 만들어져 인기를 끌었다. 그런데 정말로 이 소설과 비슷한 '잃어버
린 지하 세계의 바다'를 테네시에서 만났다. 미국 애팔레치아 산맥 남
서쪽에 위치한 지하동굴 '로스트 씨^{Lost Sea}'다.

미국 테네시 주 차타누가^{Chatanooga}의 이 자연동굴은 지하 420m 아
래에 넓은 호수를 품고 있다. 호수 길이와 너비가 수백m에 달하고,
깊이는 2~3m, 수면에서 천장까지는 5~10m인 자연 호수다. 미국에
서 가장 큰 지하 호수로 배를 타고 탐험할 수 있다. 호수 안에 길이
50cm 안팎의 무지개 송어 100여 마리도 살고 있다. 도대체 어떻게
이런 일이 가능할까? 그 궁금증을 풀기 위해 동굴을 직접 찾아갔다.

로스트 씨 탐방은 30분~1시간 간격으로 이뤄진다. 안내원을 따라 1.2km 정도 길이의 지하동굴을 탐험하는 것이다. 이 동굴은 다른 석회암 동굴과는 달리 습기가 거의 없어서 쾌적하다는 느낌을 줬다. 실제로 동굴 상층부에는 인디언 부족들이 살았던 흔적이 있다. 인디언들은 이곳에서 제례를 지내거나, 일시적인 피난처로 이용했다고 한다. 남북전쟁 때는 남부연합군 병사들이 이곳을 은신처로 사용했다. 동굴 벽에는 병사들이 새겨놓은 1863년이라는 검은 글씨가 적혀있다.

안내원은 동굴 구석의 넓은 방으로 우리를 인도했다. "한 치 앞도 볼 수 없는 극한의 어둠, 완벽한 암흑을 경험해 본 적 있나요?" 다들 고개를 저었다. "이제부터 20초간 완벽한 암흑의 공포를 경험해 보세요." 그가 동굴 벽에 설치된 스위치를 하나씩 내리자 동굴 저 편부터 전등이 하나씩 꺼졌다. 어둠의 쓰나미가 고요하게 우리를 덮쳤다. 눈앞이 까맣게 변했다. 오로지 칠흑 같은 어둠과 순수한 적막 뿐이었다. 죽음이란 게 이런 것일까. 공포는 고요와 침잠으로 바뀌었고, 오히려 편안한 기분마저 들었다. 옆에 선 가족은 물론 나 자신까지 잊어버릴 듯 했다.

다음 순간 다시 눈앞이 하얘졌다. 어둠은 사라지고 생경한 밝음이 다가와 있었다. 빛이 이렇게 낯설 줄이야. 안내원이 "완벽한 어둠, 어땠나요"라고 묻자 "무섭다" "환상적이다"란 반응이 엇갈렸다. 안내원은 동굴 하층부에 미로처럼 퍼져있는 작은 동굴들을 탐사하며 스스로 길을 찾는 극기 프로그램이 운영되고 있다고 했다. 초 · 중 · 고교생 등 청소년들이 어둠속에서 동굴을 기어다니며 새로운 동굴을 탐사한다는 것이다.

동굴 천장에는 꽃과 이끼를 닮은 침전물들이 하얀 꽃밭을 만들어 놓았다. 안내원은 "'신비의 흰 꽃'이라 부른다"고 했다. 동굴 중간 작은 시냇물 주변에는 연두색 잎사귀를 가진 3~4cm 크기의 식물도 자라고 있었다. 동굴의 전등 덕에 어둠속에 생명이 움튼 것이다. 크리스털 색깔의 폭포와 각종 형태의 종유석들도 아름다웠다.

동굴 하층부에 이르자 통로가 급격히 좁아졌다. 안내원은 "여기서부턴 탐험심 많은 한 소년이 개척한 곳"이라고 했다. 동굴 인근 동네에 살던 이 소년은 이 곳까지 동굴 탐험을 왔다가 로스트 씨로 통하는 작은 구멍을 발견했다. 실종됐던 아이는 며칠 만에 지상으로 올라가 로스트 씨의 존재를 세상에 알렸다. 참으로 소설같은 얘기다.

고개를 숙이고 수십m를 전진하자 갑자기 탁 트인 공간이 나타났다. 엄청나게 넓은 지하세계였다. 그곳엔 커다란 호수가 펼쳐졌다. 호수와 동굴 천장은 에메랄드 색으로 빛났다. 정말로 '잃어버린 세계를 찾아서'의 한 장면 같았다. '혹 이곳에서 그 소설의 모티브를 찾은 것은 아닐까?' 나중에 보니 호숫물이 빛나는 것은 호숫물 아래와 벽면에 설치한 전등 덕분이었다. 이 불빛들이 호숫물과 천장 속 발광성분과 어우러져 환상적인 분위기를 자아낸 것이다.

호수 한 켠 선착장에는 로스트 씨를 항해할 배 3~4대가 기다리고 있었다. 배를 타고 호수 가운데로 나아가니 천장은 높아지고 물은 깊어졌다. 호수는 바닥이 투명하게 보일 정도로 맑았다. 그런데 수면 아래 뭔가 이상한 그림자가 움직였다.

안내원이 말했다. "저게 바로 로스트 씨의 주인인 무지개 송어입니다. 큰 놈은 50cm가 넘고요. 지금은 한 100마리 정도가 살고 있어요." 지하 400m 암흑의 세계에서 어떻게 송어가 살 수 있단 말인가. 다음 순간 안내원은 주머니에서 콩알을 한 움큼 꺼내 호수에 휙 뿌렸다. 그러자 놀랍게도 어른 팔뚝만한 송어들이 물 위로 펄쩍 뛰어오르더니 콩알을 입으로 낚아챘다. 푸르스름한 피부에는 작고 검은 점이 무수히 박혀 있었다. 예상치 못한 송어 쇼에 사람들은 "원더풀" "어메이징" 등 감탄사를 쏟아냈다. 안내원은 몇차례 더 콩알을 던져줬다. 하지만 그는 "먹이는 너무 자주 주면 곤란합니다. 호숫물이 오염되고 송어 생태계가 파괴됩니다"라며 먹이주기를 그쳤다. 커다란 무지개 송어의 첫 번째 비밀은 풀렸다. 인간이 먹이를 주며 키우고 있었던 것이다.

그런데 어떻게 이곳까지 송어가 내려올 수 있었을까. 어느 날 홍수가 나서 우연히 동굴속으로 휩쓸려 들어왔을까. 내가 직접 물었더니 안내원은 웃으면서 "처음엔 아무 것도 살지 않았는데 사람들이 언젠가부터 송어를 풀어놓고 먹이를 줬다"고 했다. 역시 잃어버린 지하세계의 바다와 괴물은 소설속 얘기일 뿐이었다. 하지만 로스트 씨는 자연의 기이함과 위대함을 느끼기에 충분히 인상적이고 아름다웠다.

루레이 캐번

팔색조의 환상 동굴

버지니아의 쉐난도어^{Shenandoa} 국립공원 자락에 있는 루레이 캐번 Lullay Cavern은 미국에서 만난 최고의 환상 동굴이다. 장엄하면서도 아기자기한 팔색조^{八色鳥}의 아름다움을 지녔다. 이곳 쉐난도어는 가수 존 덴버의 명곡 'Take me home country road'에도 나온다. 'almost heaven, west Virginia Blue ridge mountain Shenandoa river~'^천 ^{국같은 웨스트 버지니아, 블루릿지산과 쉐난도어강} 그 정도로 경치가 좋다는 뜻이다.

애팔래치아 산맥 일대에는 수십개의 다양한 동굴이 산재해 있다. 로키산맥이나 시에라 네바다 산맥, 캐스케이드 산맥 등 미 서부의 산맥들은 애팔래치아에 비해 험준하고 장엄한 자연미를 지녔다. 하지만 유독 동굴이란 측면에서는 애팔래치아를 따라가지 못한다. 이는 지형과 관계가 있다. 애팔래치아 산맥은 화산활동이나 지각 변동이 끝난 지 오래된 석회암 지형이라 동굴이 많다. 반면 로키 등은 신생 지형이라 동굴 자체가 적다. 역시 장은 묵어야 제 맛이 나는 것처럼

동굴도 오래 될수록 그 맛과 아름다움이 배가되는 법이다. 그 중에서
도 루레이는 단연 최고다. 개인적으로는 '아메리카 베스트'로 손꼽고
싶다.

　루레이 캐번은 매표소에서 오디오 안내 기기를 나눠준다. 한국어
안내 기기도 비치돼 있다. 영어에 자신있는 사람이라도 꼭 한국어 기
기를 쓸 것을 권유한다. 동굴 생성의 비밀을 상세하게 안내해 주는
데, 한국말로 들어도 이해하기 힘든 전문적 지질 용어로 가득하다.

나선형 동선을 따라 지하 200m까지 내려가는 길목 곳곳에 수십 군데의 관람 포인트가 있다. 포인트에 적힌 번호를 기기에 입력하면 안내가 시작된다. 종유석과 석순의 형태·크기·색채가 각양각색이었다. '유령'이라는 대형 종유석 기둥은 길이가 수십m에 달했다. 나선형 통로에서 바라보면 마치 거대한 유령이 나를 지켜보는 것 같은 착각을 일으킨다.

재미있는 것은 '계란 프라이' 석순이었다. 노른자와 흰자가 선명하게 보이도록 석순이 자랐다. 흰 색의 석회석 석순이 자라다 밑동부터 떨어져 나간 뒤 그 위에 노란색 석순이 다시 자란 것이라고 한다. 동굴에는 소원을 비는 우물Wishing Well도 있다. 우물 모양의 작은 연못에는 소원 성취를 위해 던진 동전과 지폐가 가득 잠겨 있다. 현금이 없어 신용카드를 던진 사람도 있다고 한다. 이곳에 쌓인 돈은 정기적으로 수거해서 자선사업에 쓴다. 다만 던진 동전이 조금씩 녹으면서 동굴의 청정수를 오염시키는 원인이 되기도 한다.

이곳에서 독특한 것은 '종유커튼'이다. 보통 종유석은 기둥 형태로 자라는데, 종유커튼은 얇은 커튼 모양으로 자라나면서 아름다운 기하학적 형태를 보인다. 커튼의 두께는 1~2cm 안팎이라 불빛을 받으면 투명하게 비친다. 허연 석회색이 아니라 투명하면서 불그스름한 색깔이다. 더구나 종유커튼의 얇은 막을 손가락으로 건들면 유리 글라스를 칠 때와 같은 청아한 소리가 난다.

루레이 캐번에서 가장 유명한 것은 종유커튼을 이용한 '종유 오르간'이다. 동굴에서 웬 오르간을 찾느냐고 할 테지만 이곳에선 실제로 아름다운 오르간 선율을 들을 수 있다. 60여년 전 미국의 한 교수가 이 동굴에서 창안한 것으로, 파이프 대신 종유커튼과 동굴의 자연 공명 시스템을 이용해 만들었다. 종유커튼 등에 자동 타격기를 설치하고 이를 중앙 제어 장치와 연결해 놓았다. 그래서 악보를 실행시키면 자동적으로 종유커튼을 쳐서 아름다운 선율이 흘러나오는 것이다. 기발하기 이를 데 없는 발상이다. 동굴 맨 아래에 '오케스트라의 방'이라는 큰 홀이 있다. 여기서 종유 오르간이 만들어내는 맑은 음악 소리가 수시로 흘러 나온다. 동굴 벽을 통한 공명감이 실제 오르간만큼 뛰어나거니와 음색도 곱다. 실제 이곳에서는 결혼식을 비롯한 각종 행사가 자주 열린다. 루레이 캐번에서 결혼식을 올린 커플만 수백 쌍이 넘는다고 한다.

루레이 캐번에서 가장 놀라운 것은 '거울의 호수'다. 나선형 통로를 따라 걷다가 어느 한 모퉁이를 돌면 갑자기 외계행성처럼 희한하게 생긴 계곡을 만나게 된다. 깊이를 가늠하기 힘든 이 계곡은 송곳같은 뾰족한 바위들로 가득하다. 너무나 환상적이라 한동안 넋을 잃고 경탄하게 된다. 그리고 다음 순간 의문에 빠진다. '아니 어떻게 이런 깊고 큰 계곡이 동굴안에 존재할 수 있지?' 눈을 비비고 다시 계곡을 유심히 살펴봤다.

깊은 계곡은 맞는데 동굴 건너편 벽면까지 거리는 10여m에 불과했다. '어찌 된 영문일까?' 계곡으로 손을 뻗어 보았다. '이럴 수가! 물이다.' 손에 물이 묻었다. 그리고 조그만 파문이 일어나 계곡을 흐리며 번져 나갔다. 수면에 눈을 바짝 대고 내려다 보았다. 어라! 물 깊

착시를 불러 일으키는 거울의 호수

이가 5cm도 되지 않았다. 천길 낭떠러지 계곡이 수심 5cm의 물 속에 잠겨 있었다. 이 계곡의 정체는 도대체 뭘까.

바로 '미러 이미지'였다. 나는 물속에 비친 동굴 천장의 모습을 보고 있었던 것이다. 동굴 천장은 뾰족한 종유석들로 가득했는데, 바닥의 얕은 연못에 비친 미러 이미지에 눈길을 빼앗겼던 것이다. 정말 감쪽같았다. 얕은 연못이 천장의 종유석을 비추는 순간 거대한 계곡으로 변신한 것이다. 보고 또 봐도 신기했다. 우리 가족은 이 '거울의 호수'를 루레이의 최고 예술품으로 꼽기로 뜻을 모았다. 그런데 문득 이런 생각이 들었다. '나도 이런 미러 이미지 속에 갇혀 사는 것은 아닐까. 인생 자체가 거울 속 이미지는 아닐까?'

스톤 마운틴
남부의 혼이 깃든 바위산

조지아 주의 스톤 마운틴^{Stone Mountain} 공원은 단일한 화강암 덩어리로는 세계 최대 규모를 자랑한다. 높이가 252m, 둘레가 약 8km에 이른다. 호주의 에어즈록^{Ayers Rock · 원주민 말로 울루루 · 높이 330m, 둘레 8.8km}과 흡사한 형태다. 다만 사암인 에어즈록과 달리 스톤 마운틴은 화강암 덩어리다. 공원 면적만 390만평이고, 색다른 구경거리도 많다.

특히 바위산 한 가운데에 새겨진 남군 영웅 3명의 조각상은 스톤 마운틴의 상징이다. 남북전쟁 당시 남부연합의 대통령이었던 제퍼슨 데이비스, 남군 사령관이었던 로버트 리, 토머스 잭슨 장군이 나란히 말을 타고 달리는 모습이다. 이 조각은 높이가 27.5m, 폭이 58m로 세계 최대 규모라고 한다. 1923년 조각이 시작된 이래 몇 명의 예술가의 손을 거쳐 1972년 완성됐다. 누가 이처럼 엄청난 조각을 생각해 냈는지는 모르겠지만, 애틀란타가 남부연합의 핵심 도시였다는 점이 작용한 것으로 보인다. 애틀란타는 마가렛 미첼의 소설 '바람과 함께 사라지다'의 배경 도시다. 지금도 이 지역에선 남군에 대한 향수가 강하게 남아 있다. 이 부조 앞에서는 3월~10월까지 주말마다 스톤 마운틴 레이저 쇼가 열리며, 여름에는 매일 밤 열린다.

바위산 주변을 도는 디젤 기관차를 타면 스톤 마운틴을 사방에서 조망할 수 있다. 기차를 좋아하는 준하 덕분에 우리는 스톤 마운틴을 지겹도록 돌았다. 그냥 바라보기만 하고 말면 싱겁다. 스톤 마운틴 정상까지는 스카이 리프트가 운행된다. 물론 걸어 올라가도 된다. 30~40분 정도 땀을 흘리면 정상에 다다른다. 나는 걸어서 한번, 리프트로 한번 올라갔다. 둘 다 좋았다. 정상은 나무 한 그루 없는 평평한 돌바닥이다. 바람을 막아줄 지형지물이 없어 조금 춥다. 하지만 360도 펼쳐지는 파노라마 전망이 이를 보상하고도 남는다.

민둥산 정상을 천천히 산책하면 주변 경치를 100% 즐길 수 있다. 평평하던 바닥이 끄트머리로 갈수록 둥글게 경사지다가 갑자기 급경사 절벽으로 바뀐다. 준하는 무섭다며 돌틈 사이에 앉아 움직이려 하질 않았다. 나는 급경사가 시작되는 바위 끝까지 내려가 보았다. 돌조각을 하나 굴려보았더니 떼굴떼굴 굴러 내려가다 한참 후 '딱'하는 파열음 소리가 났다. '역시 높긴 높구나.' 스톤 마운틴 앞에 자리잡은 호수에선 옛날 외륜선이 관광객들을 실은 채 물을 가르고 있었다. 정상에 있는 카페에서 차 한잔 마시며 간단하게 요기를 할 수도 있다.

스톤 마운틴에서 서쪽으로 약 26km, 차로 30분 정도 달리면 남부 최대의 도시 애틀란타가 나온다. 미국인들에겐 흑인 인권 운동가인 마틴 루터 킹 목사의 활동무대이자, 코카콜라와 CNN의 발상지로 유

명하다. 남북전쟁 당시 도시가 전부 불타서 당시 건물은 거의 남은
게 없다. 대신 고층 빌딩이 빼곡하게 들어차 있다.

　시내에는 마틴 루터 킹의 생가와 묘지, 기념센터, 그가 생전에 설
교하던 교회 등이 잘 보전돼 있다. 마틴 루터 킹 센터에 가면 그가 인
도의 간디와 만난 사진, '나에게는 꿈이 있습니다$^{I\ have\ a\ dream}$'로 시작
하는 유명한 연설 장면, 목사였던 아버지와 성악가였던 부인 등 가족
사진을 접할 수 있다. 특히 인상적인 것은 그의 무덤이다. 일반적 무
덤과 달리 수영장 같은 넓은 수조 안에 있다. 무덤에는 '마침내 자유
'라는 문구가 있고, 그 앞에는 '영원한 불꽃'이라는 이름의 불이 타오

스톤마운틴의 남부군 부조

르고 있다. 킹 목사가 설교하던 에
버니저 침례교회도 붙어 있다. 우
리도 그 곳에서 30분 가량 예배에
참여했는데, 엄숙한 분위기가 아
니라 다소 활기찬 가스펠식 예배
였다. '비폭력 평화주의 인권운동
'을 주창한 그의 목소리가 울려퍼진 지 50년만에 첫 번째 흑인 대통
령이 탄생했으니, 킹 목사의 수고가 보답을 받은 셈이다.

그런데 의외로 놀라운 것은 흑인들 내부에선 "필요하면 폭력적 수
단도 써야 한다"고 주장한 말콤 X가 킹 목사만큼이나 영향력이 있다
는 점이다. 흑인 강경파 학자들은 "킹 목사는 백인들이 흑인 폭동을
막기 위해 세워놓은 꼭두각시"라고 말한다. 킹 목사 생일을 국경일로
지정한 것도 백인들의 위선적 의식의 발로라는 것이다.

애틀란타의 또 다른 역사 인물은 마가렛 미첼이다. 여러 작품을 집
필했던 집은 현재 박물관으로 바뀌어 있다. 흑인 인권운동가들의 시
각에서 보면 '바람과 함께 사라지다'는 미국 노예제라는 봉건적 질서
에 대한 시대착오적 향수처럼 느껴지기도 할 것이다. 그러나 이 소설
에는 미국 남부 백인 귀족사회의 문화가 녹아있다. 남북전쟁 이후 남
부의 좌절감과 재건 과정이 잘 묘사돼 있다는 점에서 의미가 있다.

코카콜라는 아이들에겐 빼놓을 수 없는 참새방앗간이다. 코카콜
라 센터에선 콜라를 소재로 한 4D 영화, 코카콜라의 역사와 생산 과
정, 코카콜라 병 모양의 다양한 인형을 구경할 수 있다. 최고 인기는

역시 시음코너. 전 세계에서 생산되는 수십가지 맛의 코카콜라·환타·사이다 등을 맛볼 수 있었다. 견학이 끝날 즈음 기념품으로 주는 미니 코카콜라 두 병은 꼭 받아야 한다. 아이들도 어른도 즐거운 투어다.

애틀란타에 갔다면 세계 최대 뉴스 케이블TV인 CNN 본사도 한번 둘러볼 만 하다. CNN 스튜디오 투어를 신청하면 약 50분 동안 뉴스가 어떻게 만들어지는지 설명을 들으면서 유리벽 너머 긴박하게 돌아가는 CNN 뉴스 룸의 모습을 볼 수 있다. 하영이와 준하는 가상 스튜디오에서 앵커 체험하는 것을 가장 좋아했다.

나이아가라 폭포와 유람선

PART 5

워터 월드

비스케인
산호와 맹그로브의 천국

플로리다 주 남단의 서쪽엔 에버글레이즈 국립공원이, 동쪽엔 비
스케인Biscayne 국립공원이 자리잡고 있다. 에버글레이즈가 육상 늪지
라면 비스케인은 해상 공원이다. 우리나라 통영 · 한산도 · 여수에 걸
친 한려해상국립공원과 비슷하다. 비스케인 국립공원 전체 면적의
96%가 산호초 바다다. 그래서 육지보다는 바다를 둘러봐야 하는 것
이 비스케인 관광의 특징이다.

이곳에서 가장 유명한 것은 글래스 보텀 보트Glsaa Bottom Boat다. 말
그대로 보트 바닥이 유리 재질로 만들어져서 발 밑의 바다와 해양생
물들을 투명하게 관찰할 수 있다. 공원 비지터 센터 옆에 있는 선착
장에선 16m 길이의 보텀 투어 보트가 수시로 출발한다. 바다가 맑고
투명해서 저 아래 형형색색의 산호까지 다 보인다. 아열대 기후라 예
쁜 열대어들도 많다. 총 3시간짜리 투어다.

관광보트를 타고 바다 건너편 산호섬으로 가는 코스도 있다. 배가

비스케인 국립공원의 산호섬

항구를 빠져나가 대서양을 고속으로 달리면 바닷물에 몸이 흠씬 젖는다. 신나 하던 준하는 바닷바람과 물벼락을 맞자 오들 오들 떨기 시작했다. 동승한 국립공원 여직원이 큰 직원용 파카를 빌려줬다. 파카로 동동 싼 채 눈만 빼꼼 내민 준하의 모습이 인형 같았다. 여직원은 그런 준하가 귀여웠는지 함께 장난을 치면서 비스케인의 유래와 지형, 특징에 대해 자세히 설명해 줬다.

비스케인의 바다는 초록색에 가까웠다. 청정지역이어서 인지 아니면 강렬한 햇빛의 영향 때문인지 잘 모르겠지만, 아마도 산호와 햇빛의 교호작용에 따른 게 아닐까 싶었다. 우리가 배로 도착한 산호섬은 원래 마이애미를 개발했던 민간업자들이 개인 휴양지로 만든 섬이라고 했다. 이곳에 요트 선착장과 리조트 시설, 등대, 정원 등을 지어놓고 정기적으로 파티를 한 것으로 전해졌다. 이른바 부자들의 은밀하고 호화로운 파티 휴양지였던 것이다. 지금은 국립공원으로 지정되면서 일반에 공개됐고 누구나 방문해 즐길 수 있다. 항구 입구에 세워진 높이 10m의 등대에 오르면 초록빛 바다와 섬 내부가 전부 내려다 보인다.

바다 속엔 푸른 산호초들이 가득했다. 섬의 백사장에도 흰 산호초 잔해가 도처에 널려 있었다. 사실 모래의 상당 부분이 산호초 조각이라고 해야 할 정도였다. 바다에 들어가니 물은 따뜻했고 발바닥은 산호조각으로 따끔따끔했다. 그대로 있으면 초록빛 바다에 몸이 물들 것만 같았다. 건너편의 작은 산호섬이 녹색 맹그로브 숲에 싸인 채 우리에게 손짓했다.

나와 하영이는 산호초 조각과 흰 조개 껍데기 등을 기념품 삼아 주웠다. 어른인 내가 봐도 예쁘게 생겼다. 그런데 나중에 보트에 탄 뒤 문제가 생겼다. 국립공원 직원이 일일이 검사를 하면서 "자연보호 정책에 어긋난다. 이곳에선 돌멩이 하나 조가비 하나 가져나갈 수 없다"며 반환을 요구했다. 나는 여직원에게 사정해 보았다. 조금 전까지 친절했던 여직원이 이번엔 완강했다. 하영이는 이만저만 서운해 하는 눈치가 아니었다. 하지만 어쩌랴. 눈물을 머금고 돌려줄 수 밖에.

이 작은 산호섬의 선착장은 호화 요트로 넘쳐났다. 어떤 요트가 더 멋있는지 경연하는 듯했다. 요트 안에선 사람들이 한가롭게 책을 읽거나, 요리를 하고, 오수午睡를 즐겼다. 얘기를 나누던 요트 가족이 우리를 보고 밝게 웃으며 인사를 건넸다. 한번 타봐도 되냐고 묻고 싶었지만 꾹 참았다.

위기일발 상황도 있었다. 기이한 모양의 나무 그루터기에서 사진을 찍는데 정신이 팔린 사이, 준하가 선착장 쪽 바다를 향해 뒤뚱뒤뚱 걸어 나갔다. 요트 선착장의 보행자 통로는 난간 없이 바닷물에 둥둥 떠있는 구조여서 조금만 중심을 잃으면 바다로 빠지기 쉬웠다. 준하는 통로 맨 끄트머리까지 걸어간 상태였다. 아내가 "준하야 안 돼!"하고 소리를 지르자, 놀란 아이가 몸을 뒤뚱거리며 멈춰섰다. 그 사이 내가 잽싸게 달려가 준하를 낚아챘다. 세 살배기 아이를 데리고 여행을 다닐 때는 조금이라도 한눈을 팔면 위험한 상황이 생긴다. 그러거나 말거나 준하는 또 다시 잔디밭과 선착장을 뛰어다니며 깔깔거린다.

아름다운 비스케인 국립공원은 사실 마이애미 해변 개발의 부작용을 막기 위해 탄생했다. 미 북부에서 내려온 민간 개발업자들은 천혜의 관광자원을 가진 마이애미와 플로리다 남부 해안지대를 급속하게 난개발했다. 원래 플로리다 동부의 해안은 모래해변이 아니라 맹그로브 숲이었다.

마이애미 비치도 자연 모래해변이 아니라 개발업자들이 만든 인공

해변이다. 이 사실을 아는 순간 우리는 경악했다. 북미 최고의 해변, 서퍼들의 천국, 온갖 영화와 광고에도 등장하는 마이애미 비치가 실은 인간의 탐욕이 빚어낸 환경파괴의 산물이라니. 마이애미 뿐이 아니다. 플로리다 동부 해변에 산재해 있는 유명한 관광지 중에서 원래부터 자연 모래였던 해변은 한 곳도 없다고 한다. 미국 민간기업의 탐욕과 재력이 얼마나 대단했는지 실감할 수 있다.

플로리다가 개발되면서 맹그로브 숲은 자취를 감추기 시작했다. 그러나 맹그로브 숲이 파괴되자 해안 생태계는 망가졌고, 허리케인 피해가 엄청나게 커졌다. 자연 방풍림을 없앤 인간이 허리케인의 직격탄을 맞은 것이다. 미국 정부는 뒤늦게 마이애미 이남 지역에 대한 개발억제 정책을 시행했다. 그래서 생겨난 것이 바로 비스케인 국립 공원이다. 공원 일대에는 지금 맹그로브 숲이 무성하게 자라고 있다. 그 덕분에 플로리다 남부의 해안 생태계도 되살아났다.

바하마
크루즈로 만나는 세상

마이애미에선 대서양과 카리브 해로 향하는 크루즈가 출발한다. 바하마와 키웨스트, 카리브해 지역, 미 북동부 등지로 가는 크루즈가 모두 이곳에 집결한다. 크루즈는 누구에게나 한번쯤 해보고 싶은 로망이다. 특히 마이애미 크루즈에 대해선 각종 블로그에서 좋은 평가가 많았다. "황홀했다"는 여성도 있고, "소화제가 꼭 필요하다"는 우스갯소리도 있다. 그만큼 산해진미가 많다는 뜻이다.

우리는 크루즈의 대명사인 '카니발'보다 조금 저렴한 '노르웨이지안 스카이웨이'를 골랐다. 2박3일짜리 바하마행 크루즈 여행에 부대비용 포함해 1인당 300달러가 넘었다. 결코 싸지 않은 비용이지만, 음식값이 추가로 들지 않는다는 것이 좋았다. 바하마가 미국에서 가깝다지만 엄연한 외국이다. 그래서 여권 검사와 출국수속, 세관검사 등을 모두 거쳐야 한다. 여행가방에 가스버너를 넣었다가 보안검색에 걸려 압수당하는 굴욕도 맛봤다.

엄청난 규모의 크루즈선은 그야말로 인종 전시장이었다. 승객이 족히 1000명은 돼 보였다. 선실은 좁았다. 침대가 양쪽 벽에 2개 있거나, 퀸 침대가 하나 있었다. TV에선 크루즈 시설 안내 방송이 계속 나왔는데, 흔들리는 배 안에서 자꾸 보니 어지러웠다. 배 안에는 뷔페식당과 정통 양식 레스토랑, 스낵바 등 4~5곳의 식당, 쇼핑코너, 갤러리, 카지노, 나이트클럽, 공연장, 의무실 등이 다 갖춰져 있었다.

가장 인기있는 곳은 맨 꼭대기의 야외 파티장 겸 수영장이었다. 여기엔 넓은 수영장과 핫텁^{온탕}, 무대와 밴드, 식당과 카페 등이 들어서 있었다. 배가 출항하자 승선을 기념하는 바비큐 파티가 열렸다. 사회자가 댄스 파티를 제안하고 밴드가 흥을 돋웠다. 알록달록한 해변 패션과 수영복 차림의 남녀들이 음악에 맞춰 몸을 흔들었다. 바비큐 불판 위에선 스테이크와 소시지가 지글지글 익었다. 바비큐 연기와 냄새는 파티와 찰떡 궁합이었다. 밴드 볼륨은 점점 높아졌다.

푸른 망망대해에서 온갖 피부색과 언어를 가진 사람들이 한데 섞여서 먹고 마시는 풍경이 이국적이면서도 멋졌다. 사람들은 라이브 밴드 앞에서는 삼삼오오 춤을 췄다. 나는 준하를 목말 태운 채 리듬에 맞춰 몸을 전후 좌우로 움직였다. 하영이는 댄스 가이드의 동작에 따라 몸을 흔들었다. 몇몇 아이들은 무대에 올라가 춤을 췄다. 댄스 파티는 저녁 늦게까지 이어졌다.

야외 수영장과 핫텁을 오가며 일광욕을 하는 것도 좋았다. 바닷바람이 예상보다 세서 수영장보다는 핫텁이 인기가 좋았다. 야외 온천에 들어온 기분이었다. 수영장은 수심이 2~4미터 정도 됐는데 나는

바하마로 떠나는 대형 크루즈선

물 만난 고기처럼 신나게 자맥질을 했다. 준하는 온탕에서 연신 나를 불렀다. "아빠, 빨리 일루 와. 나랑 놀자." 날씨가 조금만 더 따뜻했더라면 좋았겠다는 생각이 들었다. 해 질 녘에 야외 카페에서 석양을 바라보며 맥주 한 잔 하는 것도 운치있었다.

선상 식당은 음식 종류도 다양하고 질도 좋았다. 미국식 뷔페 식당과 스테이크 코스 요리, 패스트푸드 식당 등을 입맛대로 찾아갈 수 있다. 가끔 일식과 베트남식도 나왔다. 물론 모든 식당을 순례해도 무방하다. 공연장에선 마술쇼와 코미디, 라이브 음악회 등이 잇따라 열렸다.

크루즈의 목적지인 낫소Nassau는 바하마의 수도다. 마이애미를 출

발한 다음날 깨어보니 낫소 항이었다. 해변을 따라 길게 이어진 산호
섬에는 각양각색의 예쁜 별장이 줄지어 있었다. 별장의 선착장마다
호화로운 보트나 요트가 자태를 뽐냈다.

배에서 내리자 또 입국검사. 하지만 이번엔 아주 간단했다. 항구엔
3~4대의 초대형 크루즈선과 4~5대의 소형 크루즈선, 대형 요트 등이
나란히 정박해 있었다. 준하는 "우와 배 정말 크다"며 눈이 휘둥그래
해 졌다.

눈부신 햇살 속 낫소 시가지의 원색적인 모습은 인상적이었다. 거
리 양편으로는 온갖 종류의 상점들이 줄지어 있었다. 명품에서부터
토속품, 의류 등 다양한 물건이 진열돼 있었다. 카페와 음식점에도
관광객들이 넘쳐났다. 섬나라 바하마는 미국의 번화한 휴양지 같았
다. 팝송이나 미국 드라마에 바하마로 놀러간다는 이야기가 자주 나
오는 것이 이해가 됐다.

해변 레스토랑에서 가볍게 점심을 먹었는데 제법 괜찮았다. 낫소
항구와 방파제를 걸으며 본 바하마 바다는 에메랄드 빛이었다. 보통
항구는 지저분하기 마련인데 이렇게 빛깔이 고운 항구는 처음이다.
시장을 돌며 이 옷 저 옷 입어보며 흥정도 하고, 시가지의 예쁜 집과
건물들을 구경하다 보니 금새 한 나절이 다 갔다. 다시 배에 오를 시
간이다. 원래는 낫소를 떠나 크루즈 선사 소유의 섬에 내려 해수욕과
해양 레포츠를 즐길 예정이었다. 그런데 갑작스런 기상 악화로 항구
주변에 닻을 내린 채 대기했다. 심한 바람 때문에 배가 흔들리자 아
내와 준하가 배멀미를 했다. 크루즈에서 가장 중요한 것은 날씨라는

말이 실감났다.

비 오는 저녁에 무료함을 달래기 위해 맨 꼭대기의 스카이 라운지 카페에 갔다. 경치도 좋고 분위기도 괜찮았다. 미식축구 중계방송을 보며 소리를 질러대는 스포츠광들이 좀 거슬리긴 했지만 말이다. 마이애미로 돌아와 배에서 내리자 이상하게 땅이 흔들렸다. 오히려 배 위에 있을 때보다 더 흔들리는 느낌이었다. 크루즈가 흔들렸던 것일까, 내 마음이 흔들리는 것일까. 이같은 크루즈 금단증상은 2~3일 간 지속됐다.

키웨스트

카리브 해의 진주

　키웨스트 Key West 는 플로리다 최남단에서 카리브 해까지 150km 가량 점점이 흩어져 있는 수십개 열도 列島 중 맨 끝에 있는 가장 큰 섬이다. 산호초로 생성된 이 기다란 섬들은 모두 다리로 연결돼 있다. 경관이 수려하고 사계절 온화하다. 바다 빛이 고와서 미국에서도 최고의 휴양지로 손꼽힌다.

　마이애미에서 키웨스트로 가는 길은 청명하고 맑았다. 겨울에도 반팔을 입어야 할 정도로 햇빛이 따스했다. 마이애미에서 플로리다 최남단으로 가면 민가는 사라지고 사방이 온통 늪지대로 변한다. 가끔 보이는 호수 선착장과 별장만 빼면 가도 가도 끝없는 늪지다. 서울의 몇 배 넓이인 이 곳엔 악어가 산다. 가끔씩 도로 바로 옆까지 올라온다.

　도로가 오르막으로 변하는가 싶더니 갑자기 다리 교각과 함께 푸른 바다가 열렸다. 플로리다 최남단에 이른 것이다. 우리는 수km 가량 뻗은 다리를 달려 바다를 건넜다. 해안 늪지에 아로새겨진 갈대밭의 기하학적 문양이 예술작품보다 더 멋졌다. 플로리다의 섬들은 아일랜드 island 라는 말 대신 키 key 라고 불린다. 산호와 모래로 형성된 이 섬들은 막대기처럼 얇고 길쭉하다.

첫 번째 키로 들어서자 마자 길이 오른쪽으로 꺾이면서 카리브해를 향해 서쪽으로 서쪽으로 달려갔다. 카리브해의 중앙부까지 이어진 이 길의 종착점이 바로 키웨스트다. 그곳까지 32개의 섬을 거쳐야 한다. 길 양편으론 쪽빛 바다와 푸른 숲, 멋진 별장과 리조트, 하얀 요트와 그림같은 항구들이 펼쳐졌다. 사실 키웨스트 관광의 진수는 키웨스트 자체보다도 키웨스트로 가는 길에 있다고 할 정도다. 길 주변의 그림같은 풍경은 한번 보면 쉽사리 잊혀지지 않는다. 바다와 해변, 숲만이 아니라 그 위에 사람들이 세운 아름다운 다리와 건축물이 주변 풍광과 멋진 조화를 이룬다. 캘린더 사진이나 영화의 배경으로만 보던 풍경 한 가운데로 빠져들었다.

4시간을 달리면서도 바다와 섬의 정경이 너무 아름다워서 지루할 틈이 없었다. 화창한 햇살 아래 차창을 활짝 열어 순수 무공해의 시원한 바닷바람을 맞았다. 그런데 섬의 왼쪽은 파란 사파이어 빛인데, 오른쪽은 초록의 에메랄드 빛이다. 다리를 건널 때 보니 양편의 색깔 차이가 더 확연하게 드러났다. 왼쪽은 대서양, 오른쪽은 카리브해다. 두 바다가 색깔부터 달랐다.

키웨스트는 미국에서 '죽기 전에 꼭 가보아야 할 명소'로 선정됐다고 한다. 그랜드 캐니언, 요세미티와 더불어 미국의 3대 관광명소로

쿠바까지 90마일이라는 미 최남단 표지석

꼽힌다. 그만큼 미국인들이 동경하는 장소다. 섬 전체가 거대한 휴양
지라는 느낌이었다. 거리를 오가는 사람들의 얼굴은 여유와 유쾌함
그 자체였다. 특별히 축제 기간이 아닌 데도 축제 분위기로 넘쳐났
다. 선착장에선 열대어들이 무리지어 헤엄쳐 다니는 모습이 또렷하
게 보였다. 각양각색의 열대어들은 물의 흐름을 타고 아름다운 군무
를 펼쳤다. 에메랄드 바다를 유유히 달려가는 요트 위에서 사람들이
손을 흔들었다. 반가움의 표시다.

　시내 중심가 해산물 음식점에서 키웨스트 특산물인 콩크 ^{바다고둥·키웨}
^{스트 주민이란 뜻도 있다}와 굴 요리, 해산물 수프를 맛봤다. 상당히 감칠 맛이

있었다. 열대과일 주스도 신선했다. 식후경에 나섰다. 키웨스트는 난 파선을 먹고 살아온 곳이다. 그래서 난파선 박물관이 유명하다. 난파 선의 유래와 키웨스트 초기 정착민들의 역사, 각종 유물이 전시돼 있 었다. 17~19세기만 해도 배들은 큰 폭풍을 만나면 난파를 피하기 힘 들었다. 특히 키웨스트는 허리케인이 발생해서 북상하는 주요 통로 인 데다 조류의 흐름도 빠르다. 배가 난파하면 배안의 귀중품이나 화 물이 이곳으로 떠내려 왔다고 한다. 해변에서 가까운 곳에서 난파할 때는 생존자도 있었다.

박물관엔 난파선에서 건져 올린 18세기의 금화, 보석, 그릇, 귀족 들의 소장품들이 다양하게 전시돼 있었다. 그런데 키웨스트 주민들 이 어떻게 난파선을 추적해 인양하고, 부와 기술을 축적했는지가 재 미있다. 이들은 분명 해적과 다르다. 강제로 남의 물건을 빼앗은 게 아니다. 그런데 남의 재산을 아무런 법적 권리도 없이 자기 것으로 취하는 것은 해적과 다르지 않다.

키웨스트 측의 논리는 이랬다. "옛날엔 배가 난파하면 누가 죽었 는지 누구 재물인지 알기 힘들다. 유족에 알릴 방법도 거의 없다. 주 민들이 인양하지 않았다면 유물은 해저에 묻혔을 것이다. 기술과 노 력을 들여 재물을 인양해 스스로 살아갈 터전을 닦는 게 무슨 문제 인가."

이렇게 해서 난파선의 재물을 어떻게 분배할 지에 대한 난파법이 만들어졌다. 난파선에서 재물 주인이 구조되면 재물의 상당액은 구 조자에게 주도록 했다. 그래야 인명구조에 적극 나설 테니까. 각박하지만 현실은 어쩔 수 없었다. 키웨스트는 누군가의 비극을 딛고 성장해 온 섬이다.

난파선 박물관에는 이 도시에서 가장 높은 탑이자 망루가 있다. 이곳에 올라가면 키웨스트 시내가 다 보인다. 망루에는 큰 종이 매달려 있다. '치지 말라'는 경고와 함께. 나는 경고를 지키지 않았다. 종소리는 상당히 컸다. 그런데 이 망루와 종은 도대체 뭐에 쓰던 물건인고? 폭풍우가 치는 날 주민들은 이 망루에 올라 난파선을 기다렸다. 난파선이 보이면 종을 세게 친다. 그 소리를 듣고 주민들은 바다를 향해, 재물을 향해 달려갔다고 한다. 그 모습이 죽어가는 먹잇감을 본 스캐빈저 같다는 생각이 들었다.

키웨스트의 저녁은 시끌벅적했다. 관광객들 용모부터 남미 분위기가 강하게 풍겼다. 여긴 뭔가 미국적이지 않은 곳이다. 하지만 어느 곳보다 밝고 쾌활하고 웃음이 넘쳐나는 도시다.

헤밍웨이의 집

키웨스트는 '노인과 바다' '누구를 위해 종을 울리나' '무기여 잘 있거라'의 작가인 어네스트 헤밍웨이Hemingway가 가장 사랑했던 섬이다. 헤밍웨이는 대부분의 대표작들을 이 섬에서 집필했다. '노인과 바다'에 나오는 어부처럼, 헤밍웨이는 쿠바까지 나가서 혼자 청새치 낚시를 했다고 한다. 생전에 그가 살던 집도 그대로 남아 있다. 헤밍웨이는 미국인들이 가장 사랑하는 국민작가다. 그래서 '파파 헤밍웨이' 또는 '헴Hem'이라는 애칭으로도 불린다.

우리는 헤밍웨이가 1931년부터 8년간 살았던 집을 찾아갔다. 오전 이른 시간임에도 불구하고 관광객들로 붐볐다. 표를 끊으니 한국어 안내문을 줬다. 한국인들이 많이 방문한다는 증거다. 집 안은 그의 예술적 소양을 보여주는 가구와 장식품들로 꾸며져 있었다. 유명한 예술가의 집에 갔다가 실망하고 나온 경우가 많은데, 헤밍웨이의 집은 단연코 대문호의 집다웠다. 특히 서재가 그랬다. 사슴 박제, 샹들리에, 라틴풍 그림, 목제 군인인형 등 모두가 주인의 뛰어난 안목을 반영했다. 그가 집필 때 쓰던 타자기와 나무 의자, 책상, 아끼던 기념품들이 마치 어제 일인 양 생생하게 남아 있었다. 금방이라도 헤밍웨이가 문을 열고 나올 것 같았다.

서가와 장식장 안에는 헤밍웨이의 책들이 출판 당시 형태로 전시돼 있었다. 아무리 전자출판이 발달하더라도 종이책이 가져다주는 운치와 존재감을 대신

키웨스트 헤밍웨이의 집

하기는 힘들다. 침실과 거실에선 헴의 가족사와 연대기, 각종 사진을 볼 수 있었다.

헤밍웨어의 정원은 섬세하고 아기자기했다. 정원 한 켠에 있는 작은 수영장도 멋졌다. 그는 당시 거금을 들여 수영장을 지었는데, 키웨스트에서 처음으로 생긴 자택 수영장이었다고 한다. 그는 생전에 키웨스트 주민들과도 잘 어울려 지냈다. 그러나 스페인 체류 당시 알게 된 작가 마사 게르혼과 사랑에 빠지면서 키웨스트를 떠나게 됐다. 전처와 가족은 이 섬에 남긴 채로.

헤밍웨이 집의 또 다른 특징은 고양이다. 집안과 정원 곳곳에서 수십마리의 고양이가 어슬렁거리는 것을 볼 수 있다. 헤밍웨이는 이곳에 있을 때 발가락이 6개인 고양이를 길렀는데 그 자손들이 번식해서 지금은 수십마리가 넘는다. 고양들은 모두 온순했고, 특별관리를 받고 있었다. 고양이들은 집 근처 어디선가 소리 없이 나타났다가 사람들에게 무심한 시선을 던지곤 사라졌다. 헤밍웨이 집이 이젠 고양이의 집으로 바뀐 것 같았다. 그들이 대대로 지켜온 집인 만큼 사실 우리가 불청객인 셈이다.

의사 집안에서 태어난 헤밍웨이는 어렸을 때부터 자유로운 기질로 사냥과 낚시를 즐겼다. 그의 인생은 모험과 정열로 충만했다. 이런 취미 생활을 즐기기 위해 세상 어디에라도 가겠다고 했고, 스페인 내전과 제1차 세계대전에도 참전했다. 4번 결혼해 4명의 부인과 살았던 헤밍웨이는 61세에 스스로 목숨을 끊었다. 살아서 대중의 사랑을 받았고, 죽어서도 미국 문학의 아버지로 추앙 받고 있다. 미국인들은 그의 글뿐 아니라 생애 전반에 넘쳐흐르는 자유와 모험심, 실천력에 열광하는 게 아닐까 싶었다.

헤밍웨이의 집에서 나와 시내 남쪽으로 내려가면 고급주택가와 리조트 단지가 나온다. 그 해변 끝에 최남단 표지석 Southernmost Point 이 있다. 종 모양에 빨갛고 노랗게 색칠된 돌에는 '여기서부터 쿠바까지 90마일'이란 문구가 적혀 있다. '정말 미국의 땅끝에 왔구나'라는 실감이 났다. 최근 미국과 쿠바 간 관계가 정상화되기 이전에도 이곳에서 쿠바까지 보트나 요트를 몰고 갔다 오는 사람들이 꽤 있었다고 한다. 세관에 걸리지만 않으면 크게 문제될 게 없다는 것이다. 우리는 땅끝 해변에 서서 멀리 남쪽을 바라봤다. 물론 쿠바는 보이지 않았다. 하지만 마음 속에선 벌써 아바나의 음악소리가 들리는 듯 했다. 저녁 노을이 졌다. 서쪽 수평선 아래로 해가 지면서 바닷물이 붉게 물들었다. 아름다웠다.

에버글레이즈

광활한 악어 왕국

    에버글레이즈Everglades 국립공원은 플로리다 서쪽 최남단에 위치한 북미 최대 규모 습지다. 이곳은 악어가 지배하는 땅이다. 악어를 원 없이 많이 볼 수 있는 곳이다. 물론 늪지를 따라 보트와 낚시, 하이킹 등 다양한 레포츠도 즐길 수 있다. 에버글레이즈 국립공원까지는 드넓은 초원과 갈대밭이 펼쳐진다. 저지대인 플로리다 남부의 전형적인 풍경이다. 그렇다고 보통의 초지는 아니다. 습지나 늪이 많기 때문에 길 주변 초지에 함부로 들어가면 낭패를 볼 수 있다.

    공원 입구에 차를 대고 들어가는데 나무 꼭대기에 시꺼먼 물체가 매달려 있었다. 까마귀의 사체였다. 다리가 나뭇가지 사이에 걸린 듯 머리와 날개를 축 늘어뜨린 채 죽어있었다. 내가 무심코 "나무에 죽은 새가 걸려있네"라고 한마디 했더니 준하는 "죽은 새 어디 있어?"라며 호기심을 보였다. 급기야 하루 종일 "아빠, 죽은 새가 어디 있지?"을 반복해서 물었다. "나뭇가지에"라고 대답을 하지 않으면 답할

274

에버글레이즈 국립공원의 악어와 물새

때까지 묻고 또 물었다. 생명체가 눈앞에서 죽어있는 모습이 어지간히 인상적이었나 보다.

　공원 습지에는 사방으로 트레일^{탐방로}이 뻗어 있었다. 우린 트레일을 따라 산책하듯 천천히 걸으며 주변 풍광을 살폈다. 그런데 악어는 도처에 있었다. 조용하고 은밀하게 '스윽'하고 고개를 내밀었다. 바로 5~10m 아래에 접근해 있는 악어를 손으로 가리키면 아이들은 깜짝 놀라 뒷걸음질 쳤다. 곳곳의 표지판마다 '악어 조심'이라는 경고문이 붙어있었다. 그러나 최소한 낮 시간에는 악어가 탐방로까지 올라오는 일은 별로 없다고 한다. 올라와도 사람이 소리치면 물속으로 돌아간다. 하지만 밤에 혼자 이 곳을 돌아다니는 것은 위험천만한 일 같았다. 곳곳에 소리도 없이 놈들이 잠복해 있으니까.

처음엔 "악어다~!"하고 소리를 지르던 하영이도 워낙 악어가 떼거리로 출몰하자 "또 너냐?"라며 대수롭지 않게 반응했다. 특히 새끼 악어는 귀여웠다. 만화 캐릭터에 나오는 이미지를 닮았다. 이름을 알 수 없는 큰 흰 깃털 새들이 먹이를 찾아 악어 사이사이를 날아 다녔다. 저러다 악어에게 잡아 먹히지 않을까 할 정도로 가까이 서 있는 놈도 있었다.

늪 바로 위를 낮게 가로지르는 나무다리 탐방로를 걸을 때가 가장 스릴 넘쳤다. 탐방로 높이는 늪 수면에서 1m 정도였다. 그런데 우리가 서있던 탐방로 기둥 바로 아래에 어른 키만한 악어가 입을 쩍 벌리고 우리를 응시하고 있는 게 아닌가. 나는 깜짝 놀라 아이들을 뒤로 피신시킨 뒤 작은 소리로 "바로 이 아래 악어가 있어"라고 했다. 하영이는 바짝 긴장한 얼굴로 탐방로 펜스 사이로 눈을 빼꼼 내밀어 악어를 내려다 봤다. "와 정말 크다!"

준하는 무서워서 악어 쪽으론 아예 발길을 떼려 하지 않았다. 내가 준하를 안아서 악어의 모습을 보여줬지만 금새 얼굴을 돌려버렸다. 이 놈이 만일 탐방로 위로 뛰어올라 우리를 공격하면 어쩌나 싶었다. 그런데 내가 바로 위까지 다가가 손을 흔들어도 놈은 꿈쩍하지 않았다. 햇볕을 쬐며 에너지를 보충하고 있는 모양이었다. 잠시 후 다른 사람들이 몰려들어 주위가 시끄러워졌다. 놈은 성가신지 탐방로 반대편 갈대 숲으로 어슬렁 어슬렁 걸어가 사라졌다. 늪에는 여러 종류의 물새와 각종 게·물고기 등이 지천이었다. 늪지의 생물을 잘 관찰할 수 있는 관측 포인트도 마련돼 있었다. 플로리다의 눈부신 햇살과 푸른 하늘, 드넓은 갈대밭, 흰 깃털이 멋진 큰 새가 그림처럼 마음에 새겨졌다.

에버글레이즈가 국립공원이 된 것은 뛰어난 경치 때문이 아니다. 이곳은 기본적으로 갈대와 풀로 뒤 덮인 습지대다. 여기에 사는 각종 동·식물들이 인간의 위협과 공해로 인해 생존이 위협받고 있기 때문에 자연 생태계 보호를 위해 국립공원으로 지정했다고 한다. 그래서 위생관리도 철저했다. 공원 내 화장실도 재래식^{푸세식}이지만 통풍과 청소가 잘 돼 악취가 거의 나지 않았다. 수도 대신 손 소독제가 비치되어 있었다.

에버글레이즈에서 북쪽으로 올라가면 빅 사이프러스^{Big Cypress} 국립보호구역이 나온다. 말 그대로 큰 사이프러스 나무들로 가득 찬 늪지다. 사이프러스 나무는 높은 키에 비해 줄기와 잎이 부실해 보이는 흰 빛깔의 나무다. 일부는 수령이 600~700년, 두께가 6m가 넘는 것도 있다. 처음 사이프러스를 봤을 때 '저 나무가 과연 살아 있긴 한가'라는 생각이 들었다. 나무 기둥은 창백하고, 허연 줄기와 잎새가 아무렇게나 아래로 늘어져 있었다. 마치 귀신이나 유령을 보는 듯한 느낌이었다. 숲 전체가 희뿌연 빛이라 괴기 영화의 배경처럼 보였다.

산책로 바로 아래 고개를 내민 악어

저 세상에 온 기분이었다.

하지만 겉보기와는 달리 사이프러스는 늪지에서뿐 아니라 수중에서도 잘 자란다. 사이프러스가 있다면 물이 충분하다는 의미다. 사이프러스는 작은 물고기부터 악어까지 수중 생물의 생존환경을 보호해주는 역할도 한다.

우리는 사이프러스 공원 깊숙한 곳까지 차를 몰고 들어갔다. 마침 늪지의 작은 연못에서 낚시를 하는 현지인들과 만났다. 이 지역 연못에서만 사는 물고기를 잡는데, 입질이 꽤 자주 온다고 했다. 그들은 "이곳에서 더 들어가지 마라. 비포장도로를 끝없이 가야 한다. 낮에도 악어가 도로까지 올라오는 경우가 많다"고 했다. 나는 사이프러스를 가까이서 찍으려고 늪지를 50m 정도 걸어 들어가다 중도에 포기했다. 악어밥이 되느니 사이프러스를 포기하는 게 낫지 않겠는가.

동심의 나라
디즈니와 씨 월드

플로리다 올랜도에 가면 어느 곳부터 놀러가야 할 지 고민에 빠진다. 디즈니월드 Disney World 와 씨 월드 Sea World, 유니버설 스튜디오, 케네디 우주센터 등 볼거리, 놀 거리가 넘쳐난다. 어른들끼리라면 선택이 달라지겠지만 아이들과 함께라면 디즈니와 씨 월드가 1순위다. 문제는 시간. 디즈니 한 곳만 해도 다 둘러보려면 사나흘을 잡아야 한다. 시간계획과 코스선택이 중요하다. 가장 재미있는 코스를 고르되 시간을 아낄 수 있는 방법을 찾아야 한다.

디즈니월드에서 놀이기구를 타려면 '엡콧'과 '매직킹덤'이 최우선 목적지다. 그런데 인기 코너는 짧게는 30분, 길게는 1시간 30분이나 줄을 서야 한다. 사람에 치이고 줄서다 지치기 십상이다. 그래서 안내책자를 보고 가장 타고 싶은 것 3~4개를 미리 정한 뒤 발 빠르게 움직여야 한다.

우리는 어른들이 미리 다른 놀이기구 앞에 가서 줄서 있다가 아이

매직킹덤의 관광열차

들이 놀이기구를 타고 나오면 바로 기다리던 줄에 끼워넣는 편법을 썼다. 그리고 어른은 다시 옆의 놀이기구에 줄을 섰다. 이 방법으로 우리는 20~30분마다 놀이기구 하나씩을 소화하는 경이적인? 기록을 세웠다. 아이들은 신나지만 어른에겐 '고난의 행군'이다.

매직킹덤에서 폐장 30분전 열리는 가장 무도회와 빛의 향연 퍼레이드는 온 가족이 편하게 즐길 수 있다. 디즈니월드의 상징인 디즈니

성을 배경으로 펼쳐지는 피날레 불꽃놀이는 대장관이다. 어른 아이 할 것 없이 10여분간 탄성을 내지르게 된다. 엡콧에서는 거대한 공모양의 우주선 지구호와 세계 건축물 전시관, 3D 영화관 등이 시간 대비 효과가 좋다. 아폴로 우주선은 되도록 안타는 게 좋다. 현기증과 멀미로 고생할 수 있다.

의외로 시간을 덜 들이고 재미있는 곳이 '애니멀 킹덤'과 '할리우드 스튜디오'다. 아이들이 가장 좋아한 코너는 '사파리 투어'였다. 사파리 버스가 출발하면 영양 · 얼룩말 · 타조 · 기린 · 코끼리 · 사자 등이 차례로 등장하는데 그 자체로 스릴이 있고 운전사의 안내와 동물연기도 맛깔 나다. 10여명의 아프리카 민속무용단과 거리에서 '토인 춤'을 춘 것도 인상 깊다. 아내와 하영이가 엉겁결에 끌려 나갔는데 추장의 지시에 따라 우스꽝스러운 민속춤을 추는 모습에 다들 배꼽을 잡았다.

디즈니 · 할리우드 영화를 패러디 한 할리우드 스튜디오에선 인디아나 존스 스턴트 쇼가 박진감 넘쳤다. 공연 흐름이 빠르고 액션이 실제 영화처럼 역동적이었다. 그레이트 무비 라이드는 열차를 타고 고전 영화 속을 누비도록 설계됐다. 안내하던 기관사가 악당으로 돌변해 무대로 뛰어 올라 총을 쏘고 폭탄 · 화염이 터지는 등 실제 영화 속에 들어온 듯 했다. 가장 짜릿한 코너는 악령이 깃든 죽음의 호텔을 체험하는 공포의 엘리베이터였다. 막판 13층 높이에서 엘리베이터가 자유낙하하다 급상승을 반복하자 모두 정신 줄을 놓고 비명을 질렀다. 하영이는 세 번째 수직하강 때 결국 울음을 터뜨렸다. 얼마

디즈니월드의 노래 공연

나 내 팔을 세게 쥐었던지 손톱자국이 나고 피멍이 들었다.

공연의 하이라이트는 모터쇼다. 차로 할 수 있는 묘기는 다 선보였다. 준하는 공연 내내 눈을 떼지 못했다. 스포츠카가 공중을 날거나 기울어져 달리고 절반으로 쪼개지기도 했다. 차량간 총격전과 대형 폭발 이후 불길 속에서 트레일러 위를 날아서 넘는 장면이 멋진 피날레였다.

디즈니에선 먹는 것도 일이다. 파는 음식은 햄버거나 피자가 고작이다. 긴 줄을 서야 하고 가격도 바가지다. 그래서 미리 도시락을 준비해 가는 것이 좋다. 입맛도 개운하고 주문하는 시간도 아낄 수 있다. 물론 앉아서 먹을 장소는 많다.

디즈니와는 또 다른 매력이 있는 곳이 씨 월드다. 세계 최대 규모의 해양놀이공원으로, 온갖 종류의 수중생물이 있고 화려한 동물쇼도 펼쳐진다. 범고래 샤무가 벌이는 '빌리브Believe' 공연은 단연 최고였다. 나중에 범고래가 조련사를 물어 죽이는 안타까운 사건이 일어나긴 했지만, 스케일이나 오락성에서 이보다 멋진 동물쇼는 본 적이 없다. 수달 시모어와 강치 클라이드가 벌이는 '해적 보물섬' 쇼도 배꼽을 잡는다. 수달과 강치가 배우보다 더 능청스런 연기력을 보이고, 배우들은 일부러 수족관의 물을 양동이로 퍼서 객석에 뿌려댔다. 돌고래 쇼와 애완동물 쇼도 상당히 재미있다. 온갖 종류의 상어들을 떼거리로 볼 수 있는 상어 수족관은 인상적이었다. 펭귄들과 직접 대면할 수 있는 펭귄관, 멸종 위기의 매너티가 유유자적하게 떠다니는 매너티관, 북극곰과 바다코끼리를 유리 너머로 볼 수 있는 북극관도 가볼 만하다.

씨 월드에는 놀이기구와 산책로, 쉼터가 많다. 15층 높이까지 올라가서 17번 뒤집히는 롤러코스터, 수직으로 20여m를 떨어지는 수상라이드는 정말 아찔했다. 서너살 아이들이 기다림 없이 쉽게 탈 수 있는 놀이기구도 10여가지가 있다.

올랜도에서 대가족이 며칠 숙박할 때는 콘도가 좋다. 2~4일 이상 투숙하면서 방이 2개 이상 필요하다면 호텔보다 더 경제적이고 편리하다. 디즈니월드 주변 5~10km 내에는 하루 200달러 안팎의 콘도들이 많다. 우리가 묵은 콘도는 복층에 방2개, 주방·거실이 있고, 야외 수영장과 온탕 등 편의시설이 호텔급으로 갖춰져 있었다. 푸짐하게 요리해 먹고 수영과 온천을 하면 세상 부러울 것이 없다.

디즈니 반값에 즐기기

디즈니 월드는 4개 테마파크로 구성돼 있어 3~4일은 잡아야 제대로 즐길 수 있다. 문제는 돈이다. 2010년 당시 디즈니 하루 입장권 가격은 어른 75달러, 어린이 65달러 선이었다. 가족 4명이 하루 입장하면 280달러, 이틀이면 560달러, 3일이면 840달러다. 당시 환율로 따지면 100만원이 넘는 돈이었다.

그래서 할인 입장권을 사기로 했다. 올랜도 외곽 키즈미 대로 변에는 디즈니와 씨 월드 등 각종 놀이시설 할인티켓 판매소가 여러 군데 있다. 일명 중고 티켓used ticket 판매소다. 이곳에선 2~10일치 티켓을 샀다가 다 쓰지 못한 사람들로부터 남은 표를 싸게 사서 다른 구매자에게 웃돈을 얹어 판다. 일종의 암표다. 모양새가 좀 빠지지만 돈 아끼는데 창피한 게 대수이겠는가. 키즈미 대로의 'used ticket' 판매점에 들어가 흥정을 시작했다:

사무실엔 50대 스킨 헤드족과 헝클어진 머리의 청년이 앉아 있었다. 껄렁거리는 말투의 스킨 헤드가 "무슨 표를 구하느냐"고 했고, 나는 "디즈니 표가 얼마냐"고 물었다. 스킨 헤드는 "어른 하루 65달러, 아이는 50달러"라고 했다. 풍문으로 듣던 것보다 비쌌다. "더 깎아 달라"고 하자 스킨 헤드는 고개를 저으며 "우리도 안 판다"고 버렸다. 나는 "전번에 왔을 때는 더 싸게 줬다. 당신 얼굴도 착하게 생겼는데 우리 아이들한테 인심 좀 쓰라"고 아부를 떨었다. 스킨 헤드의 얼굴이 조금 펴지더니 "애들만 5달러 더 깎아 주겠다"고 했다. 나는

디즈니월드의 불타는 모터쇼

헝클어진 머리에게 "전액 현찰로 주겠다"고 타협안을 제시했다. 그 친구는 씩 웃으면서 "모두 5달러씩 더 깎아 주겠다"고 했다. 그렇게 해서 어른 60달러, 아이들 40달러에 이틀치 카드형 할인티켓을 샀다. 4인 가족이 정상가보다 160달러를 아낀 것이다.

신용사회라는 미국에서도 현찰은 통한다. 판매상들은 세금을 안내고 자금 추적도 피하니 카드보다 현찰을 훨씬 선호했다. 우리는 어차피 현찰을 왕창 찾아왔으니 상관이 없었다. 이들은 "표에 문제가 있으면 나중에 전액 환불해 주겠다"며 간이 영수증까지 써줬다. 우리는 다음날 무사히 디즈니에 입장했다.

나는 이튿날 다른 할인티켓 판매소에 갔다. 어제 약간 바가지를 쓴 것 같다는 생각 때문이었다. 최소 5~10달러씩은 더 깎을 수 있을 것 같았다. 몇 군데를 돌다 보니 '어른 50달러, 어린이 30달러'짜리 씨 월드 티켓을 찾았다. 어제보다 무려 10달러씩 더 쌌다. 그런데 티켓 모양이 이상했다. 카드형이 아니라 종이티켓이었고, 이 표를 사용했던 원 주인의 이름까지 적혀 있었다. 찜찜했다. "입장할 때 문제가 되는 것 아니냐"고 묻자, 판매소 직원은 "검사 안하니 괜찮다. 물으면 신분증 없다고 해라. 문제되면 전액 환불해 주겠다"고 큰소리쳤다.

그러나 다음날 씨 월드에 입장할 때 문제가 생겼다. 종이티켓을 본 직원이 신분증을 요구한 것이다. "호텔에 놓고 왔다"고 우겼지만 결국 입장을 거절당했다. 할 수 없이 창구에서 정상티켓을 구입해서 들어갔다. 10달러 더 아끼려다 망신당한 것이다.

원래 디즈니나 씨 월드에선 관람객 입장 시 지문인식기를 통해 본인 여부를 검사한다. 처음 입장할 때 검표기에 티켓을 넣고 지문도 함께 찍는다. 그러면 이 지문정보가 티켓에 기록돼 다음 날 또 사용할 때 동일인 여부를 확인한다. 티켓의 재판매나 양도를 막기 위한 조치다. 그런데 중고 표 판매상이 카드 티켓을 포맷 처리해서 지문정보를 없애고 새 표로 둔갑시킨다. 그래서 자동 검표기에선 문제가 안 생겼다. 그런데 종이티켓은 자동 검표가 아닌 신분증 검사를 하기 때문에 걸린 것이다.

참 요지경 세상이었다. 나는 그날 저녁 암표상에게 달려가 거세게 항의했다. 그런데 그 직원은 쿨하게 한마디로 끝냈다. "현찰로 바로 환불해 드릴께요." 미국에선 암표상조차도 환불 하나는 기가 막히게 잘 해준다.

찰스톤 플랜테이션

노예들의 정원

사우스 캐롤라이나주의 찰스톤 Charlston 은 '남부의 자긍심'으로 일컬
어진 도시다. 과거 이곳 귀족들은 대규모 플랜테이션 농장을 운영하
면서 남부 특유의 문화를 꽃피웠다. 플랜테이션 농장 중 가장 유명한
곳은 드레이톤 가㶠의 대저택이 있는 매그놀리아 가든이다. 다른 노
예농장과 달리 아름답게 가꾼 정원으로 유명하다.

이곳 농장주였던 존 드레이톤은 뉴욕 출신인 신부를 맞았다. 그런
데 도시에서 나고 자란 이 신부는 시골로 오기를 기피했다. 드레이톤
은 아름다운 신부를 데려오기 위해 정성을 다해 목련이라는 이름의
매그놀리아 정원을 가꾸었다.

우리가 방문했을 때는 커다란 목련화가 지고 철쭉 azalea 이 탐스런
꽃망울을 터뜨리고 있었다. 이 곳의 철쭉은 북미에 최초로 이식된 철
쭉이라고 한다. 진분홍과 연분홍, 흰색의 철쭉이 얼마나 화사하던지,
정원 전체가 빛났다. 꽃길 사이에는 각양각색의 조각품과 예쁜 벤치

들이 자리잡고 있었다. 사랑하는 신부를 위해 조경 하나 하나에 세심한 배려를 했다는 게 피부로 느껴졌다.

정원 깊숙이 들어가자 연못과 늪지가 나타났다. 곳곳에 서 있는 사이프러스 나무들은 줄기와 잎이 축축 늘어져 귀신같은 느낌을 줬다. 밑동이 굽은 거대한 나무를 타고 올라가니 숲이 멀리까지 보였다. 여기부터 플랜테이션 농장이 있던 곳이다. 이곳에선 주로 쌀농사를 지으면서 남색 염료를 추출하는 인디고 나무를 재배했다고 한다. 우리는 트레일러^{관광열차}를 타고 농원을 돌아보았다. 늪지대 도처에 악어가 입을 벌린 채 햇볕을 쬐고 있었다. 각종 새들이 사이프러스 나무 아래에서 한가롭게 노닐었다. 노예들의 삶을 직접 체험해 보는 코스와 보트타기 투어도 있었다.

드레이톤의 대저택은 가구와 세간이 중세 유럽풍을 연상시킬 정도로 우아했다. 드레이톤가 사람들은 그림을 많이 남겼다. 하인들의 시중을 받으며 식사를 하고, 여가시간을 즐기면서 자연을 관찰하는 모습이 그림에 생생하게 담겨 있었다. 드레이톤가의 특기인 새 그림은 과학적·예술적 가치를 인정받았다고 한다. 도감처럼 정교한 터치와 선명한 색채가 인상적이었다.

투어 중에 가이드가 '바람과 함께 사라지다' 이야기를 들려줬다. 원래 이 소설은 애틀란타가 주무대다. 하지만 여주인공 스칼렛 오하라의 콧대를 꺾은 레드 버틀러가 찰스톤 출신이라고 한다. 당시 찰스톤은 남부의 경제·문화 중심지였다. 하지만 남북전쟁 이후 찰스톤은 급격히 쇠퇴했다. 그 많던 플랜테이션 농장은 전쟁으로 대부분 파괴됐다. 제대로 남은 게 매그놀리아를 포함해 3~4개 불과했다. 전쟁의 피해가 얼마나 컸는지 알 수 있다. 이들은 패색이 짙은 상황에서도 남부군의 깃발 아래로 모여들었다고 한다.

사우스 캐롤라이나는 남부연합에서도 가장 격렬하게, 또 최후까지 저항한 곳이다. 사령관인 리 장군이 항복선언을 한 이후에도 주정부 청사의 남부군 깃발을 내리지 않았다. 그래서 북군이 '최후의 토벌'

까지 검토했다고 전해진다. 지금도 그 같은 분위기는 사우스 캐롤라이나 곳곳에 남아 있다. 내가 듀크 대학에서 만난 사우스 캐롤라이나 출신의 대학생은 이렇게 말했다. "난 고등학교 전까지 남북전쟁에서 남군이 이긴 줄 알고 있었어요. 어린 시절 내내 남군의 영웅담만 들었거든요. 누구도 남군이 졌다고 얘기하지 않았어요. 고등학교 교과서에서 처음 그 사실을 접하고 엄청난 충격을 받았어요. 아니 우리가 졌다니."

남부인들은 독특한 데가 있다. 그들만의 액센트와 문화가 있고, 배타적 성향도 강하다. 쉽게 말해 약간 '똘아이' 기질이다. 찰스톤을 비롯한 남부 도시를 돌다 보면 음식점마다 '남부 풍의Southern', '집에서 만든Home-made'이라는 말을 쉽게 볼 수 있다. 이들은 북부인을 '속물'이라고 부른다. 남부 트럭 운전사들 중 일부는 아직도 남부 연합기를 달고 다닌다. 이들은 대개 붉은 얼굴에 컨트리 음악을 듣는다. 운전도 거칠다. 그래서 북부인들은 남부인을 '레드 넥red neck'이라고 비하한다. 햇볕에 목이 그을린 촌놈이란 뜻이다. 하지만 면전에서 대놓고 놀리진 않는다. 남북전쟁은 아직도 미국인들에겐 아픔으로 남아있는 민감한 문제다.

남부에서 매그놀리아 같은 대규모 노예농장이 발달한 것은 아열대 기후와 광활하고 비옥한 토지 때문이다. 상업적 거래를 위한 대량 생산이 가능했던 것이다. 차를 타고 돌아본 남부의 플랜테이션 농장은 끝이 안보일 정도로 넓었다. 농장 중간 중간에 있는 볼품 없는 오두막은 옛날 노예들의 숙소였다. 몇 사람이 누우면 방이 꽉 찰 정도로 좁았다. 노예선을 타고 바다를 건너는 동안 흑인노예의 3분의 2가 죽었다. 생존한 흑인들도 이곳에서 죽을 때까지 살인적인 노동에 시달렸다.

그런데 흥미로운 것은 남북전쟁이 노예를 해방시키고자 하는 숭고한 인본주의에서 시작된 게 아니라는 점이다. 공업이 발달한 북부의 자본가들은 저임금 노동력이 필요했다. 남부의 농장에서 노예 한 명이 생산한 농작물의 가치보다 북부의 공장에서 생산하는 공산품의 가치가 더 컸다. 북부의 인구와 경제력은 남부를 능가했고, 결국 노예제는 폐지됐다. 하지만 남북전쟁 이후에도 경제력이 없는 흑인들 상당수는 농장에 남아 노예같은 삶을 이어갔다. 일부는 북부에서 저임금 공장 노동자가 됐다. 매그놀리아의 아름다운 정원에는 이들 노예들이 흘린 눈물과 땀이 고스란히 배어있는 것이다.

아우터 뱅크스
해적의 등대섬

    미 동부 노스캐롤라이나 주 해변에는 대서양과 마주하며 끝없이 길게 뻗어있는 섬들이 있다. 육지 바깥에 길게 뚝방 모양으로 늘어선 섬이라는 뜻에서 아우터 뱅크스^{Outer Banks}라고 불린다. 버지니아 남쪽에서 노스캐롤라이나를 거쳐 사우스캐놀라이나 북쪽에 이르기까지 장장 480km에 걸쳐있다. 남한의 길이보다 더 긴 셈이다. 뉴욕 주부터 플로리다까지 뻗어있는 북미 환초 지대의 일부다.

    아우터 뱅크스는 '죽기 전에 가보아야 할 100대 세계 명소'중의 하나로 선정된 곳이다. 대서양으로 길게 뻗쳐 있으면서 내해를 안고 있는 특이한 지형이다. 크고 작은 10여개의 섬으로 이뤄져 있는데, 해안선을 따라 활 모양으로 휘어져 있다. 그 중에서도 핵심은 바디 아일랜드와 헤터라스, 오크라코크다. 이 3개 섬은 하나의 길이가 100km에 이른다.

    하지만 폭이 가장 좁은 곳은 100m에 불과한 지역도 있다. 그래서 섬 가운데 모래 언덕에 서면 한쪽으론 거친 대서양이, 다른 쪽으론 잔잔한 내해가 한꺼번에 보이는 특이한 지형이다. 이곳 해변에 늘어선 집들은 태풍이 불거나 큰 파도가 치면 당장 바다 속으로 잠길 것처럼 위태로워 보인다. 그래서 집들 대부분은 3~4m 높이의 나무나 콘크리트 기둥 위에 지어져 있다. 해일이나 허리케인이 올 때를 대비해서다.

이곳의 내해는 엄청나게 넓다. 그래서 대서양 쪽에선 일출을 보고, 내해 쪽으론 일몰을 볼 수 있다. 물살이 잔잔한 내해 주변엔 수초가 우거져 있다. 그래서 꼭 호수 같다. 내해의 파란 수면 위를 멋진 요트들이 미끄러지듯 달리는 모습은 환상적이다. 조수간만 때문인지 도로나 땅 곳곳에 내해의 바닷물이 흘러 들어와 있다. 엑셀을 밟으면 거대한 물보라가 튀면서 차창이 온통 바닷물로 뒤 덮인다. 아이들은 박수 치며 환호했다.

이곳은 17~18세기 아메리카 이민 초기에 영국 군대와 필그림들이 첫 식민지를 건설했던 곳이다. 또 대서양과 카리브해에서 악명 높았던 해적 블랙비어드 검은 수염의 본거지이기도 하다. 그래서 해적소굴이었던 헤터라스 섬은 지금도 해적섬, 보물섬이라고 불린다. 섬 어딘가에는 블랙비어드의 보물이 아직 묻혀 있을 지도 모른다. 헤터라스 섬에는 랜드 마크인 초대형 등대가 서 있다. 높이가 80m인 이 등대는 라이트 형제가 띄운 최초의 비행기와 함께 아우터 뱅크스, 아니 노스 캐롤라이나 전체의 상징이 됐다.

흰 바탕에 검은 나선 줄무늬가 그려진 이 케이프 헤터라스 Cape

아우터 뱅크스의 거대한 해안 사구

Haterras는 미국에서 가장 높은 등대다. 날씨가 좋은 날엔 수십km 밖에서도 등대 불빛을 볼 수 있다. 북미에서 배가 제일 많이 난파한 곳이어서 그렇단다. 등대는 원래는 바닷가에 바로 붙어 있었다. 그러나 해수면이 높아지면서 내륙으로 200여m를 통째로 들어서 옮겼다고한다. 그만큼 등대에 대한 아우터 뱅크스 주민들의 애착은 강하다.

등대 안의 248개 계단을 걸어서 꼭대기까지 오르는데 7~10분이 걸린다. 다리가 마비될 듯한 통증에 숨이 턱까지 차오를 즈음 앞이 탁 트이며 푸른 바다가 펼쳐졌다. 북쪽의 바디 아일랜드에서 남쪽의 오크라코크까지 3개 섬이 다 보였다. 저 멀리 대서양에서 아우터 뱅

아우터 뱅크스의 라이트 형제 기념비

크스를 집어 삼킬 듯이 밀려오는 새하얀 파도 무리도 장관이었다.

세 번째 섬인 오크라코크에는 조랑말이 산다. 과거 난파선에서 겨우 살아나온 조랑말의 선조들이 이 곳에서 자기들만의 터전을 잡은 것이다. 헤터라스에선 페리를 타야 건너갈 수 있다. 희한하게도 페리는 무료다. 대서양의 파도가 두 섬 사이의 좁은 해협을 타고 거칠게 밀고 들어오는 모습이 장관이었다. 오크라코크의 가장 남쪽으로 가면 노스캐롤라이나로 건너가는 내해 페리 선착장이 나온다. 페리로 3~4시간을 달려야 육지에 닿을 수 있다.

가장 큰 섬인 바디 아일랜드에는 사막같은 거대한 모래언덕이 있다. 조키스 리지 주립공원Jockeys Ridge State Park 입구에 들어섰을 때만 해도 해변에 널찍한 모래사장이 있나보다 했다. 그러나 입구를 지나자 드넓은 모래사막이 눈앞에 펼쳐졌다. 끝이 보이질 않았다. 모래언덕 사이로 오아시스가 나타났다. 무릎 깊이의 오아시스에는 파란 하늘이 내려 앉아 있었다. 물 비늘이 반짝이는 맑고 푸른 오아시스가 환상적이었다. 작은 송사리 떼가 물속을 빠르게 헤엄쳐 다녔다.

'이거 정말 사막 아냐?' 로키산맥에서 만난 그레이트 샌듄이 생각났다. 모래언덕을 한참 걸어 올라갔다. 강한 바람 탓인지 모래바닥은 기하학적 물결무늬로 수놓아져 있었다. 급경사에 숨이 차오를 무렵 언덕 꼭대기에 다다랐다. 앞쪽으론 대서양, 뒤쪽으론 내해가 펼쳐져 있다. 해변의 사막^{실제는 해안사구}은 두 바다 사이에 수많은 구릉과 골짜기를 만들면서 퍼져 있었다.

언덕 한 켠에서 아이들이 깔판을 탄 채 환호성을 지르며 모래언덕을 미끄러져 내려갔다. 모래 썰매였다. 아무런 도구를 안 갖고 온 게 안타까웠다. 급경사 모래언덕을 겅충겅충 뛰어내려갔다. 중간에 미끄러져 구르기도 했는데 그 또한 스릴 만점이었다. 아우터 뱅크스는 행글라이더와 낚시, 보트 등 레포츠의 천국이다. 석양이 멋있기로도 유명하다. 그래서 이곳 숙박시설은 항상 만원이다. 특히 석양 속 바다를 바라보며 즐기는 온천 수영장은 기대 이상이다.

필그림과 라이트 형제

　신대륙의 첫 이주민인 필그림 파더스하면 1620년 메사추세츠 플리머스에 도착한 메이플라워호를 떠올릴 것이다. 그런데 그 전에 영국이 식민지를 건설하려다 실패한 곳이 있었다. 바로 노스캐롤라이나의 로어노크Roanoke 섬이다. 아우터 뱅크스 안쪽 내해에 자리한 이 작은 섬에 영국의 랄리Raleigh 경이 보낸 원정대가 1580년대에 도착했다. 이민자들은 이곳에서 정착을 시도했지만, 2년간 기아와 추위에 시달렸다. 책임자 화이트 총독은 본국에 식량과 각종 지원을 요청하러 떠났다가 2년 뒤인 1587년 보급품을 싣고 돌아왔다. 그러나 115명의 이주민들은 모두 자취를 감췄다.

　이 집단 실종 사건은 지금도 역사의 미스터리로 남아 있다. 그래서 이 지역을 '사라진 식민지Lost colony'라고 부른다. 이들은 도대체 어디로 사라진 것일까. 영국으로 돌아가려다가 배가 난파했다는 설, 인디언의 공격으로 집단 학살됐다는 설, 기아 · 질병 · 자연재해로 인해 사망했다는 설이 있다. 현재의 헤터라스섬으로 이주한 뒤 현지 인디언에 동화돼 살아남았다는 추측도 없지 않다.

　로어노크섬 유적지엔 옛날 원정대가 타고 온 배를 복원해 전시하고 있다. 여왕의 이름을 딴 엘리자베스 2호는 작은 크기의 범선이었다. 이주민들이 이런 작은 배를 타고 대서양을 건너왔다는 게 믿기지 않았다. 배에는 여자와 어린이, 심지어 임산부도 타고 있었다고 한다. 당시 항해사 복장을 한 안내원이 깜짝 등장해 배안에서의 생활상을 자세히 소개해 줬다. 사적지에는 이주민들의 초기 생활상도 재현돼 있었다. 대장간과 공예소에선 전문가들이 직접 철물과 가구 제작 과정을 보여줬다. 아이들은 당시 선원·군인들이 하던 초기 볼링 게임을 하며 놀았다.

최초의 필그림이 타고 온 엘리자베스 2호

로어노크 앞의 바디 아일랜드는 라이트Wright 형제의 섬으로 불린다. 이곳의 킬 데빌 힐Kill Devil Hill이라는 언덕에서 두 사람은 1903년 최초로 비행 실험에 성공했다. 이 언덕에는 현재 라이트 형제 기념비가 서 있고 그 아래에는 기념관도 있다. 라이트 형제는 이 바람의 언덕에서 수 천번의 글라이더 비행 실험을 했다. 착륙 지점에 부드러운 모래가 깔려 있는 데다 다른 사람들의 방해가 없어 이 기상천외한 연구에 몰두할 수 있었다. 라이트 형제는 대학을 나오지도, 항공 역학을 배우지도 못했다. 하지만 사람들의 비웃음과 무시에 굴하지 않고 자신들의 꿈을 증명했다. 이들이 혁명적 발명을 해낸 힘은 무엇이었을까. 돈과 명예욕? 아니면 꿈에 대한 순수한 열정이었을까.

라이트 형제의 언덕에서 약간 떨어진 곳에 경비행기를 타볼 수 있는 작은 조종사 클럽 비행장이름도 Firstflight 였다이 있다. 3명이 한 조로 타는데 150~200달러 정도였다. 준하는 덤으로 끼여 앉았다.

마침내 출발. 비행기는 활주로를 200여m 가량 횡하고 달려 나가더니 가볍게 하늘로 날아올랐다. 1분도 안돼 고도 500m까지 올라갔다. 너무 쉬운 비상

飛上이 오히려 비현실적으로 느껴졌다. 섬 전체가 내려다 보였는데 경치가 일품이었다. 선명한 입체지도처럼 보였다. 대서양의 하얀 파도 무리가 해변으로 끊임없이 밀려왔다. 푸른 나무와 바다 늪지, 모래언덕이 멋지게 어우러졌다. 바디 아일랜드와 헤터라스 섬이 파란 바다 위에서 끊어질 듯 수백km 넘게 이어져 있었다.

경비행기는 생각보다 낮은 고도에서 날았다. 기류의 영향에 따라 오르락 내리락 하는 것이 몸으로 느껴졌다. 준하는 무섭기도 하고 신기하기도 한지 비행기에서 내릴 때까지 한 마디도 하지 않았다. 내가 안아서 창문 밖의 경치를 설명해주면 두 눈이 휘둥그레져서 바라봤다. 20여분 간의 환상적 비행은 눈 깜짝할 사이에 흘러갔다. 너무 아쉬웠다. 땅으로 내려오면서 생각했다. '라이트 형제가 하늘에 미친 이유가 다 있었구나.'

머틀비치의 게잡이
니들이 게맛을 알아?

사우스 캐롤라이나 주 북부 해안에 있는 머틀 비치Myrtle Beach는 미 동부 해안에서 최대 규모의 백사장을 가진 도시다. 하얀 모래사장이 90km에 걸쳐 가도 가도 끝없이 펼쳐져 있다. 파란 바닷물이 기나긴 백사장과 만나 하얀 포말을 쏟아내는 모습이 장관이다. 해변에는 3~4층 높이의 아담한 콘도와 리조트, 호텔이 줄지어 서있다.

매년 1400만명의 휴양객들이 이 곳을 찾는다고 한다. 특히 젊은이들이 많다. 그래선지 분위기가 미국의 다른 휴양지와 달랐다. 조용한 가족 중심주의 대신 젊은 열기와 떠들썩함이 넘쳐났다. 흥청망청하는 듯한 모습이 우리나라 해변 관광지에 온 듯한 느낌을 줬다. 거리엔 나이트클럽과 극장식 공연장, 술집과 레스토랑, 바캉스용품점, 편의점이 꽉 들어찼다.

사람들은 수영복에 타월 하나만 두른 채 거리를 활보했다. 편의점에서 마구 소리를 지르며 소란을 피우는 젊은 남녀 한 무리를 만났

머틀비치의 해안 풍경

다. 가게 주인에게 "왜 저러는 거냐"고 물었다. 그는 어깨를 으쓱하며 "너무 흥분해서 저런다. 미국의 젊은 미친 놈들은 모두 이곳에 모인다. 그러니 너무 신경쓰지 말라"고 했다. 이곳에선 늘 있는 일이라는 거다. 금방이라도 싸움이 붙을 것 같았던 젊은 무리는 잠시 후 언제 그랬냐는 듯 건너편 술집 안으로 몰려 들어갔다. 거리 곳곳에서 시끌 벅적한 댄스와 힙합 음악이 흘러 나왔다.

그동안 미국의 조용한 해변 관광지를 주로 다녀본 터라 상당히 생경했다. 하지만 우리 정서에는 이런 곳도 나쁘지 않다. 아내도 마이애미 비치보다도 사람사는 냄새가 나는 머틀 비치가 더 친근하게 느껴진다고 했다.

우리가 묵은 호텔은 리조트 콘도로, 실내외 수영장, 해변 해수욕장이 모두 완비돼 있었다. 아직 봄이라 바다에 들어가기엔 추웠다. 하지만 해변의 콘도 수영장은 물이 따뜻해 아이들과 놀기에 딱 좋았다. 수영장 바로 옆에 온탕 핫텁도 있어 아침·저녁에도 추위 걱정은 없었다. 저녁에는 콘도 주변 공연장에서 연극과 코미디쇼, 음악 콘서트 등이 수시로 열렸다. 남부의 최대의 휴양도시, 환락도시라고 할 만했다.

머틀 비치 주변에 오면 놓치지 말아야 할 비장의 이벤트가 하나 있다. 바로 '게 낚시'다. 머틀 비치에서 노스캐롤라이나 쪽으로 올라가면 서프 시티 Surf City 라는 소도시가 나온다. 이곳이 게 낚시로 유명한 곳이다. 여기에도 아우터 뱅크스처럼 해변에 환초 같은 섬이 길게 늘어서 있다. 섬과 육지 사이 내해에는 게가 지천으로 살고 있다. 이 놈들을 미끼로 유인해 건져 올리는 것이다.

그렇다면 게잡이 미끼는 뭘까. 답은 'chicken neck'이다. 말 그대로 '닭 모가지'다. 사람들은 잘 안 먹어 버려지는 닭 모가지를 미끼로 쓴다. 물론 닭 다리를 써도 상관없지만 말이다. 미끼를 철사와 두꺼운 실에 매달아 물 속으로 내리면 된다. 다만 잠자리채 모양으로 생긴 뜰채는 필수품이다. 우리는 해변가 낚시점에서 실과 닭 모가지, 뜰채를 사서 해변 공원으로 갔다. 이런 전문 도구를 파는 것을 보면 게 낚시가 얼마나 인기 있는지 알 수 있다. 수심이 낮은 해변 공원에는 나무로 만든 선착장과 산책로가 있다. 수심은 50cm~2m 정도다. 이 다리 위에서 자리를 잡고 게 낚시를 시작했다.

게 낚시는 단순해 보이지만 나름 인내심과 기술이 필요하다. 먼저 닭 모가지를 줄에 매달아 바닷물에 던져 넣은 후 조용히 기다려야 한다. 게는 의심이 많아서 시끄럽거나 줄이 흔들리면 잘 물지 않는다. 물이 맑아서 게가 미끼에 다가와 입질하는 모습이 훤히 보였다. 게가 미끼를 집게발로 잡고 먹기 시작하면 천천히 줄을 끌어 올린다. 급하게 당기면 게가 곧바로 도망친다. 여기서부터 뜰채의 역할이 중요하다. 게가 물 밖으로 끌려나오기 전에 수면 바로 아래에서 뜰채로 재빨리 게를 건져 올려야 한다. 조금이라도 늦으면 게가 미끼를 놓고 도망가 버린다. 게가 많이 모이는 곳에 미끼를 던져넣고, 수면에 뜨기 직전에 뜰채 질을 하는 것이 성공의 포인트다.

이렇게 잡은 게들은 바로 아이스박스로 직행이다. 얼음으로 마취시키지 않으면 더위에 거품을 물고 죽거나, 지들끼리 싸우며 서로 다리를 자르는 골육상쟁을 저지른다. 나도 몇 마리 잡았지만 아내와 아이들이 더 많이 잡았다. 이런 간단한 도구와 미끼에 손바닥만한 게들이 줄줄이 잡혀 올라오니 모두들 환호성을 질렀다. 두 시간 여만에 게 열댓 마리를 잡았다. 힘좋은 놈들은 뜰채 망을 집게로 잡고 끝까지 버텼다. 어떤 놈은 아이스박스 안에서도 집게발을 곧추 세우며 끝까지 저항했다.

간장게장 맛이 그리웠지만, 담글 줄을 몰라서 꽃게탕에 도전했다. 탕에 넣기 전에 흐르는 물로 씻고 수세미 질을 해야 모래가 씹히지 않는다. 된장, 고추장, 무·파 등을 넣고 끓이니 감칠맛 나는 빨간 꽃게탕이 완성됐다. 아내와 아이들 모두 게맛에 취해 정신없이 밥그릇을 비웠다. 꽃게탕으로 먹기 힘든 작은 게는 맛있게 먹는 방법이 따로 있다. '꽃게 라면'을 끓이는 것이다. 게를 두 동강내 국물을 우려내야 더 맛있다. 머틀 비치에서 끓여먹은 꽃게탕과 꽃게 라면 맛은 지금도 잊혀지지 않는다.

천섬
호수에 세운 1000개의 소왕국

캐나다 토론토와 오타와 사이 킹스턴의 오대호 연안에는 '천섬' Thousands of islands 이라는 호반의 소小왕국들이 있다. 말 그대로 미국과 캐나다 국경인 온타리오 호수 초입에 아름답게 떠있는 천 여개의 섬이다. 섬 하나 하나마다 주인이 다르다. 이들은 이 섬들에 자신들만의 독특한 왕국을 세워놓았다. 이 곳을 다녀온 사람들은 "서쪽에 캐내디안 로키가 있다면 동쪽에는 천섬이 있다"고 했다.

천섬의 날씨는 청명했다. 산들바람이 불어 더없이 상쾌했다. 강과 호수는 바다처럼 넓고 푸르렀다. 천섬을 돌아보려면 락포트 Rockport 에서 유람선을 타야 한다. 선착장에서 표를 끊은 뒤 출항을 기다리는 동안 지중해식 레스토랑에서 점심을 먹었다. 천섬도 일종의 지중해에 있는 것 아닌가. 스테이크와 비프커틀렛, 샐러드 등의 음식이 나왔는데, 제법 맛있고 가격도 괜찮았다. 지중해 출신의 미남 종업원이 독특한 영어 액센트로 친절하게 서비스를 했다.

천섬의 별장섬

    지중해의 풍미를 오감에 가득 채우고 강가를 거닐었다. 따스한 햇살 아래 파란 호수를 바라보면서 푸른 잔디 위를 걸으니 파라다이스에 온 기분이었다. 유람선에서 탑승 사인이 왔다.

    유람선의 안내방송은 영어와 프랑스어 두 가지 버전이었다. 캐나다는 두 가지 모두 공식 언어로 채택하고 있다. 퀘벡에 가까워 질수록 프랑스어 사용자 수가 기하급수적으로 늘어난다. 배에 탄 사람들도 프랑스어를 쓰는 사람이 3분의 1을 넘었다. 캐나다 현지 불어 인구 뿐 아니라 프랑스에서 넘어온 관광객들도 꽤 있는 것 같았다. 이들이 주고받는 말은 알아들을 수가 없었지만, 유쾌한 분위기인 것만은 분명했다.

배가 강 가운데로 물살을 헤치고 나가자 예쁜 섬들이 좌우에 나타나기 시작했다. 앞을 바라보니 크고 작은 섬들이 호수에 셀 수도 없이 흩뿌려져 있었다. 섬의 크기와 모양새가 천차만별이었다. 길이가 1km는 돼 보이는 큰 섬이 있는가 하면 30평도 안돼 보이는 작은 바위섬도 있었다. 하지만 어느 섬에도 다 주인이 있었다. 너무 작아서 집을 짓기 힘들면 간이탁자라도 설치해 놓았다. 어떤 바위섬에는 주인의 문장文章이 새겨진 깃발이 꽂혀 있었다.

대부분 섬에는 주인의 취향을 반영한 별장과 휴양지가 들어서 있었다. 소박한 나무집에서부터 우아한 저택, 성城에 이르기까지 규모도 다양했다. 건물은 아기자기하고 색깔도 예뻤다. 섬의 조경도 멋지게 해놓았다. 작은 섬에 어떻게 저렇게 많은 나무와 수풀이 자랄까 여겨질 정도로 섬은 녹색 옷을 입고 있었다. 파란 호수와 잘 어울렸다. 일부 섬에는 낚시터와 요트 선착장이 딸려 있었다. 섬 위 별장 잔디밭에서 가족들이 한가롭게 피크닉을 즐기는가 하면 보트에서 낚시를 하는 별장 주인도 있었다. 바닷가에선 요트를 한번 타봤으면 하는 생각이 간절했는데, 이 곳에 오니 섬의 예쁜 별장에서 일주일 정도 살아봤으면 좋겠다는 바람이 들었다. 지극히 평화롭고 아름다운 풍경이었다.

천섬엔 캐나다와 미국 섬이 구분돼 있다. 다만 강과 호수 위에 경계선이 그어져 있는 게 아니라 양측 섬이 뒤섞여 있다. 주인이 미국인이면 미국 섬이고 캐나다면 캐나다 섬이다. 두 개의 작은 섬이 다리로 이어져 있는 곳도 있다. 한 섬은 미국령, 한 섬은 캐나다령이다. 그럼 두 섬을 다리로 오갈 때는 출입국 검사를 받아야 하나? 다행히 여권 검사를 하는 공무원은 그 섬에 없다고 한다. 다리를 통해 미국과 캐나다를 수시로 오간다는 사실이 재미있다.

천섬에는 미국의 호텔왕으로 불린 볼트^{Boldt}가 1904년 지은 '볼트 캐슬'이 있다. 그는 자신의 아내를 위해 볼트섬에 호화로운 성을 지었다. 그런데 완공되기 한달 전 아내가 그만 병에 걸려 죽고 말았다. 그는 병으로 음식을 잘 먹지 못하는 아내를 위해 주방장에게 특별 주문한 소스를 만들기도 했다. 그게 유명한 '사우전드 아일랜드 드레싱'이다. 슬픔에 빠진 볼트는 다시는 이 성에 오지 않았다고 한다. 무굴 제국 황제 샤 자한이 죽은 아내를 위해 세운 타지마할을 연상시킨다. 이 곳은 아내와 살기 위해 세운 성이고, 타지마할은 죽은 아내를 위한 무덤이라는 차이가 있지만 결과는 비슷하다. 이 성은 수십년간 폐허로 방치됐다. 그러다 섬을 새로 인수한 민간회사 CEO가 이 성의 아름다움에 매료돼 복원공사를 시작했다.

볼트 캐슬은 1974년 완공돼 일반에 개방됐다. 이 섬은 지금 천섬의 최고의 관광코스다. 다만 미국령이기 때문에 미국 비자가 있어야 하고 입장료 외에 입국 수수료도 내야 한다. 볼트성은 중세의 성을 닮은 것 같지만, 동화 속의 인형 집 같기도 하다. 섬과 구름다리로 연결된 호수 위의 성이 특히 인상적이다.

집 한 채가 겨우 들어선 미니섬

천섬을 둘러 보는 데 두세 시간이 걸렸지만 지루할 새가 없었다.
유람선 위에서 누군가 크래커를 꺼내 드니 물새 한 마리가 다가와 낚
아챘다. 그 모습을 본 사람들이 너도 나도 과자를 꺼내 물새를 유혹
했다. 고성능 카메라를 든 어떤 여성은 물새를 근접 촬영하기 위해
남편을 시켜서 과자 한 통을 다 썼다. 물새가 잽싸게 과자만 낚아채
가서 좀처럼 결정적 장면을 포착하기 힘들었다. 준하와 하영이도 과
자를 들고 물새 놀이에 열중했다. 하늘과 호수를 오가는 물새 뒤로
천섬이 햇살을 받아 아름답게 빛났다.

나이아가라
폭포는 살아있다

북미에 와서 나이아가라^{Niagara} 폭포를 못 보면 헛걸음했다는 얘기가 있다. 그만큼 나이아가라는 아메리카의 상징으로 통한다. 나이아가라로 가는 길에 준하의 세 번째 생일을 맞았다. 밤늦게 도착한 모텔에서 작은 케이크 위 아라비아 숫자 '3' 모양의 초에 불을 붙이고 생일축하 노래를 불렀다. 고깔 모자나 다른 음식은 없었다. 그래도 준하는 신나게 박수 치며 침대 위를 붕붕 날았다. 겨우 세 돌 된 녀석을 차량 카시트에 묶어서? 장거리 여행을 다니는 게 측은했다. 그러거나 말거나 녀석은 엄마아빠와 함께 다니는 게 마냥 즐거운 듯했다. 해가 진 후에도 계속 운전하는 내게 준하가 한마디 했다. "아빠 계속 계속 운전만 하네. 힘들겠다."

5월 첫날 도착한 나이아가라 폭포는 제법 쌀쌀했다. 공원에는 키 큰 튤립들이 쭉쭉 뻗어 있다. 폭포 소리가 멀리서도 들렸다. 나이아가라 폭포의 동쪽은 미국이고 서쪽은 캐나다. 나이아가라의 진수

를 제대로 맛보려면 캐나다 쪽으로 건너가야 한다. 폭포의 대부분이 미국령인데, 왜 캐나다로 가야 하는 것일까? 자기의 뒷모습을 정작 본인은 볼 수 없는 것과 같은 이치다. 캐나다 쪽에 서야 미국 폭포를 정면에서 제대로 볼 수 없다. 소유권은 내게 있는데 돈은 이웃집이 버는 꼴이다. 미국 입장에선 억울할 법하다.

　나이아가라에서 가장 유명한 말발굽Horse shoe 폭포는 미국과 캐나다에 걸쳐있다. 말발굽 폭포의 수량은 나이아가라의 다른 지류보다 6

미국에서 바라본 나이아가라 폭포

배 많다. 너비 320m의 말발굽에서 폭포의 엄청난 위용과 툭 트인 시
원함을 동시에 맛볼 수 있다. 나이아가라는 거친 자연미에 고층 빌딩
과 전망타워의 도시미가 어우러져 있는 곳이다.

　나이아가라엔 대표적인 두 가지 탐방 코스가 있다. 첫번째는 바람
의 동굴cave of winds이다. 폭포를 양편으로 가르는 고트 섬에서 엘리베
이터를 타고 내려가 미국 폭포 밑으로 빠져나가는 동굴길이다. 동굴
중간엔 쏟아지는 폭포수를 절벽 안에서 바라볼 수 있는 전망대가 있

다. 마치 폭포 속으로 빨려 들어가는 듯한 기분이 들었다. 폭포수의 굉음과 물보라 때문에 아무 감각도 느껴지지 않았다. 이 같은 폭포 투어는 세계 어디서도 보기 힘들다. 미국인들은 거대한 폭포마저도 사람의 욕구에 맞게 개발했다.

자연 그대로인 브라질의 이과수 폭포와 대비됐다. 이과수는 폭포 아래 위에 나무다리 관람로가 있지만 폭포 자체를 뚫어서 동굴과 전망대를 만들지는 않았다. 자연을 있는 그대로 본다는 측면에서는 브라질이 더 나을 수 있다. 개발은 어쩔 수 없이 자연 훼손을 동반하게 된다. 그래서 일부 미국인들은 "나이아가라는 순수한 자연유산이 아니라 인공적 자연유산"이라고 말하기도 한다.

하지만 나이아가라의 풍광은 대단했다. 바람의 동굴을 빠져나오니 바로 폭포의 바닥이었다. 쏟아지는 거대한 물줄기를 폭포 아래에서 위로 올려다 보았다. 쓰나미같은 물보라가 덮쳐 내렸다. 덜컥 겁이 났다. 노란 비옷을 입고 나무 계단을 따라 폭포 바로 아래 거대한 돌무더기 쪽으로 올라갔다. 폭포수가 진짜 머리 위로 쏟아졌다. 말발굽 폭포였다면 불가능했을 것이다. 이쪽은 지류인 데다 폭포수가 돌무더기에 한번 부딪혀 감속된 상태였다. 그래도 차가운 물줄기가 몸을 때리니 정신이 번쩍 들었다. 진짜 물벼락이었다. 겁먹은 준하는 엄마 품에 매달려 동굴 쪽으로 피신했다. 삼척동자에겐 역부족이었다. 나와 하영이는 폭포 한 가운데까지 가서 물벼락을 흠씬 맞고 돌아왔다.

캐나다로 넘어가서 본 말발굽 폭포는 미국 폭포와 차원이 달랐다. 웅장했을 뿐 아니라 수량이 비교가 안됐다. 폭포 옆으로 뚫린 동굴을 타고 아래로 내려가니 주변이 온통 짙은 안개에 휩싸였다. 폭포수가 흩날려 한 치 앞도 분간하기 힘들었다. 폭포 위는 아예 보이지도 않았다.

밤이 되니 폭포에선 빛의 향연 _{일루미네이션}이 펼쳐졌다. 캐나다 쪽 절벽 산책로에서 본 미국 폭포는 형형색색의 조명을 받아 울긋불긋했다. 빛의 세례를 받은 폭포가 주변 마천루와 어울려 환상적인 야경을 뽐냈다.

그 다음 코스는 유람선 '안개 아가씨 호'^{Maid of the Mist}를 타고 폭포 바로 아래까지 가는 것이었다. 미국에선 노란 비옷을 줬는데, 캐나다는 파란 비옷이었다. 폭포에서 내리는 안개비가 얼굴을 간질였다. 배는 급류를 거슬러 올라 말발굽 폭포 앞으로 갔다. 안개비가 폭우로 바뀌어 눈도 뜨기 힘들었다. 물보라의 굉음에 인간의 소리는 모두 묻혔다. 폭포를 올려다 보고 싶었지만 물줄기의 습격을 견뎌낼 수 없었다. 원시의 신비는 장대했다. '이래서 나이아가라, 나이아가라 하는구나' 싶었다.

나이아가라 폭포에서 떨어지면 어떻게 될까. 나이아가라 호에서 보트를 탔다가 조난당해 폭포 아래로 떨어졌던 소년 한 명이 겨우 목숨을 건졌다고 한다. 구명조끼를 입은 데다 보트에서 튕겨져 나가면서 폭포의 본류와 바위를 피했다. 놀랍게도 소년은 찰과상을 입는데 그쳤다. 훗날 소년의 영웅담을 본따 많은 사람들이 어리석은 도전을 했지만 한 명의 예외 없이 황천길로 갔다고 한다.

마지막으로 나이아가라를 갈 때 한 가지 주의할 점이 있다. 절대 브라질 이과수 폭포를 먼저 찾는 우를 범하지 말라는 것이다. 이과수를 보고 나면 장대한 나이아가라도 더이상 경이롭지 않을 수 있다. 인간의 감각은 간사하다.

브라질 리우 데 자네이루의 슈가로프에서 바라본 리우 해변

PART 6

남아메리카로의 초대

이과수
악마의 목구멍

이과수는 유네스코가 세계자연유산으로 지정한 세계에서 가장 거대한 폭포다. 원주민인 과라니족 말에서 따온 이 이름은 '큰 물'이란 뜻. 브라질과 아르헨티나 접경 지역에 있으며. 너비 2.7km, 평균 높이 70m, 크고 작은 270여개의 폭포로 이루어져 있다. 이중 800m만 브라질에 속하고 나머지는 아르헨티나령이다. 그렇기 때문에 역설적으로 이과수 폭포를 가장 잘 볼 수 있는 곳은 브라질이다.

브라질 이과수 국립공원 입구는 빽빽한 아마존 삼림이었다. 한참을 걸어 들어가자 갑자기 앞이 확 트이더니 햇빛이 쏟아졌다. 광활한 이과수 폭포의 파노라마가 시작됐다. 길 옆 밀림에서 돌연 뱀이 나타났다. 녹색 바탕에 빨간 무늬의 희귀종이라고 했다. 사람의 시선을 끌 정도로 예뻤지만 섬뜩하기도 했다.

이과수 계곡을 따라 더 걸어 들어가자 폭포가 토해내는 물안개로 사방이 자욱했다. 짙은 초록의 정글과 거친 바위 사이로 하얀 폭포수

가 쏟아져 내렸다. 대부분 2단 형태인 이과수는 초당 1700여 t의 물을 뿜어낸다. 거대한 격류와 폭포의 울음소리가 계곡 전체를 뒤흔들었다. 야성미 넘치는 대자연의 합창곡이었다.

　나는 가이드에게 물었다. "나이아가라와 이과수를 비교하면 어때요?" 가이드는 그걸 질문이라고 하느냐는 듯한 표정으로 답했다. "높이, 수량, 규모 등 모든 면에서 나이아가라와는 차원이 틀려요. 지구상 최고의 폭포죠. 올 때마다 이과수의 모습은 달라집니다. 사람의 손 때가 탄 나이아가라와 달리 자연 그대로 입니다." 이과수 관광을 왔던 미국 루즈벨트 대통령의 부인이 "불쌍하다, 나의 나이아가라여"라고 말했다는 일화도 있다. 실제 두어 달 뒤 나이아가라를 봤을 때 '이과수의 미니어처' 같다는 생각이 들었다.

브라질과 아르헨티나 모두 이과수를 보호하기 위해 국립공원으로 지정했다. 하늘은 두 나라에게 각각 다른 선물을 줬다. 브라질에선 절벽길을 따라 이과수의 전경을 한 눈에 볼 수 있다. 폭포 바로 아래까지 가는 보트 투어도 주로 브라질에 있다. 반면 아르헨티나에는 이과수의 정수인 '악마의 목구멍'을 줬다. 가이드가 명쾌하게 정리했다. "하루는 브라질에서 이과수 전체를, 하루는 아르헨티나에서 악마의 목구멍을 보면 됩니다."

이과수에 들어갈 때 비옷과 파라솔은 기본이다. 파라솔은 뜨거운 햇빛을, 비옷은 폭포의 물보라를 막아준다. 아예 수영복을 입고 온 젊은이들도 있었다. 처음엔 아득한 배경처럼 보이던 폭포가 마침내 그 위용을 드러냈다. 거대하고 우렁찬 물줄기를 바로 눈 앞에서 접하니 정신이 아득해 졌다. 폭포 하단에서 물안개가 구름처럼 일어나더니 부슬비처럼 쏟아졌다. 우리는 급히 비옷을 꺼내 입었다. 준하는 유모차 전체를 비옷으로 감싼 뒤 얼굴만 배꼼이 내놓았다. 폭포 아래 접근로는 기둥 몇 개에 의지해 임시로 세운 것이었다. 비가 많이 오거나 폭포 물이 넘치면 접근로를 폐쇄하면서 난간도 접는다고 한다.

폭포 아래로 다가가자 물보라가 미친 듯이 쏟아져서 머리부터 발끝까지 흠뻑 젖어버렸다. 비옷도 전혀 소용이 없었다. 수영복을 입은 사람들이 부러워지는 순간이었다. 물소리도 굉음으로 변했다. 바로 옆에서 하는 말도 전혀 들리지 않았다. 접근로 맨 끝까지 가니 폭풍우 속에서 물벼락을 맞는 기분이었다. 폭포의 회오리 속으로 빨려 들어가는 듯했다. 준하는 접근로 초입부터 물보라와 굉음에 놀라 고개를 들지 못했다. 폭포와는 시선도 마주치려 들지 않았다. 어른인 나도 눈을 뜨기가 어려웠다. 하늘과 폭포, 땅의 경계가 불분명한 지점에 와 있는 것 같았다. 태초의 혼돈이란 게 이런 것이었을까. 직접 보고 듣고, 피부로 물줄기를 맞아보지 않고는 느낄 수 없는 대자연의 생명력이었다.

폭포 전망대엔 즉석 사진을 찍어주는 포토숍이 있다. 일반 카메라로 찍으면 물안개 때문에 사진이 뿌옇게 나오는데 이 곳 사진기로 찍으면 주변이 선명하게 나왔다. '포샵' 처리를 하는 것 같았다. 전망대 위에서 질풍노도처럼 쏟아지는 이과수를 넋 놓고 바라봤다. 그 사이 하영이와 준하는 콘 아이스크림으로 놀란 속을 달랬다.

이과수를 온몸으로 즐기는 또 다른 방법은 보트 투어다. 이를 '마꾸꼬 사파리'라고 불렀다. 마꾸꼬는 아마존에 사는 작은 새다. 보트 선착장이 있는 강 하류는 밀림 속 급경사 길을 따라 내려가야 했다. 나뭇가지가 지프 창문 안으로 불쑥 불쑥 손을 내밀어 아이들을 놀래 켰다. 이름 모를 새와 나비도 무시로 출현했다.

보트 투어를 마치고 선착장에 내린 이들의 물범벅된 얼굴엔 함박웃음이 가득했다. 안내원이 "좋은 카메라는 두고 가라"고 했다. 구명조끼와 비옷을 입고 피부색이 제 각각인 사람들과 뒤섞여 보트를 탔

물안개에 휩싸인 폭포 탐방로

다. 백인 선장이 배를 몰자, 흑인 선원이 승객들의 카메라를 모두 손에 거머쥐고 포인트마다 사진을 찍어줬다.

선장의 보트 운전 솜씨가 절묘했고, 선원의 추임새도 좋았다. 두 사람이 콤비를 이뤄 손님들을 얼마나 웃기는지 마치 훌륭한 개그 쇼를 보는 것 같았다. 선장은 툭하면 "급류로 확 들어가 버리겠다"며 배를 미친 듯이 몰았다. 그러면 선원은 "그럼 난 카메라 몽땅 들고 도망가겠다"며 물에 뛰어드는 품세를 보였다.

수상 보트에서 올려다본 이과수는 울창한 삼림과 어우러져 하늘

끝까지라도 닿을 듯 높아 보였다. 폭포 위로는 예쁜 무지개가 떠올랐다. 무지개를 향한 환호를 뒤로 하고 본격적인 폭포 돌격전이 시작됐다. 선장의 위협은 현실이 됐다.

거대하게 피어 오르는 물보라를 헤치고 보트가 작렬하는 폭포수를 향해 뛰어들었다. 마치 이 세상의 끝을 향해 달려가는 기분이었다. 비옷을 저미고 후드를 뒤집어 썼지만 폭포수가 온 몸으로 파고 들었다. 강렬한 물벼락이 머리와 어깨, 온 몸을 내리쳤다. 물세례로 인해 눈 앞엔 아무 것도 보이지 않았다. 폭포의 포효가 사람들의 비명도 집어삼켰다. 준하는 내 품에 고개를 묻은 채 숨도 쉬지 못했고, 하영이는 연신 비명을 질러댔다. 나는 입을 벌려 쏟아지는 이과수의 맑은 물을 마셨다. 보트는 세번에 걸쳐 폭포 돌격전을 치렀다. 처음엔 공포의 비명이었는데 마지막엔 환호성으로 바뀌었다. 폭포수를 배경으로 사진을 찍는 여유도 부렸다. 정말 유쾌 통쾌 상쾌한 마꾸꼬 사파리였다.

다음날 국경을 넘어 아르헨티나의 이과수로 향했다. 이과수 초입의 쇠고기 뷔페에서 스테이크를 먹었는데 맛이 더 없이 훌륭했다. 가이드는 "아르헨티나 소는 도살 전에 깨끗한 짚만 먹이기 때문에 육질이 좋고, 곱창까지 안심하고 먹을 수 있다"고 했다. 브라질이 쇠고기 수출 1위지만, 아르헨티나도 그 못지 않다. 사람보다 소가 더 많은 곳이다. 팜파스 목장에서 소를 방목하는데, 항공사진으로 찍어야 몇 마리인지 추산할 수 있을 정도다. 쇠고기 요리법도 아사도^{아르헨티나식 숯불구이}, 파리샤다^{내장 모듬}, 푸체로^{찜 요리} 등 다양했다. 특히 감칠맛 나는

'비페 드 조리소^{bife de chorizo}'가 일품이었다. 여기에 감자 · 마 구이를 곁들이니 별미 중 별미였다. 아이들도 양 볼이 터지도록 고기를 삼켰다. 브라질의 '츄라스코'를 남미 최고라고 생각했는데, 그 왕좌를 아르헨티나에 내주지 않을 수 없었다.

전기로 움직이는 친환경 열차를 타고 가다 밀림 산책로를 5분여 걷자 강이 나타났다. 이과수 폭포 위쪽의 지류였다. '웅웅웅' '쿠르릉'하는 소리가 땅 아래에서 들리기 시작했다. 폭포의 울음소리였다. 강 위로 난 두 번째, 세 번째 다리를 건너자 물소리가 천둥 소리로 바뀌었다.

탁 트인 강물이 보이는가 싶더니 공중 수십m까지 솟아오르는 물안개와 함께 '악마의 목구멍'이 거대한 입을 드러냈다. 이과수 폭포의 하이라이트였다. 다리 산책로를 따라 한발 한발 다가가는데 폭포 소리에 귀가 터질 듯했고 발치는 흔들렸다. 전망대에 서자 발아래 끝을 알 수 없는 하얀 악마의 골짜기가 내려다 보였다. 강물은 천길 절벽으로 떨어지며 산산이 부서졌다. 흰 포말에 싸인 거대한 물줄기는 신비감마저 자아냈다. 천지가 부서질 듯한 굉음 속에 보이는 것이라곤 온통 폭포수 뿐이었다.

악마의 목구멍은 나이아가라의 말발굽 폭포처럼 상류 방향으로 움푹 들어간 모양이었다. 정말 목구멍 같았다. 강 하류에서 수km를 휘어져 올라오면서 좌우에 도열한 크고 작은 폭포 중 맨 마지막 가장 깊은 곳에 위치해 있었다. 이과수의 폭포수 절반 이상이 이곳을 통과한다. 악마의 목구멍은 그 깊이와 속내를 가늠하기가 힘들었다. 물보라

악마의 목구멍 앞에서 겁먹은 삼척동자와 환호하는 가족들

와 포말, 안개에 뒤 덮인 흰색 별천지였다. 상상을 초월한다는 말이 딱 들어 맞았다. 하얀 블랙홀 속으로 빠져드는 무아지경을 느꼈다.

인체 구조에 빗대어 볼 때 여기가 폭포의 입에 해당하는 것은 분명하다. 그런데 왜 하필 악마의 목구멍일까. 이 이름은 인디오의 전설에서 유래했다고 한다. 사람들이 이곳에 거대한 폭포가 있다는 것을 안 것은 근대에 들어온 이후다. 하류에서 접근로를 만들어 들어와 보니 악마의 목구멍이 있었던 것이다. 옛날 인디오들은 이를 모르고 배를 몰아 상류에서 다가갔다. 그런데 보트가 이 근처에만 오면 하얀 물보라와 함께 훅하고 사라졌다. 마치 무언가가 배를 삼켜버린 듯이 말이다. 인디오들은 악마가 사람들을 삼킨다고 생각했다. 그래서 악마의 목구멍이란 이름이 붙었다. 악마가 근처에 있으니 가지 말라는 경고다.

물보라는 창창한 햇빛을 만나 무지개라는 요술을 탄생시켰다. 악마가 만든 크고 현란한 무지개는 주술적인 느낌마저 들었다. 마치 악마가 사람을 홀리기 위해 만든 신기루랄까. 악마의 목구멍에 바람이 회오리치자 폭포 아래에서 올라오는 물보라가 토네이도처럼 휘몰아쳤다. 물의 토네이도가 전망대 위의 사람들을 덮쳤고, 비명이 터져 나왔다. 준하는 무섭다 못해 얼이 빠졌다. 금방이라도 울 것 같았다. 내 가슴에 머리를 묻은 채 "폭포 싫어. 집에 가"를 연발했다.

사람이란 대자연 앞에서 얼마나 작아질 수 있는가. 악마의 목구멍 앞에선 귀도 눈도 멀어버리는 듯했다. 몸도 마음도 요동쳤다. 그때 홀연히 바람이 몰아치더니 준하가 쓰고 있던 모자를 휙 하고 낚아챘갔다. 내가 급하게 손을 뻗어 모자를 잡으려 했지만 손끝을 스친 뒤 바람과 함께 하늘로 치솟았다. 그리고 전망대 난간을 넘어 서서히 폭포 아래로 떨어져 내렸다. 공중제비를 돌며 악마의 뱃속으로 떨어지는 모자를 하염없이 바라봤다. 준하가 바하마에서 사서 제법 아끼던 챙모자였는데, 악마의 밥이 돼 버렸다. 눈 깜짝할 새 일어난 참사였다. 삼척동자는 더 의기소침해졌다.

돌아오는 길에 준하는 "악마의 목구멍이 준하 모자를 꿀꺽 했어"라고 또박또박 말해 우리를 웃겼다. 이때 일이 기억에 많이 남았나 보다. 준하는 그 후에도 아메리카 여행 중 무엇이 가장 기억에 남느냐고 하면 "무서운 폭포"라고 했다.

이따이뿌

브라질의 이과수 폭포에서 나와 파라과이 쪽으로 한참을 달리면 남미 최대의 수력 발전소인 이따이뿌Itaipu 댐이 거대한 위용을 드러낸다. 댐은 브라질과 파라과이의 경계인 파라나 강을 막아서 세운 것이다. 파라과이는 바다가 없는 나라다. 하지만 파라나 강이 사실상 바다 역할을 하고 있다. 파라나는 강폭이 워낙 넓어서 지평선이 보일 정도다. 바다같은 느낌을 주는 지역도 있다. 그만큼 수자원이 풍부하다. 파라나 강은 이따이뿌를 거쳐 아르헨티나 내륙을 관통한 뒤 대서양으로 흘러간다.

이과수 폭포가 그렇듯 아따이뿌 댐도 세계 최대의 수력 발전소였다. 높이 196m에 길이가 7.37km에 이르고 담수능력은 190억m^3다. 1976년 양국 공동으로 건설해 1984년부터 발전과 송전을 시작했다. 이따이뿌는 20년 가까이 세계 최대 수력발전소 자리를 지켰지만, 중국의 싼샤댐이 만들어지면서 2등으로 물러났다.

발전소에 도착하면 먼저 홍보관에서 이따이뿌의 건설 과정과 조감도, 동영상 등을 본다. 사전교육을 받은 후 버스를 타고 이따이뿌가 한 눈에 내려다 보이는 전망대로 이동한다. 전망대에서 본 이따이뿌는 마천루 같기도 하고 바다의 제방처럼 보이기도 했다. 200m 높이의 성벽이 강을 가로질러 끝도 안보이게 이어져 있었다.

이따이뿌 댐의 물기둥

때 마침 댐의 수문을 개방하는 시간이었다. 수문이 열리자 어마어마한 양의 물이 미끄럼틀을 닮은 거대한 경사로를 따라 미친 듯 쏟아져 내렸다. 마치 이과수 폭포의 한 장면을 보는 것 같았다. 하얀 포말을 일으키며 질주하던 물줄기는 경사로 맨 아래 부분에서 갑자기 위로 솟구쳐 올랐다. 거대한 물기둥이 20m 가량 공중으로 솟아오르면서 청명한 하늘을 하얗게 수놓았다. 물기둥 위로 예쁜 무지개가 떠올랐다. 산들바람이 불자 물기둥에서 이탈한 폭포 분말이 전망대로 몰려왔다. 얼굴이 수분 스프레이를 뿌린 것처럼 시원했다. 이따이뿌의 분수 쇼는 라스베이거스의 호텔 분수 쇼보다 훨씬 인상적이었다. 하영이와 준하도 떠날 생각을 하지 않았다.

우리는 버스를 타고 댐 위쪽으로 올라갔다. 파라나 강이 푸른 바다처럼 넓게 펼쳐져 있었다. 댐 위에서 아래쪽을 내려다 보니 까마득했다. 밑에서 올려다 볼 때와는 느낌이 완전히 달랐다. 댐 위로 난 도로는 반대편 끝이 보이질 않았다. 이따이뿌는 댐 내부도 일부 개방했다. 안쪽에는 20여개의 대형 터빈이 늘어서 있는데, 이를 모두 가동하면 1만 4000MW의 전기를 생산할 수 있다. 브라질과 파라과이의 수백만 가구에 전기를 공급하기에 충분한 양이다. 전기가 남는 시간대에는 남미의 다른 나라, 심지어 북미까지도 수출한다고 했다. 미국 가정들이 주방 조리기구와 난방까지 모두 전기로 해결하는 데는 이따이뿌 덕도 있었나 보다.

안내원이 마이크로 설명을 하는데, 같은 말을 무려 5개 국어로 반복했다. 세계 각국에서 밀려드는 관광객들을 배려한 것이다. 이과수 폭포에선 내내 고개를 들지 못했던 준하도 이날은 표정이 무척 밝았다. 이따이뿌의 넓은 잔디공원엔 생태 박물관이 있어서 놀기에도 좋았다. 주말 밤에는 이따이뿌를 배경으로 야경쇼가 펼쳐진다. 깜깜하던 이따이뿌 댐에 하나 둘 불빛이 퍼지면서 거대한 암흑 괴물이 빛의 천사로 변한다. 이과수라는 자연의 선물을 받은 남미인들이 그 옆에 인공의 이과수를 만들어 전기도 얻고 관광객들도 끌어들이고 있는 것이다.

그런데 재미있는 것은 브라질과 파라과이가 공동으로 이따이뿌라는 걸작을 만들었지만, 실질적 혜택은 대부분 브라질 사람들이 보고 있다는 점이다. 브라질이 건설을 주도한 측면도 있지만, 파라과이의 후진적 산업시스템과 부패구조 때문에 파라과이 주민들에게 돌아가는 혜택은 적다고 한다.

리우
햇살 가득한 삼바의 미항

    리우 데 자네이루^{Rio de Janeiro} 공항을 나가자 햇빛이 작렬했다. 아마존의 나라에 왔다는 게 실감났다. 리우는 영어로 표현하면 'River of January' 즉 '1월의 강'이라는 뜻이다. 현지 발음으론 '히우'라고 줄여 부른다.

    포르투갈인들이 이곳에 처음 왔을 때 리우의 만^灣 어귀를 강으로 착각해 이런 이름을 붙였다. 왜 하필 'January'일까. 자연경관이 아름다워 '으뜸이 되는 강'이라는 의미에서 붙인 호칭이다. 500년전이나 지금이나 세계 최고의 미항으로 꼽기에 손색이 없는 곳이다. 개인적으로 세계 3대 미항이라는 이탈리아 나폴리, 호주 시드니, 5대 미항에 들어간다는 미국 샌프란시스코, 이탈리아 베네치아, 홍콩 등을 모두 가보았다. 하지만 그 중에서 리우가 가장 아름답다는 생각에는 변함이 없다. 시드니가 도회적 · 예술적 · 인공적 아름다움이라면 리우는 훨씬 더 자연적이면서 정교하고 장엄한 아름다움을 지녔다.

리우에 와서 꼭 가봐야 할 세 곳을 꼽으라면 코르코바두Corcovado 언덕의 예수상Cristo Redentor 과 슈가로프Sugarloaf · 브라질명 빵 지 아수까르, 코파카바나Copacabana 해변을 들고 싶다. 이 세 가지는 삼바축제와 함께 리우를 대표하는 상징물이다.

우리는 시내를 둘러본 뒤 리우 전체를 조망할 수 있는 코르코바두 언덕에 올랐다. 말이 언덕이지 해발 710m 의 산이다. 좁은 길을 따라 중턱까지 차로 올라간 뒤 다시 버스를 갈아타고 정상 아래까지 가야 한다. 언덕에서 본 리우의 푸른 바다는 강렬한 햇살을 받아 은빛의 비늘처럼 빛났다. 해변은 바위산과 백사장, 숲과 빌딩이 어우러져 환상적인 풍경을 연출했다.

특히 바다를 향해 불쑥 나간 곶 모서리에 달걀 모양으로 우뚝 선 슈가로프 산은 정말 인상적이었다. 생김새가 16~17세기에 사용되던 원뿔형 설탕덩이sugarloaf와 비슷하게 생겼다고 해서 붙여진 이름이다. 전북 진안에 있는 마이산과 흡사하다.

코파카바나 · 이빠네마 해변에는 대서양에서 밀려오는 하얀 파도 속에 해수욕을 즐기는 사람들이 점점이 흩뿌려져 있었다. 바다 위에선 수십척의 요트들이 하얀 궤적을 남기며 푸른 물살을 갈랐다. 탁월한 경관이었다. 들이 마시는 공기마저 달콤했다. 산 정상에 부는 바람은 적도의 열기를 식혀줬다. 행복감이 밀려왔다.

언덕 꼭대기에 오르자 세계 7대 불가사의라고도 불리는 거대한 예수상이 두 팔을 벌린 채 우리를 맞았다. 높이가 38m, 중량은 1400여 t에 달한다. 리우를 굽어보며 자애로운 미소를 보내는 모습은 그 누구라도 용서하고 안아줄 것 같았다. 가히 리우의 수호상이라고 할 만했다. 예수상은 브라질 독립 100년을 기념하여 프랑스에서 보내준 것이다. 그런데 대체 이 거대한 석상을 어떻게 산꼭대기까지 끌어 올린 것일까? 좁고 높은 봉우리 위에 거대한 석상이 자리를 잡고 서 있다는 것 자체가 위태롭게 보였다.

브라질 정부는 운반을 위해 석상을 작은 조각으로 해체했다. 조각을 사람들이 직접 언덕 위까지 하나 하나 들고 올라갔고, 정상에서 조각상을 다시 맞추었다고 한다. 그야 말로 엄청난 노력과 시간이 드는 작업이었다. 더구나 해마다 바람과 소금기로 인해 조각상이 부식되기 때문에 자주 보수작업을 해준다고 했다. 남미는 잘 알려진 대로 가톨릭 국가다. 그런데 왜 성모상이 아니라 예수상이 세워졌을까. 정부는 당시 국민들을 대상으로 성모상과 예수상 중 무엇으로 할지를 투표에 붙였다. 그런데 예상을 깨고 예수상이 더 많은 지지를 받았다고 한다.

예수상 앞은 세계 각국에서 온 여행객들로 발 디딜 틈이 없었다. 좋은 포인트에서 사진 한 장을 찍으려면 1분 가량 차례를 기다려야 했다. 슈가로프와 리우 해변이 한 컷에 들어오는 전망대, 예수상 전체가 찍히는 계단이 명당 자리였다. 사람들은 예수상 앞에서 예수처럼 팔을 양 옆으로 벌리고 사진을 찍었다. 정상에서 바라본 리우 만은 하트 모양의 호수처럼 보였다. 슈가로프와 잘 어울렸다.

코르코바두에서 슈가로프로 내려갔다. 백사장과 숲이 펼쳐지던 해변에 뾰족한 빵 덩어리 모양의 바위산이 불쑥 나타났다. 높이는 약

예수상에서 바라본 슈가로프와 리우 시내

376m. 꼭대기까지 두번 케이블카를 타고 오른다. 이 케이블카는 영화촬영 장소로도 유명하다. 영화 007을 이곳에서 찍어서 세계적인 명소가 됐다고 한다.

슈가로프에서 만난 브라질 사람들은 무척 친절했다. 비록 말은 통하지 않았지만 동양인에게 눈만 마주쳐도 웃음을 건넸다. 특히 아이들을 예뻐했다. 준하는 브라질의 아줌마·아가씨들에 둘러싸여 귀여움을 독차지했다. 생글생글 웃으며 엄지손가락을 치켜들어 보이자 브라질 여성들이 넘어갈 듯 좋아했다. 엄지 들기 제스처는 안내인에게 배운 것으로 '좋습니다' '최고!' '고맙습니다' '실례합니다' 등 다양한 용도로 쓰였다. 우리 가족은 브라질 사람들과 엄지손가락으로 "따봉"을 주고 받으며 생면부지의 친구가 됐다. 브라질인들이 동양인에게 호의적인 것은 일본·한국 이민자들이 브라질에서 신용을 쌓고 기여를 많이 했기 때문이라고 한다.

슈가로프에 오르니 360도 서라운드 영상이 펼쳐졌다. 조금 전 코르코바두 정상에서 리우의 경치에 탄복하고 내려온 터였는데, 슈가로프는 그 이상이었다. 절벽 아래 바다엔 흰 요트가 유유자적 떠가고, 하늘에선 경비행기가 창공을 가르며 희고 긴 꼬리를 남겼다. 리우 만에선 모터보트 경주가 펼쳐졌다. 10여대의 모터보트가 바다 위 부표로 표시된 트랙을 돌면서 앞서거니 뒤서거니 치열한 선두다툼을 했다. 물보라와 함께 해안에 길고 하얀 파문이 퍼져나갔다. 반짝이는 물 비늘이 시선을 간질였다. 아름다운 슈가로프와 푸른 바다, 그 위를 수놓은 수백척의 요트와 보트. 한 편의 예술사진이었고, 천국에 온 느낌이었다. 리우의 경치에 녹아 시간이 멈춰버린 듯 했다.

슈가로프에선 아이스크림 가게가 필수 코스다. 우리는 네슬레 아이스크림으로 땀을 식히며 여유있게 경치를 즐겼다. 이보다 더 좋을 수는 없었다. 뛰어난 경치는 예술 작품과 마찬가지로 사람의 정신을 순화시키는 효과가 있다고 한다. 그래서 '자연 치료'라는 분야도 있다. 세상사를 초월한 아름다움은 말할 수 없는 평온함과 행복감을 준다. 리우는, 그리고 슈가로프는 그런 곳이었다. 아내는 "이런 곳에서 살 수 있다면 얼마나 좋을까. 포르투갈어를 배워볼까"라고 했다.

슈가로프 산등성이에는 작은 원숭이들이 살았다. 한 마리가 여행객들에게 과자를 얻어먹자 다른 원숭이들이 줄지어 나타났다. 사람들이 작은 바나나로 원숭이를 유인해 사진을 찍었다. 그러나 원숭이들은 사람의 손보다 더 빨리 먹이를 낚아채 갔다. 우리도 카라멜로 원숭이를 유인해 사진을 두세 컷 찍었다. 하지만 결국 원숭이가 하영이 손에 쥔 카라멜을 빼앗아 가 버렸다. 원숭이들의 승리였다. '하루이틀 장사해 본' 원숭이들이 아니었다. 이곳에는 브라질 나무도 곳곳에 자생하고 있었다. 브라질이란 나라 이름도 브라질 나무에서 유래된 것이다.

리우의 코파카바나 해변은 자유롭고 낙천적인 분위기가 물씬 흘렀다. 해변 주위엔 늦은 시간까지 노점상과 아이스크림 장수들이 장사진을 쳤다. 석양을 배경으로 바닷가에서 가족들과 뛰어다니며 놀았다. 바닷물은 차갑지도 미지근하지도 않았다. 파도는 잔잔했다. 원래혼혈이 많기도 하지만, 선탠을 해서인지 모두들 피부색이 거무스름했다. 남미 여성들은 미국과 비교하면 미인이 많았다. 건강미 넘치는 피부색과 큰 눈동자, 짙은 눈썹에 환한 미소를 지녔다.

가장 인상적인 것은 이들의 환대였다. 미국에서는 뜨내기 동양인에게 눈길도 주지 않는 사람이 많다. 좋게 보면 프라이버시 존중이지만, 안 좋게 보면 철저한 개인주의이고 무관심이다. 관심을 보이며 따뜻한 말과 웃음을 건네는 사람들에게 호감이 가는 것은 인지상정이다. 나와 아이들이 바다에서 노는 동안에도 20대 브라질 여성이 아

슈가로프에서 바라본 리우 해안

내와 한참 동안 말동무를 해줬다. 늦은 시간까지 해변에서 놀았지만 불안한 느낌은 전혀 들지 않았다.

　리우는 사람을 끄는 매력과 독특한 필이 있었다. 눈부신 경치와 화창한 날씨, 친절한 사람들, 거기에 맛있는 음식도 한 몫했다. 은퇴 후 여기서 살고 싶다는 마음이 들 정도였다. 브라질의 음식은 천연의 맛을 풍부하게 살렸다. 양과 질 모두 최고 수준이었다. 호텔의 아침 뷔페부터 호사스러울 정도로 음식이 넘쳤다. 파리의 크로아상처럼 여기선 아침에 팡지 케이주라는 치즈빵을 먹는다. 말랑말랑한 흰 빵 안에 치즈가 녹아들어 있다. 여기에 브라질 커피는 각별히 짙고 향기롭다. 유리창으로 환한 아침 햇살을 받으며 치즈빵과 커피를 함께 음미하면 환상의 조합이다. 여기에 갖가지 열대 과일과 유제품, 쿠키까지 눈도 입도 즐겁다.

브라질 음식을 제대로 맛본 것은 슈라스코 만찬이었다. 슈라스코는 굵은 소금으로 간을 한 소·돼지·닭·양 고기를 긴 꼬챙이에 꿰어 숯불에 돌려 구운 바비큐 요리다. 요리사들이 이 꼬치를 테이블 사이로 들고 다니며 간단한 설명과 함께 즉석에서 썰어주었다. 굽는 동안 기름이 빠져 나가서인지 담백하고 맛있었다. 별별 부위의 다양한 고기를 끝없이 가져왔다. 육질이 좋아서 별다른 양념을 하지 않아도 즙이 풍부하고 맛깔 났다.

미국에 코카콜라가 있다면 브라질엔 과라나 소다가 있다. 열대의 빨간 열매를 주 원료로 한 소다수로, 사이다와 오란씨의 중간 맛이다. 과라나와 각종 샐러드, 과일까지 곁들이니 배가 터져나갈 지경이었다. 호텔로 돌아가 수영과 사우나를 하니 여행에 쌓인 피로가 확 풀렸다. 남미의 호텔엔 크고 작은 사우나가 딸려 있는 것이 미국과 다른 점이었다. 수영한 뒤 자정 넘어 먹은 컵라면 야식은 그날의 화룡점정이었다.

리우는 삼바의 고향이다. 삼바 축제에서 메인 퍼레이드가 열리는 카니발 거리를 찾았다. 3월 말이라 카니발은 끝났지만, 폭 40여m의 퍼레이드 도로를 가운데 두고 양측으로 30여m 높이의 관중석이

1km 넘게 이어져 있었다. 매년 2월이면 이곳에서 5일간 삼바축제가 열린다. 카니발은 유럽의 인형극^{마리오네트}과 아프리카 원주민들의 토속춤, 집시춤이 어우러져 탄생했다. 카니발을 전문적으로 준비하는 학교가 따로 있다. 주제를 정해 팀을 짜고 안무 연습과 의상 제작까지 꼬박 1년이 걸린다.

관광객 방문 센터에서 화려한 카니발 의상을 구경했다. '카니발은 못 봐도 기분은 내봐야 할 것 아닌가.' 센터 안쪽에서 탬버린 소리와 흥겨운 노랫가락이 울렸다. 초로의 흑인 남성이 젊은 미녀들에게 삼바 스텝을 보여주고 있었다. 유명한 삼바춤의 대부라고 했다. 갑자기 준하가 앞으로 나서더니 대부의 스텝을 따라 했다. 리듬에 맞춰 발을 아장대는 모습이 너무 우스웠다. 미녀들이 모두 손뼉을 치며 귀여워해 줬다. '이 놈도 남자라고, 미녀들만 보이면 나선다니까.'

하영이와 아내도 준하와 함께 나가 스텝을 밟으면서 삼바 대부와 기념사진을 찍었다. 어떤 관광객들은 아예 배꼽까지 훤히 보이는 축제 의상을 빌려 입고 나왔다. 그들은 우리와 어울려 사진을 찍으며 한껏 기분을 냈다.

브라질은 축구의 나라다. 남미에서 축구는 가장 공평하게 열려 있는 신분상승의 기회다. 남자들은 축구를, 여자들은 미인대회를 통해 미래의 성공을 꿈꾼다. 어렸을 때 동네에서 축구를 시작해, 기량이 쌓이면 선수의 길로 나아간다. 2차 산업이 크게 발달하지 않은 이곳에서 축구선수는 최고의 인기 직업이다.

리우의 마라카낭 축구장은 세계 최대 규모를 자랑한다. 좌석만 15

만5000여석이고, 한 때 22만명까지 입장한 적이 있다고 한다. 입구
엔 축구 스타들의 명예의 전당이 있다. 이 곳에서 뛴 스타들의 족적
이 남겨진 곳이다. 펠레, 호나우두, 호나우딩요 등 이름만 들어도 설
레는 스타들이 즐비했다. 실물 크기 사진 옆에서 포즈를 취하고 족적
에 발을 대보니 축구스타가 된 듯했다.

메트로폴리탄 대성당은 브라질의 발달한 건축기술을 보여주는 특
이한 건물이다. 유리창 대신 건물 벽 사이에 구멍 ^{콘크리트 창문}이 나있다.
이리로 들어오는 자연광과 자연풍으로 내부 밝기와 온도를 유지한다.
내부는 종교적 경건함이 느껴질 정도의 낮은 어둠이 깔려 있었다. 에
어컨이 없는데도 시원했다. 이중의 콘크리트 창으로 실내온도를 유지
하기 때문이란다. 화려한 스테인드글라스와 콘크리트 창이 독특한 분
위기를 자아냈다. 카니발의 땅에 뿌리내린 종교적 색채였다.

당시 리우 공항에 입국하면서 정말 재미있는 광경을 볼 수 있었다.
이곳 입국심사대에는 외국인 중 미국인을 별도로 분류해 놓았다. 특
별대우가 아니라 역차별 입국대였다. 휴대한 짐을 일일이 풀어 검색
하고, 신발을 벗고, 심지어 사진과 지문까지 찍었다. 브라질 국민과
다른 외국인은 입국도장만 찍으면 끝이었는데 말이다. 외국인들이
미국 입국할 때 당하는 수모를 미국인에게 똑같이 되돌려 주려는 것
이다. '이에는 이, 눈에는 눈.' 약간 통쾌하다는 기분이 들었다.

한데 이래도 괜찮을까. 가이드는 괘념치 말라고 했다. "브라질은
경제 정치 군사적으로 대미 의존도가 낮아요. '오기 싫으면 마라. 너
희 없어도 산다'는 자존심이 있는 거죠. 브라질은 대국^{大國}입니다." 마

지막으로 재미있는 사실 하나 더. 미국인 검색대의 지문인식기는 실제로 작동하지 않는 경우가 많다고 한다. 지문검색을 한다는 명분을 유지하기 위해 먹통 인식기를 계속 돌리고 있는 것이다.

탱고의 고향

아르헨티나의 수도 부에노스 아이레스Buenos Aires는 '좋은 공기'라는 뜻을 지녔다. 그 이름처럼 공기는 맑고 하늘은 높았다. 한국과는 자오선, 즉 지구 정반대편이다. "서울에서 젓가락을 쿡 찌르면 부에노스 아이레스 앞바다우루과이로 나온다"는 농담도 있다. 거리엔 유럽풍 건물이 즐비했다. 행인도 백인 일색이고 콧대도 높았다. 아르헨티나 사람들은 스스로를 '유럽 귀족의 후손'이라고 여긴다. 브라질이 프랑스와 가까운 반면 아르헨티나는 이탈리아 · 독일과 친밀하다. 옛날 만화 '엄마 찾아 삼만리'는 주인공 마르코가 이탈리아에서 아르헨티나까지 엄마를 찾아 오는 이야기다. 그만큼 이탈리아 이민자가 많다.

아르헨티나인들은 소비성향이 강하다. 점심 한 끼에 쇠고기 · 스파게티 · 피자 · 빵 · 과일 · 푸딩 · 파이 등 다 먹기 힘들 정도의 메뉴가 나왔다. 이곳 사람들은 월급을 타면 집세를 낸 뒤 제일 먼저 옷을 산다고 한다. 그것도 파티복이 주류다. 이들은 자존심에 살고 자존심에 죽으며, 파티에 목숨을 건다. 한번 입었던 파티복을 또 걸치는 것은 자신의 가난을 보여주는 수치로 여긴다고 한다. 그러니 옷장사가 잘 될 수밖에 없다.

부에노스 아이레스 시내엔 오래된 유적지나 볼거리가 많다. 하지만 역시 가장 눈길을 끈 것은 탱고의 고향발원지인 보타 지구였다. 이곳은 과거 항구였던 지역으로 선원과 이민자, 노동자, 거리의 여자들이 넘쳐났다. 이들이 고국의

카미니토 거리에서 탱고를 추는 무용수들

향수와 고달픈 삶을 달래기 위해 추기 시작한 게 탱고다. '춤추는 슬픈 감정'이 탱고의 별칭이다.

거리에 들어서니 아르헨티나의 3대 인물이 2층 베란다에서 우리를 반겼다. 축구 영웅 마라도나, 대통령 부인이었던 에바 페론애칭 에비타, 탱고 가수 카를로스 가르델의 인형이었다. 거리는 온통 알록달록한 원색으로 물결쳤다. 이 골목을 카미니토라 부른다. 배를 건조하고 남은 철판과 페인트로 만든 데서 유래한 말이다. 건물과 벽면이 조각조각 이어져 있었다. 원색의 창문과 테라스는 추상화 같았다. 거리 양편엔 무명 화가들이 그림을 그리며 작품을 전시 판매하고 있었다. 거리의 즉석 미술관인 셈이었다. 그림 주제는 주로 탱고였다.

거리 안쪽의 레스토랑과 카페에선 가수와 악사, 남녀 무용수들이 탱고 공연을 했다. 악사들은 아코디언의 일종인 반도네온을 켰고, 가수들은 낭랑한 목소리로 구슬프면서도 템포감 있는 노래를 불렀다. 머리에 붉은 꽃을 꽂은 여성은 예외없이 옆 트임 치마를 입었다. 선정적이고 정열적인 춤이었다. 오래 전 이 거리를 누비던 사람들이 만든 춤을 보고 듣고 즐기며 박수를 보냈다. 극장의 탱고 쇼는 아이들이 관람하기엔 퇴폐적이어서 우리는 거리 공연으로 만족했다. 극장에 갔던 지인들은 "공연 말미에 뮤지컬 '에비타'의 주제곡 'Don't cry for me, Argentina'가 나왔는데, 관객들이 기립한 채 국가國歌보다 더 장엄하고 비장하게 따라 부르더라"고 했다.

에비타의 주인공인 에바 페론은 빈민층 출신의 삼류 배우였다. 그러나 특유의 여성적 매력과 정치력으로 27세에 후안 페론 대통령의 부인이 됐다. 이후 노동부 장관으로 과감한 노동자 복지정책을 펴면서 '노동자의 대모^{代母}이자 성녀'로 추앙 받았다. 하지만 과도한 복지 지출과 노동시장 경직화로 인해 아르헨티나 경제는 침체의 늪에 빠졌다. 이른바 '남미병'은 에바 페론에서 유래한 것이다. 그는 34세에 암으로 파란만장한 생을 마감했다. 그러나 서민 · 노동자층은 아직도 그녀에 대한 향수가 뜨겁다고 한다.

에비타는 죽은 후에도 고이 잠들지 못했다. 그녀의 숭배자나 정적^{政敵}들은 정치적 이유로 시신을 여기저기로 옮겼다. 현재 부에노스 아이레스 한복판 귀족묘인 레골레타 묘지에 안장돼 있다. 레골레타는 조각 박물관처럼 호화로웠다. 웬만한 부와 명성 없이는 묻히기 힘든 곳이라고 했다. 여기서도 가장 인기 있는 건 에바 페론의 묘소였다. 그녀 앞에는 추모의 꽃다발이 가득했다.

미시건호에서 바라본 시카고의 마천루

PART 7

에필로그

아찔했던 순간들

불귀의 객이 될 뻔하다

미국에선 장거리 자동차 여행이 다반사다. 한국서 차로 3~4시간이면 먼 곳이지만 미국에선 가까운 거리다. 같은 주州 안에서도 5시간 이상을 달려야 주 경계선에 이르는 경우가 많다. 국토 면적이 남한의 98배에 달하니 어쩌면 당연한 일이다.

자동차 여행을 오래 하면 뜻밖의 위기 상황에 부딪히게 된다. 가장 아찔했던 순간은 2009년 9월 중순 하영이와 함께 애틀란타에서 노스캐롤라이나로 고속도로를 달릴 때였다. 출발 때부터 차가 좀 불안했다. 고속도로에서 시속 80마일128km을 넘으면 차가 흔들리고 핸들이 떨렸다. 당시 나는 빨리 집으로 돌아가겠다는 생각에 편도 2차선 고속도로를 시속 85마일136km로 질주했다. 갑자기 차 떨림 현상이 심해지더니 핸들 잡은 손이 덜덜 떨릴 정도가 됐다.

"왜 이럴까? 도로 사정이 안 좋은 건가?" 걱정하던 찰나, '펑'하는 끼음과 함께 차가 미친 듯이 요동쳤다. 내가 도저히 통제하기 힘들 정도로 좌우로 흔들렸다. 타이어와 도로의 마찰음이 차 안을 가득 메웠다. '아! 타이어가 터졌구나.' 순간적으로 지인이 해준 말이 떠올랐다.

"혹시 고속도로에서 펑크 나면 절대 브레이크를 밟지 마라. 급브레이크 밟거나 핸들을 꺾으면 차가 뒤집어지거나 튕겨 나간다."

나는 브레이크 대신 핸들만 꽉 잡은 채 도로를 활강했다. 차는 수백m 이상 1~2차선을 들락날락하며 미친 듯 날뛰었다. 핸들은 제 멋대로 흔들리고, 하영이는 비명을 질렀다. 뒤따라오던 3~4대의 차량이 아슬아슬하게 우릴 비켜갔다. 한 차는 우리를 스친 뒤 갓길로 빠져나갔다. 불과 몇 초였지만, 생사가 오가는 긴박한 순간이었다. 차는 600m 이상을 요동치며 달려간 뒤에야 갓길에 처박혔다.

정신을 수습하고 내려보니 운전석 뒤쪽의 타이어가 완전히 걸레가 돼 있었다. 단순히 펑크 난 게 아니라 타이어의 형체를 알아보기 힘들 정도로 찢겨졌다. 타이어 타는 냄새가 사방에 진동했다. 휠도 아스팔트와의 마찰에 하얗게 갈려 있었다. 한 동안 노변에 앉아서 멍하게 저물어 가는 하늘만 쳐다 보았다. 만일 내가 급브레이크를 밟아 차가 뒤집혔거나, 뒤차가 우리를 추돌했다면 어찌 됐을까. 머나먼 이국 땅에서 불귀의 객이 됐을 것이다. 울먹이는 하영이를 달래놓고 사태 수습에 들어갔다.

다행히도 여행 떠나기 전날 나는 미국자동차협회^{AAA}의 긴급출동 서비스에 가입했었다. 56달러를 들여 이틀 만에 써먹을 줄이야. 미국 자동차 여행 때는 꼭 AAA 서비스에 가입해야 한다는 걸 이 때서야

설산의 절벽길을 달리는 자동차들

절감했다. 우리나라는 보험회사가 긴급출동 서비스를 해주지만, 미국에선 AAA가 이를 대신한다. AAA는 동네마다 있어 가입하기도 쉽고, 비행기나 호텔 예약 때 할인 혜택도 받을 수 있다.

나는 AAA에 전화를 걸어 긴급출동을 요청했다. AAA 직원이 "스페어 타이어는 있느냐"고 물었다. 그러고 보니 차를 사고 나서 한번도 스페어 타이어를 본 기억이 없었다. 트렁크와 차 안팎을 살펴 봤지만 스페어 타이어는 없었다.

"스페어 타이어가 안 보이는데 어떡하느냐?"

"우리가 5마일까지는 무료로 견인해 주는데, 월요일까지 연휴라서 주변에 문을 연 차량 정비소가 한군데도 없다."

겨우 사고를 피하고 나니 또 날벼락이었다. 날은 이미 어두워지는데 무작정 고속도로 위에 죽치고 있을 수는 없는 노릇이었다. 나는 차 밑바닥으로 기어 들어가 차축 쪽을 살펴보았다. 아, 차축 사이 깊숙한 곳에 스페어 타이어가 숨겨져 있었다. 50여분 후 AAA의 출동 서비스맨이 타이어를 갈아끼워 줬다. 그는 "다른 타이어들도 다 상태가 안 좋으니 절대 시속 60마일 이상으로 달리지 말라"고 신신당부했다.

어두운 밤 길에 시속 50마일 거북이 걸음으로 5시간을 달려 겨우 집에 도착했다. 나는 다음 날 바로 차량 정비소로 가서 타이어를 다 새 것으로 갈아 끼웠다. 거금 450달러가 들었다. 정비소 사장은 "타이어 네 개 모두 중고 타이어이고 크기 및 제조사가 모두 다르다. 이런 타이어로 어떻게 운행을 했느냐"고 혀를 찼다. 차의 주인이 매년 바뀌다 보니 아무도 새 타이어를 쓰지 않고 짝짝이 중고 타이어를 써온 것이다.

그 날 이후 나는 고속도로에서 웬만해선 70마일 이상을 밟지 않았다. 장거리 여행 전에는 반드시 카센터에서 들렀다. 미국에서 1년간 내가 차로 달린 거리는 6만 마일^{9만6000km}이 넘었다. 그런 만큼 차량 정비에 쓴 비용도 4000달러를 넘었다. 하지만 돈 몇푼이 목숨보다 중요하랴.

해변의 함정

2009년 9월 초 하영이와 함께 노스캐롤라이나 동부 해안의 등대섬인 아우터 뱅크스^{Outer Banks}에 갔을 때 일이다. 헤터라스 등대에서 서퍼들의 차가 해변을 질주하는 광경을 보고 나도 바닷가로 갔다. 등대에서 5km 가량 더 들어가니 해변 입구가 나왔다. 곧바로 백사장으로 차를 몰고 들어갔다. 30여m를 들어갔을까. 차 움직임이 이상했다. 제대로 달리지를 못하고 자꾸 밑으로 가라앉는 느낌이었다. 그제서야 나는 '아차~!' 했다. 모래사장에 차를 몰고 들어가면 안 된다는 걸 뒤늦게 깨달은 것이다.

나는 차를 세우고 후진 기어를 넣었다. 그러나 3~4m도 못가 헛바퀴가 돌기 시작했다. 바퀴가 모래에 빠진 것이다. 난감했다. 타이어 주변 모래를 파낸 뒤 돌·나무조각 등을 집어넣고 물을 뿌렸다. 그리고 1단 기어로 다시 후진했다. 그러나 다시 헛바퀴가 돌면서 모래가 사방으로 튀었다. 1시간 동안 다시 모래를 파내고 물을 뿌리고 차를 움직이길 수차례 반복했다. 차는 더 깊이 빠져서 아예 차체가 모래사장에 닿았다.

그동안 파낸 모래가 차 주변에 봉분처럼 쌓였다. 온 몸은 땀과 모래 범벅이 됐다. 나는 비장의 무기로 마지막 시도를 했다. 차체 아래로 기어들어가 모래를 파낸 뒤 아이스박스에 담아온 얼음을 차곡차곡 채워 넣었다. 얼음이 뜨거운 모래에 녹기 전에 빨리 작업을 마쳐야 했다. 운전대로 뛰어올라 차를 후진했다. 그러나 하늘도 무심하시지! 차는 꼼짝도 않고, 얼음만 모래에 파묻혀 버렸다.

도움을 요청하기 위해 주변을 살펴 보았다. 그러나 드넓은 해변에는 개미 새끼 한 마리 없었다. 아까 등대 위에서 봤던 몇몇 서퍼들은 이미 사라져 버렸다. 망연자실해서 모래에 털썩 주저앉자 하영이가 울기 시작했다. 정오가 넘으면서 해변의 온도는 30도를 훌쩍 넘어갔다. 마실 물도 이미 다 모래 속에 부어버렸다. 등대까진 거리가 5km도 넘었다. 어디에 구조 요청 전화를 할 지도 알 수 없었다. 할 수 없이 길을 따라 걸어 나왔다. 늙은 노부부가 탄 차가 지나갔다. 급히 달려가 도움을 요청했지만 그들은 "우리 차도 해변에 못 들어가고 견인 도구도 없다"며 가버렸다. 10여분을 기다렸지만 아무도 나타나지 않았다.

다시 차로 돌아와 에어컨을 켰다. 하영이를 차에 눕히고 백사장에 앉아 하릴없이 기다렸다. 2시간쯤 지났을까. 어디선가 홀연히 픽업 트럭 한 대가 나타났다. '코스트 시큐리티'라는 로고가 새겨 있었다. 사막에서 구세주를 만난 기분이었다.

해안순찰대원은 "왜 해변으로 차를 몰고 들어갔느냐"고 물었다.

"다른 차들이 들어 가길래 따라갔는데 모래에 빠져버렸다."

"여기는 사륜구동 차량만 들어갈 수 있다."

"몰랐다. 도와달라."

"차가 너무 많이 빠져서 쉽지는 않지만, 견인 케이블로 한번 끌어 내 보자. 내 차로 천천히 끌어당길 테니 저속으로 아주 천천히 후진해라."

그렇게 5분여를 끌어당기고 후진하는 일을 반복한 끝에 내 차는 개미귀신의 구덩이에서 빠져 나왔다. 순찰대원에게 고개를 열 번도 더 숙이면서 "땡큐"를 연발했다. 그가 어떻게 우리를 발견했는지는 모른

다. 노부부가 등대 관리사무소에 얘기하지 않았을까 추정만 할 뿐이
다. 그 날 악몽을 겪은 이후 나는 차로는 해변에 얼씬도 하지 않았다.
혹 바닷가로 놀러가는 사람을 보면 입버릇처럼 경고했다. "절대 차
몰고 해변에 들어가지 마라."

경찰과의 악연

경찰은 왕이다

미국에선 '경찰이 왕'이다. 미국 여행 중 가장 무서웠던 존재가 바로 경찰이다. 경찰과 나의 악연은 끊임없이 이어졌다.

2009년 9월 말 나는 지인 가족들과 테네시 주州의 '로스트 씨Lost Sea'에 놀러 갔다. 동굴을 본 뒤 스모키 마운틴에 있는 통나무 캐빈으로 돌아가는 길에 사단이 생겼다. 저녁 식사 시간에 맞추느라 속도를 조금 냈다. 앞차들도 빠르게 달렸기 때문에 별 경계심이 없었다. 약간 예감이 안 좋아 시속 45마일로 속도를 줄였다. 앞 차는 휑하니 달려 나갔다. 잠시 후 경찰차 사이렌 소리가 울렸다. 경찰차는 내 차를 지나쳐 저 멀리 앞차를 추격했다. 1분 여 후 앞차가 경찰에 잡혀 딱지를 떼이는 것이 보였다.

나는 "저 친구 걸렸네. 속도 줄이길 다행이야"라며 안도의 한숨을 쉬었다. 속으로는 뿌듯했다. '내 육감은 정확해.' 몇 분 후 또 사이렌

애리조나 주의 모뉴먼트 밸리로 가는 길. 이런 도로에서 과속하기 십상이다.

이 울렸다. 백미러로 보니 뒷차가 갓길에 서는 게 보였다. 나는 "뒷차
가 또 걸렸네. 참 오늘 많이도 걸린다"며 웃었다. 그런데 경찰차는 그
차를 지나쳐 앞으로 달려 나왔다. 내 앞에도, 반대편 차선에도 차는
없었다. 갓길에 차를 붙이자 경찰차도 섰다. '저 경찰이 뭔가 착각을
했나 보군.'

　젊은 경찰 한 명이 내 차량 번호판을 보면서 무전 교신하는 모습이
보였다. 그는 조심스럽게 내 차에 바짝 붙어서 운전석 창문으로 다가
왔다. 총기가 허용된 나라인 만큼 총격 각도에서 벗어나려는 듯했다.

나는 창문만 내린 채 뒤를 보면서 "무슨 일이냐"고 물었다. 그는 경계심 가득한 얼굴로 운전면허증을 보자고 했다. "면허증은 있는데 왜 그러느냐?" 경찰은 대답 대신 차 안을 들여다 보았다. 동양인이 이상한 발음으로 대들듯 물으니 차 안에 총기나 위험한 물건이 있는지 확인하는 듯했다. 아이들이 동승한 것을 확인한 경찰은 그제서야 다가와 "속도위반을 했다"고 짧게 말했다.

이미 속도를 줄인 상태였는데 말도 안 되는 얘기였다. "무슨 말이냐. 난 과속 안 했다." 그러자 경찰은 "아까 전에 당신 차와 당신 앞차가 과속한 것을 속도측정기로 확인했다. 당신 앞차는 제한속도 45마일 지점에서 72마일로 달렸고, 당신 차는 바로 뒤에서 따라갔다. 당신도 과속했으니 면허증을 달라."

황당했다. 10여분 전에 과속한 것을 갖고 여기까지 쫓아 왔다는 말인가. 한국에서는 있을 수 없는 일이었다. 나는 앞차가 걸렸다고 내가 똑같이 걸릴 이유는 없다고 생각했다. 경찰이 내 차 속도를 측정하지 않은 채 상황논리로 옭아매려는 듯했다. 버티자는 생각이 들었다. "속도 측정한 기록이 있느냐. 그것을 보여 달라. 아니면 동의할 수 없다."

예기치 못한 내 반응에 젊은 경찰은 당황한 기색이 역력했다. 내가 계속 저항하자 그는 차로 돌아가 무전을 때렸다. 1분이나 지났을까. 갑자기 앞뒤에서 경찰차 두 대가 사이렌을 요란하게 울리며 나타나더니 순식간에 내 차를 포위했다. '이건 또 무슨 시추에이션^{situation}이람.' 날카롭게 생긴 중년의 베테랑 경찰이 오더니 다짜고짜 "네 차가 과속하는 것을 내가 직접 봤다. 먼저 앞차 속도를 재고, 뒤에서 당신 차 속도를 쟀다. 면허증 내고 과속 딱지에 사인하라"고 강압적으로 말했다.

불안하긴 했지만 이왕 버린 몸인데, 갈 때까지 가보자는 오기가 생겼다. "난 과속하지 않았다. 속도 측정 기록을 보여달라." 그 친구 얼굴이 울그락 불그락해 지더니 허리에 찬 권총에 손을 대는 게 아닌가. "넌 과속했다. 여기 티켓^{딱지}에 사인해라"고 버럭 소리를 질렀다.

겁이 덜컥 났다. "미국에서 경찰을 화나게 하지 마라. 잘못하면 총 맞거나 연행 당한다"는 말이 떠올랐다. 그 친구는 내가 더 버티면 총을 꺼내 체포할 듯한 기세였다. 순간 내 태도는 180도 달라졌다. 바로 면허증과 보험기록을 꺼내주고, 과속딱지에 고분고분 사인했다. 그 경찰은 아주 기분 나쁘다는 표정을 지으며 "할 말 있으면 법원 가서 하라"고 쏘아 붙이더니 딱지를 들고 가버렸다. 젊은 경찰도 "다시는 과속하지 말라"고 훈계했다.

'아! 미국까지 와서 이게 무슨 망신이람.' 창피하고 분했다. 하지만 그 다음에 이어질 복잡한 벌금 납부 절차와 안전운전교육에 비하면 아무것도 아니었다.

빌어라, 살 길이 열릴지니

미국 경찰과 악연은 이것이 시작에 불과했다. 이후에도 나는 경찰에 세 번이나 더 걸렸다. 모두 과속이 문제였다. 평소에는 거의 속도를 안내는데, 부지불식 간에 속도를 낼 때가 있다. 그 때마다 경찰이 나타났다. 경찰이 나만 기다리고 있는 것일까. 억울하기도 했다.

하지만 피해는 최소화했다. 단속은 못 피해도 처벌은 피한 것이다. 비결은 대응전략을 바꾼 것이다. '경찰에 고분고분 빌면 살 길이 열린다.'

2009년 10월 나는 랄리-더램^{RDU} 공항에서 과속으로 걸렸다. 당시 회사 동료를 바래다 주기 위해 공항 구내로 진입하다 과속탐지기에 걸린 것이다. 작별의 포옹을 하고 막 차에 타려는데 덩치 큰 백인이 앞을 막아섰다. 공항 경찰이었다. 나는 차를 빨리 빼라는 줄 알고 "지금 나간다"고 했다. 그 친구는 고개를 내저으며 호통을 쳤다. "당신 좀 전에 시속 20마일 지역에서 40마일로 달렸다. 제한속도 팻말도 안보고 다니느냐."

갑자기 눈 앞이 아득해졌다. 한 달여 전 악몽이 떠올랐다. 아직 지난 번 벌금도 못 냈는데 또 걸리면 낭패였다. 나는 그 백인의 얼굴부터 살폈다. 지난 번 인상 더럽던 베테랑 경찰과는 달리 좀 순해 보였다. 경찰에 대들다 호되게 당했던 기억이 떠올라서 이번에는 바짝 엎드렸다. 어수룩한 척하며 사정사정했다.

"여기 처음이라 속도제한을 잘 몰랐다. 정말 미안하다. 내 친구가 비행기 시간이 급하다고 해서 나도 모르게 속도를 냈나 보다. 다시는 안 그러겠다. 속도를 꼭 지키겠다." 그 친구는 왜 공항에서 속도를 내면 안 되는지에 대해 5분간 설교를 했다. 나는 무조건 고개를 꾸벅 했다. 내 태도가 마음에 들었는지 그 친구는 "이번엔 경고만 하겠다. 다음엔 위반하지 말라"고 거듭 다짐을 받은 뒤 나를 방면했다. 얼마나 고맙던지.

경찰과의 악연은 2010년 2월 플로리다 키웨스트 여행 때도 이어졌다. 해안도로를 드라이브하는데 뒤따르던 트럭에서 번쩍하며 라이트가 켜졌다. "저 놈은 뭐야"하며 돌아보니 경찰 경광등이었다. '아! 또 걸렸구나.' 트럭에서 반바지에 바캉스 티셔츠를 입은 백인이 털레털레 걸어왔다. 관광객으로 위장한 경찰이었다.

"시속 30마일 지역에서 50마일로 달렸다. 속도위반이다."

편도 4차선 대로에서 제한속도가 시속 30마일이라니 황당했다. 하지만 어쩌랴. 나는 하영이와 준하를 가리키며 호소했다. "아이들과 한국에서 왔는데, 이곳이 처음이라 제한속도를 몰랐다. 정말 미안하다. 한번만 봐달라."

그 친구는 어린 준하를 보더니 금세 얼굴이 부드러워 졌다. "이번에는 경고만 하는데 다시 과속하면 딱지 끊겠다. 그런데 지금 어디로 가는 길이냐?" 내가 "헤밍웨이 생가에 간다"고 하자 그는 "길이 헷갈릴 테니 나를 따라오라"고 했다. 딱지를 떼이기는 커녕 경찰 에스코트를 받는 호사를 누렸다. 역시 천냥 빚도 처신하기 나름이다.

2010년 7월 샌프란시스코 부근에서였다. 한 밤 중에 초행길을 가느라 우왕좌왕하며 중앙선을 침범했나 보다. 경찰차가 따라붙더니 정지신호를 보냈다. "운전을 왜 그렇게 하느냐? 면허증 보자." 나는 또 다시 아이들을 팔았다. "초행길에 월마트를 찾느라고 그랬다. 아이가 배고프고 목말라 한다." 그는 아이들 얼굴을 살피더니 면허증을 돌려주고 월마트까지 길안내를 해줬다. 만국공통어이자 위기탈출 넘버원은 역시 아이들인가 보다.

억울한 주차딱지

미국 도시에선 주차도 큰 문제다. 나는 미국에서 지낸 1년간 주차딱지만 3번 끊겼다.

첫 번째는 2009년 8월 워싱턴에 갔을 때다. 노스캐롤라이나 촌동네에서 지내다 대도시에 가니 주차가 정말로 쉽지 않았다. 백악관 주변을 돌고 돌다가 겨우 갓길 주차장을 발견했다. 길옆 요금계산기에 동전을 넣고 주차하는 곳이었다. 코인 주차기가 처음이라 어떻게 사용하는 지 도통 알 수가 없었다. 한참을 헤매다가 기계에 적힌 번호로 전화를 걸었다. 안내원에게 작동법을 들은 후에야 겨우 주차할 수 있었다. 백악관을 구경하고 1시간 후 돌아와 보니 주차위반 딱지가 붙어 있는 게 아닌가. 왜 딱지를 끊었는지 이해가 안됐다. 뭔가 행정착오가 있었던 것 같은데 여행 중이라 자세히 알아볼 여유가 없었다. '과태료 고지서가 날아오면 대처하자'고 생각했다.

그런데 한 달이 지나도 고지서는 날아오지 않았다. 나는 '역시 잘못된 딱지였어'라고 생각했다. 하지만 두 달 후 날아온 과태료 가산 고지서를 보고 아연실색했다. 고지서에는 '한 달 안에 과태료를 안 냈기 때문에 원래 액수만큼의 가산세를 추가로 내시오'라고 적혀 있었다. 세상에 이런 경우가 어디 있나. 딱지에는 어디에 얼마의 과태료를 내라는 안내도 없었다. 그런데 지금 와서 두 배로 내라니. '이런 날도둑 같은 놈들!'

하지만 내가 미국의 과태료 시스템을 몰랐던 탓이었다. 한국은 딱지를 뗀 후 정식 벌금고지서가 날아오지만 미국은 그렇지 않았다. 딱지를 떼인 사람이 행정당국에 전화를 하거나 인터넷 접속을 해서 벌금 액수를 확인한 뒤 직접 돈을 내야 했다. 고지서가 날아온다면 그건 벌금 가산 고지서다. 내가 주차했던 지점도 오토바이 전용이었던 것 같았다. 내가 댄 곳만 비어있고, 그 옆에는 오토바이가 늘어서 있었기 때문이다.

나는 벌금과 가산금을 바로 냈다. 그런데 알아보니 거기에도 불복 절차가 있었다. 딱지 자체나, 과태료 가산에 대해 이의제기를 할 수도 있었던 것이다. 그것도 모르고 과태료를 두 배 갖다 바친 것이다.

또 한번은 내가 살던 노스캐롤라이나 채플힐에서다. 갓길에 코인 주차를 했는데 2시간 후 가보니 딱지가 붙어있었다. 나는 지금도 왜 딱지를 끊겼는지 잘 모른다. 고지서에 적힌 이유는 인도에 차를 댔다는 것이었다. 주차 선내에 정확하게 주차하고 코인기에 주차료까지 다 낸 것 거듭 확인했는데.

이번엔 도저히 참을 수 없었다. 불복 절차도 잘 알고 있었다. 그래서 채플힐 시당국에 장문의 이의서를 제출했다. 3~4시간을 투자해서 작성한 A4 두 장짜리 이의서였다. 나는 딱지를 취소시킬 자신이 있었다. 그리고 한 달을 기다린 끝에 시당국에서 답변서가 날아왔다. 딱 두 줄이었다. "당신이 제기한 이의를 받아들일 합당한 이유를 찾을 수 없다. 이의를 기각한다." 더 이상의 불복 절차는 없었다. 주차 딱지는 법원의 소송 대상이 아니었다. 나는 과태료 50달러를 내면서

미국 종횡단 여행 10만km를 달린 필자의 미니밴

터져나오는 울분을 속으로 삭일 수밖에 없었다.

내가 마지막으로 받은 딱지는 2010년 2월 말 뉴욕에서였다. 이미 미국에서 7개월간 여행 다니면서 '주차의 달인'이 돼 있었다. 그래서 뉴욕에서 이틀간 무료로 주차할 곳을 절묘하게 잘 찾아다녔다. 뉴욕 시내는 첫 한 시간 주차비가 15~20달러이기 때문에 단시간 무료 주차를 할 수 있다면 상당한 어드밴티지였다. 그동안 경찰에 당한 설움을 앙갚음한다는 통쾌함도 있었다.

그런데 사흘 째인 일요일에 사단이 났다. 가족들과 브로드웨이 뮤지컬 '라이언 킹'을 보러 가는데 늦어버린 것이다. 민스코프 극장 앞은 혼잡했고 주차공간도 없었다. 아내와 장모님, 아이들을 극장 정문에 내려준 뒤 "주차는 알아서 할 테니 먼저 들어가서 공연을 보라"고 했다. 주변 도로를 몇차례 돌다 겨우 한적한 이면도로를 발견했다. 의외로 주차 공간이 많았다. 길가엔 '평일에는 요금을 내고 주차하시오'라는 표지판과 '상업용도 차량만 주차 허용'이라는 표지판이 함께 붙어 있었다. 뉴욕에는 이런 상반된 내용의 표지판이 많았다. 시간이 넉넉했다면 절대 그곳에 주차하지 않았을 것이다. 그러나 공연시간이 이미 20분 지난 상태였다. 전방에 경찰 2명이 다가왔다. '저 친구들이 뭐라 안 그러면 괜찮다'고 생각했다. 경찰들은 내 차에는 관심없는 듯 그냥 지나쳐 갔다. 극장 안내원에게도 물어보니 "휴일이라 괜찮다"고 했다. 나는 느긋한 마음으로 라이언 킹을 보고 나왔다.

그런데 차에 도착한 순간 두 다리의 힘이 쫙 빠졌다. 그토록 싫어하는 딱지가 차창에 또 붙어있었다. 결국 '상업용 차량 전용'이라는 표지판이 유효했던 것이다. 더구나 주차위반 벌금이 자그마치 115달러나 됐다. 라이언 킹 티켓은 1인당 120달러, 배꼽이 배만 했다. 뉴욕에서 가장 비싼 뮤지컬을 본 셈이었다.

주변에선 나를 "미국 경찰과 가장 친한 한국인"이라고 불렀다. "미국을 벌금으로 먹여 살리는 사람" "도로의 기부자"라는 칭송도 들었다. 하지만 세상에서 미국 경찰이 제일 싫었다. 그리고 고리대금업자처럼 벌금을 떼가는 행정당국도 저주했다. 이유도 모른 채 벌금을 내는 것만큼 억울한 일도 없다. 미국 여행을 떠나는 사람들에게 해주고 싶은 말이 있다. "과속으로 걸리면 절대 경찰에 대들지 마라." "웬만하면 안전한 유료주차장으로 가라." "그럼에도 불구하고 모험을 즐기고 싶다면 혹독한 대가를 치를 준비를 해라."

끔찍한 진입장벽

2009년 7월31일 나는 초등학생 딸 하영이와 부모님을 모시고 미국행 비행기를 탔다. 1년 연수생활의 출발이었다. 이튿날 도착한 시카고 공항은 크고 복잡하기로 악명이 높았다. 비행기도 예정보다 10분 늦게 도착했다. 시카고에서 최종 목적지인 노스캐롤라이나 랄리로 환승하는 비행기 시간까지 1시간 40분 밖에 남지 않았다. 입국심사대 앞은 인산인해였다. 대기 줄은 좀처럼 줄지 않았다. 40분 이상을 기다린 끝에 겨우 우리 차례가 왔다.

깐깐하게 생긴 중국계 미국관리는 사사건건 트집을 잡았다. 처음부터 손가락만 까딱하며 부르는 품세가 이상했는데, 완전 골통이었다. 입국신고서에 숫자 한 개를 안 썼다고 퇴짜를 놓았다. 그 자리에서 고쳐 쓰면 될 일인데 심사대 밖으로 쫓아냈다. 두 팀을 지나쳐 보낸 뒤 다시 심사대에 섰다.

이번엔 부모님이 입국신고서를 제대로 작성하지 않았으니 다시 써

삼바 축제가 열리는 리우 카니발 거리에서

오라고 했다. 뭐가 잘못됐느냐고 따졌지만, 그는 고압적인 자세로 "다시 써오라"고 소리친 뒤 다음 사람을 손가락으로 불렀다. 화를 참고 신고서를 다시 써서 심사대에 섰다. 하지만 그는 "지문이 제대로 안 찍혔다" "숫자가 빠졌다"며 계속 시간을 끌었다.

심사대를 천신만고 끝에 통과하니 환승시간까지 30분 남았다. 짐을 찾아 세관심사대를 통과한 뒤 국내선 환승 창구로 가야 하는데, 특수화물인 골프백이 나오지 않았다. 관리직원에게 물어봐도 "기다리라"는 말 뿐이었다. 다른 짐부터 세관심사를 받으려고 하니 세관원이 "한꺼번에 가져오라"고 제지했다. 미치고 펄쩍 뛸 노릇이었다. 또

15분이 흘렀다. 결국 골프백은 포기하기로 했다. 나중에 항공사를 통해 찾을 요량이었다.

세관을 통과하는데 또 문제가 생겼다. 어머니가 비행기 안에서 먹으려고 싸온 삶은 달걀이 X선 투시기에 걸렸다. 세관원들은 "이게 뭐냐. 왜 이런 걸 갖고 다니는 거냐"고 난리를 쳤다. "너희는 여행갈 때 삶은 달걀도 안 먹느냐"는 말이 목구멍까지 나왔지만 무조건 "미안하다. 실수로 넣어왔는데 그냥 버리겠다"고 사정했다. 마음씨 좋게 생긴 흑인 관리가 어머니를 보더니 "통과시키라"고 사인을 줬다.

세관을 통과나니 10분이 남았다. 속이 바짝 바짝 타 들어갔다. 그런데 국내선 환승창구의 줄도 장난이 아니었다. 나는 안내직원에게 "짐이 안 나와서 비행기를 놓칠 것 같다. 도와달라"고 했다. 되돌아온 대답은 "그건 내 일이 아니다. 줄서 있다가 창구 직원에게 얘기해라"였다. '정말 뭐 이 따위 나라가 다 있나' 하는 생각이 들었다.

겨우 창구 여직원과 대면해 "짐이 안 나와서 늦어졌다. 지금 비행기를 탈 수 있느냐"고 물었다. 대답은 냉정했다. "이미 늦었으니 다음 비행기를 알아봐야 한다"는 것이었다. "다음 비행기를 꼭 구해달라"고 간곡하게 부탁했다. 컴퓨터 모니터를 한참 두드리던 직원 말이 청천벽력이었다. "다음 비행기 표는 매진됐어요. 금요일 저녁이라 다른 항공사나 비즈니스 클래스도 전혀 없네요.".

'세상에 어찌 이런 일이.' 말도 안 통하고 아는 사람도 없는 이국 땅에서 노부모님과 어린 딸과 함께 미아가 돼 버렸다. 나는 필사적으로 그 여직원에게 매달렸다. 40대 후반의 백인이었는데 고참에다 일처

366

리 솜씨도 뛰어났다. 그녀는 창구 밖으로 뛰어 나와 일을 하나 하나 처리했다. 무전기로 여러 곳에다 오더를 때렸는데, 잃어버렸던 골프백이 5분 만에 창구 앞으로 배달됐다.

그는 내게 제안했다. "최후의 방법은 다음 비행기 스탠딩^{웨이팅} 리스트에 올려놓고 게이트 앞에서 기다리는 거예요. 아니면 내일 아침 비행기를 타는 방법 밖에 없어요." 나는 기다리겠다고 했다. 그녀는 환승 게이트로 가는 길까지 안내해 줬다. 그날 만난 미국인 중 가장 고마운 사람이었다.

우린 일행이 4명이고 붐비는 주말이라 다 함께 다음 비행기를 탈 가능성이 낮았다. 탑승구에서 2시간 이상 기다리면서 여러 경우의 수를 생각했다. '좌석이 안 나거나 하나만 나면 내일 비행기로 다 같이 간다. 4개 모두 나면 다 같이 간다. 그런데 좌석이 2~3개만 나면?' 난 감했다.

출발 3분전이 되자 게이트 직원이 "2명 자리가 비었다. 누가 탈 거냐"고 물었다. 어머니와 하영이만 먼저 보내야겠다고 생각했다. 이미 지인에게 전화해 "랄리 공항에서 집까지 데려다 달라"고 부탁해 놓았다. 그러나 어머니는 "혼자는 도저히 못 가겠다. 내일 아침에 다 같이 가자"고 거꾸로 나를 설득했다. 직원은 "10초 안에 결정하라"고 채근했다. 결국 티켓을 포기했다. 죽어도 다 같이 죽기로 한 것이다. 다음 문제는 '어디서 잘 것이냐'였다. 아버지는 "지금 저녁 9시가 다 됐는데 어디를 가겠느냐. 그냥 공항에서 자자"고 했다. 갈 수록 태산이었다.

그런데 이 때부터 대반전이 시작됐다. 나는 아까 그 백인 여직원이

한 말이 생각나서 별 기대없이 호텔을 알아봐 줄 수 있느냐고 게이트 직원에게 물었다. 그러자 그 직원은 5분 만에 호텔 티켓과 주소를 주면서 "항공사에서 마련해 놓은 호텔인데 방이 2개이고 공짜다"라고 했다. '아니 세상에 또 어찌 이런 일이.' 정말 공짜인지 몇 번 확인하고 나서야 4시간만에 처음으로 얼굴에 화색이 돌았다. 항공사의 화물 처리 실수로 짐이 나오지 않아 비행기를 놓쳤으니 항공사가 호텔비까지 보상한 것이었다.

더구나 호텔까지 셔틀버스가 다녀 택시비도 안 들었다. 공항근처 홀리데이인 호텔에 도착하니 저녁 10시가 다 됐다. 호텔의 이탈리안 레스토랑에서 각종 파스타와 빵, 감자, 샐러드 등으로 늦은 저녁을 먹었다. 맥주까지 한잔씩 하고 나니 기분이 날아갈 것 같았다. 음식도 맛있고 야경도 좋고, 호텔 방도 깨끗했다. 지옥과 천국을 오간다는 게 바로 이런 것이었다. 조금 전만 해도 끔찍했던 상황이 이렇게 달라질 줄이야. 다음날 우리는 무사히 노스캐롤라이나로 갈 수 있었다. 첫날 고생한 덕분에 미국에 대한 언어·문화적 공포가 크게 줄었다. 젊을 때 고생은 다 피가 되고 살이 된다고 하지 않는가.

여행, 준비가 반이다

여행의 난관들

여행은 출발 전 준비가 중요하다. 얼마나 철저히 준비했느냐에 따라 여행 전체의 만족도가 달라진다. 준비 과정 자체가 즐거움이기도 하다. 소풍날보다 가기 전날 가방 꾸릴 때가 더 즐겁다고 하지 않는가.

먼저 큰 틀에서 여행의 콘셉트를 잡아야 한다. 특히 장기여행은 전체 구도가 중요하다. 얼마 동안, 어떤 코스를 거쳐, 얼마의 비용으로, 무엇을 할 것이며, 어디서 묵고, 무얼 먹을 지 미리 구상해 두는 게 좋다. 아이들이 있다면 여행 코스와 숙박지부터 달라진다. 음식과 건강 문제에도 신경을 써야 한다. 준비가 부족하면 어디선가 꼭 탈이 난다. 유비무환에 가깝게 준비해도 항상 예상치 못한 돌발상황에 부딪히는 게 여행이다.

'35일 간의 북미 종횡단'이라는 무모한 여행을 준비하면서 가장 큰 문제는 어린 삼척동자^{준하}였다. 준하는 태어날 때부터 몸이 약해 걸핏

최고의 비경 크레이터 레이크에서 웃고 있는 삼척동자

하면 병원 신세를 졌다. 그런 세살 배기 아이를 데리고 미국을 차로 종횡단하겠다는 내 꿈은 애초부터 무리였다. 아내는 말도 다 꺼내기 전에 "당신 미쳤느냐"고 손사래를 쳤다. 초등학교 4학년이었던 딸 하영이도 시큰둥했다. 연수 초반 한달 간 미국에 따라오셨던 부모님은 나의 무모한 계획을 전해 듣고는 매일 전화를 걸어 "애 잡을 일 있느냐. 꿈도 꾸지 마라"고 했다. 내가 정말 여행을 떠난다고 하면 미국으로 당장 날아오실 기세였다. 미국에 있던 친구 · 지인들도 "그냥 비행기 타고 서부 여행 갔다 와라" "그 엄청난 길을 어떻게 운전하려고 하느냐"고 했다. 이 여행에 유일하게 찬성한 이는 삼척동자 뿐이었다.

"아빠랑 호텔방 돌아다니면서 놀자"는 내 감언이설에 준하는 그저 좋아했다. "호텔방 좋아 좋아!"

귀국을 한달 반 앞두고 있다는 점도 부담이었다. 귀국 준비도 보통 일이 아닌데, 그 시점에 여행을 떠나는 게 가당 키나 하느냐는 반응들이었다. 집과 차량, 세간살이를 처리하고 이삿짐도 싸야 했다. 나와 하영이 학교 문제 등 처리해야 할 일들이 산적해 있었다.

하지만 오래 전부터 북미 대장정을 꿈꿔왔던 나는 이대로 포기할 수 없었다. 아내에 대한 설득작업부터 시작했다. 짧은 인생에서 여행이 주는 의미에 대해 얘기하고, 처음이자 마지막이 될 장기 가족여행의 기회를 놓치지 말자고 호소했다. 완강하던 아내는 나의 읍소 전략에 조금씩 무너졌다. 나는 세가지를 제안했다. 첫째 특별한 상황이 아니면 내가 운전을 전담한다. 둘째 여행 중 식사 준비도 도맡는다. 셋째 호텔 예약과 코스 짜기 등 여행 준비도 책임진다. 결국 아내는 나의 집요한 공세에 넘어갔다. 부모님에게는 얼버무리기 전략으로 나갔다. 출발하는 날도 비밀에 부쳤다.

여행 출발 전에 귀국 준비를 완벽히 끝마쳐야 했다. 집과 차, 세간살이는 다른 연수생에게 일괄적으로 넘기기로 계약했다. 나와 하영이 학교 문제도 조기에 종결지었다. 대부분 짐은 출발 전에 미리 싸서 한국으로 부쳤다. 하영이 방학이 시작되는 6월 중순이 출발 D-데이로 정해졌다.

코스 짜기와 숙소 예약

여행을 떠날 때 제일 먼저 정해야 할 것은 행선지다. 그런데 장기 여행에선 이걸 짜기가 쉽지 않다. 2~3일 다녀오는 단기여행이야 한 지역에 가서 몇 군데 둘러보면 그 뿐이다. 하지만 한달 넘는 장기여 행은 목적지가 엄청나게 많다. 또 이곳들을 어떻게 엮어 최적의 코스 를 만드느냐도 골치 아프다. 엄청난 사전 연구와 분석이 필요하다. 시간과 경로의 제약이 있기 때문에 가고 싶은 곳을 다 갈수 있는 것 도 아니다.

나는 여행 경로를 짜는 데만 꼬박 1주일을 투자했다. 밤잠 안 자면 서 코스를 연구하고 분석했다. 가고 싶은 곳 다 가면 얼마나 좋으랴. 하지만 시간도 돈도 체력도 부족한 법이다. 물리적으로 안 되는 곳, 중요도가 떨어지는 곳은 과감히 정리하고 최적의 장소에 돈과 시간 을 투자해야 한다. 여러 포인트를 어떤 동선으로 연결하느냐가 관건 이다. 나는 유명한 관광지보다는 덜 알려진 곳, 인공적인 대도시보다 는 거친 자연미가 넘치는 곳에 보다 집중하기로 했다.

그런데 로키산맥을 둘러싼 중서부 지역에서 최적의 코스를 짜는 게 가장 어려웠다. 가야할 곳들이 산재해 있는데 시간과 거리의 제약 때문에 동선이 지그재그로 요동쳤다. 결국 무리하더라도 최고의 포 인트는 다 들러보기로 했다. 그러다 보니 아침 7시부터 밤 11시까지 미친 듯이 길 위를 누벼야 하는 상황이 자주 벌어졌다. 동선은 주로 구글맵을 이용해 포인트 간 이동거리와 시간을 미리 계산했다. 출발 시간과 도착시간, 이동시간, 관광시간 등을 10분 단위로 계산해서 35

일 간의 일정을 출발 전에 미리 짰다. 실제 여행에서 이 계획이 그대로 실현된 것은 아니지만 말이다.

숙소도 이에 맞춰서 한 곳 한 곳 미리 예약을 했다. 특히 채플힐~시애틀까지 20여일은 출발 전에 미리 숙소를 다 잡아놨다. 하루라도 일정이 어긋났다간 호텔 예약이 줄줄이 펑크날 위험성이 있었다. 하지만 이렇게 스케줄을 짜놔야 시간과 비용의 누수를 최대한 막을 수 있다. 또 사전에 호텔을 예약해야 좋은 호텔을 상대적으로 저렴한 가격에 잡을 수 있다. 결과적으로 말하면 우리는 사전에 예약한 호텔을 펑크내는 일이 단 한번도 없었다. 아무리 늦더라도 예약한 호텔까지 달렸다. 그 덕에 우리는 빡빡한 여행 일정을 차질 없이 소화할 수 있었다.

질 좋고 값싼 호텔을 어떻게 잡느냐도 중요한 문제다. 여행경비가 숙소에서 크게 좌우될 뿐 아니라 체력·건강과도 직결된다. 우리는 미국 온라인 여행전문사이트인 프라이스라인priceline.com을 애용했다. 프라이스라인은 호텔을 경매식으로 매매해 상대적으로 저렴하다. 본인이 원하는 지역과 날짜, 호텔급수, 조식 제공 여부, 수영장 구비 여부, 전자레인지나 취사도구 완비 여부 등 다양한 조건을 정한 뒤 본인이 낼 수 있는 최고가격을 써넣는다. 자신이 원하는 조건의 호텔을 경매 최저가격에 낙찰받을 수 있다는 장점이 있다.

다만 가격을 너무 싸게 부르면 거절당할 수 있고, 높게 써넣으면 경매의 효과가 없어진다. 한번 거절당하면 24시간 동안 동일 지역 호텔 경매에 참여할 수 없다. 이를 피하는 편법이 있긴 하지만 그것도 번거롭다. 그래서 적당한 가격에 밀고 당기기를 잘해야 한다. 내가 아는 동료 한 명은 뛰어난 경매 기술로 80달러 짜리 방을 25달러에 낙찰받기도 했다.

나는 가격보다는 호텔의 조건을 주로 따졌다. 4인 가족이 한 방에 자려면 트윈 침대방이 필요했다. 여기에 수영장과 조식 제공 호텔이면 더 좋았다. 10달러 정도 더 내더라도 이런 곳을 골라야 잠을 편히 자고 아침에도 든든하다. 특히 자쿠지^{온탕}가 있으면 최고다. 여행의 피로를 말끔히 풀 수 있다. 서늘한 밤 공기를 맞으며 자쿠지^{또는 핫텁}에 몸을 담글 때 기분은 경험해 보기 전엔 모른다.

호텔을 고를 때는 선택과 집중을 해야 한다. 단순히 잠만 자고 나올 곳엔 투자할 필요가 없다. 반대로 하루 이틀 머물면서 제대로 관광을 하는 곳에선 조금 비싸더라도 시설 좋은 호텔을 고르는 게 좋다. 3~4일에 한번은 이런 곳에 머물러야 체력 고갈을 막고 정신적 피로도 풀 수 있다. 가끔은 리조트나 콘도에 가보는 것도 방법이다. 숙박비는 비싸도 부대시설이 많고 식비를 줄일 수 있다.

내가 선택한 길

나는 35일 간 미국 동부 노스캐롤라이나에서 출발, 중서부를 거쳐 서부 해안을 돌았다. 이어 캐나다와 미국 북중부를 지나 다시 출발지로 돌아오는 누운 8자형 여행경로를 택했다. 미국 여행의 하이라이트인 중서부 로키산맥 지역을 제대로 돌아보기 위해 일정을 거기에 집중 배치한 결과였다.

시카고의 클럽에서 재즈그룹과 함께

　나는 우선 노스캐롤라이나에서 곧장 남서쪽으로 내달려 중부의 숲
과 들판, 텍사스의 대평원을 지나 뉴멕시코의 산타페로 갔다. 거기서
부터 로키 산맥을 거슬러 올라가며 별천지 같은 협곡의 세계에 빠져
들었다. 각양각색의 캐니언과 바위산, 경이로운 황무지를 지나 라스
베이거스에 도착했다. 여기서 다시 남하해 서부 최남단 샌디에이고
로 간 뒤 LA, 샌프란시스코, 오리건, 워싱턴주를 차례 차례 지나 최
북단인 시애틀까지 북상했다. 캐나다 밴쿠버로 들어간 우리는 캐내
디언 로키의 풍광에 매료됐고 캘거리를 거쳐 미국 몬태나로 돌아왔
다. 옐로스톤과 중북부의 산악지대, 대평원을 지나 시카고를 들어갔

다. 여기서 다시 남동쪽으로 남하해 신시내티와 렉싱턴을 거쳐 노스캐롤라이나로 돌아왔다.

그 전에는 미국 북동부와 중부, 남부 지역을 수차례 여행했다. 북동부에선 워싱턴~필라델피아~뉴욕~나이아가라~토론토 일대를 보름가량 여행했고, 남쪽으로는 애틀란타와 사우스캐롤라이나, 사바나, 올랜도, 마이애미, 키웨스트, 바하마까지 다녀왔다. 미국 53개 주 중 35개 주를 직접 발로 뛰었다. 미국에 있는 동안 차로 달린 거리는 총 10만km에 달했다.

길을 선택할 때는 내비게이션만 믿지 말고 지도책이나 인터넷으로 확인하는 게 좋다. 내비게이션이 틀리는 경우도 종종 있기 때문이다. 장시간 운전을 하다 보면 미칠 정도로 졸음이 쏟아진다. 그럴 땐 다리를 꼬집거나 물수건으로 얼굴을 닦고 음악을 크게 튼다. 그래도 소용이 없을 때도 있다. 가장 좋은 방법은 옆의 사람과 수다를 떠는 것이다. 하지만 아내나 아이들이 모두 잘 때가 있다. 그러면 나는 노래를 아주 크게 불렀다. 그리고 입이 얼얼할 정도로 매운 과자^{치토스}를 씹었다. 이 과자는 고추를 씹는 것만큼 매워서 10~20분 정도는 졸음에 대한 수호신이 될 수 있다. 그래도 안되면 어쩔 수 없이 쉬어야 한다.

아메리카는 넓디 넓은 지역이다. 한 주州에서 다른 주로 넘어가는 데만 한 나절이나 하루가 걸린다. 다음 목적지까지 가는데 4~5시간, 혹은 8시간이 넘게 걸리는 경우도 있다. 따라서 코스를 구상할 때 미리 시간계획을 짜고 동선을 파악하는 것이 필수적이다.

여행 가기 전 장 보고 짐 꾸리는 건 보통 일이 아니다. 이게 힘들어서 여행을 못 다니겠다는 사람들도 많다. 그렇지만 이것이 여행의 질을 좌우한다. 비행기로 간다면 얘기는 다르다. 옷을 주로 챙기고 다른 짐은 최소화해야 한다. 하지만 차로 간다면, 특히 짐칸이 넓은 SUV 차량으로 여행 간다면 다양한 가재도구를 챙겨갈 수 있다.

내 차는 미니밴인 세도나^{한국명 카니발}였다. 세번째 칸의 좌석을 모두 떼어내면 짐을 실을 수 있는 널찍한 공간이 생긴다. 거기에 작은 옷장, 야외용 식탁과 의자, 가스버너와 전기버너, 전기밥솥과 조리도구, 아이스박스, 인스턴트 음식 등을 한가득 실었다. 별별 것을 다 챙겼다. 옛말에 '부지깽이까지 가져간다'는 게 우스갯소리가 아니었다.

어른들이 하던 농담이 있다. "새 중에서 제일 큰 새는?" '독수리 크낙새'하면서 머리를 굴리고 있으면 "먹새"라고 했다. 그 만큼 먹는 게 중요하다는 애기다. 길 사다 햄버거 사먹으면 되지 않느냐고 할 지도 모른다. 하지만 그것도 하루 이틀이다. 미국의 인스턴트 음식은 쉽게 질린다. 가스버너와 생수, 밥과 김치, 라면, 통조림 등 몇가지만 있으면 언제 어디서나 간단하게 끼니를 해결할 수 있다.

우리는 여행 중에 주로 '한식 생존 요리'를 많이 해 먹었다. 국은 즉석 미역국, 북어국에 콩나물국, 미소된장국, 어묵감자국, 된장찌개, 김치찌개를 돌아가며 끓였다. 밑반찬과 김치는 한인마트에서 부지런히 조달했다. 아침엔 계란과 햄버거 패티 등을 먹었고, 낮엔 볶음밥과 라면을 해 먹었다. 전날 밤 호텔에서 전기밥솥에 지은 밥과 보온

리우 해변을 배경으로 예수상 앞에서. 왼쪽 위에서 시계 방향으로 필자, 아내, 하영, 준하

병에 담은 국으로 아침과 점심을 때웠다. 미국은 어딜 가나 공원이나 휴게소에 나무식탁과 바비큐 시설이 갖춰져 있다. 우리나라와는 달리 그곳에서 취사는 자유다. 길 가다 경치 좋은 곳에 차를 세우고 야외용 식탁을 펴서 가스버너를 켜면 쉽게 식사 준비를 할 수 있다. 즉석에서 해먹는 라면과 볶음밥은 산해진미보다 맛있다.

호텔에선 전기버너에 국을 끓이고, 가스버너에 고기와 채소를 볶았다. 호텔에서 알았다면 기겁했겠지만, 미국의 모텔급 호텔은 손님이 안에서 뭐하든 크게 신경쓰지 않았다. 김치찌개에 삼겹살을 구워서 채소에 싸서 먹은 경우도 많았다. 한인마트에서 양념 불고기나 돼

지 주물럭, 낙지볶음, 떡볶이 등을 사서 해먹기도 했다.

여행이 즐거우려면 눈과 입이 모두 즐거워야 한다. 그래서 가끔씩은 지역 특산 음식점에 가야 한다. 음식점에 대한 평가는 인터넷으로 미리 찾아 확인하면 대개 틀리지 않는다.

우리는 여행 전에 북미 지역 전체의 한인 마트를 인터넷으로 검색해 명단을 갖고 다녔다. 가는 지역마다 한인 마트를 들러 장을 본 뒤 아이스박스에 보관했다. 미국 호텔엔 거의 예외없이 아이스머신이 비치돼 있다. 공짜로 얼음을 조달할 수 있는 것이다. 냉장고에 아이스팩을 넣어뒀다가 사용해도 된다. 김치 젓갈 짠지 등 염장 계열의 밑반찬은 아이스박스에서 열흘 이상 신선도가 유지된다. 고기와 채소, 계란 등도 보관만 잘 하면 사나흘은 버틴다. 김이나 통조림, 후리카케 등은 사실상 영구보존 식품이다.

공짜 아침을 주는 호텔에선 서양식으로 든든히 배를 채웠다. 햄버거·피자 가게나 한식·일식·중식집을 찾는 경우도 있었지만 하루 두 끼는 꼭 해먹었던 것 같다. 그것이 건강에도 좋고 여행비를 아끼는 최선의 방법이기도 하다. 때때로 지인들이 인심 좋게 밑반찬이라도 싸주면 얼마나 고마운 지 모른다. 결국 여행도 먹고 마시고 자는 일이다. 그렇게 잘 먹고 다닌 덕분에 네 가족 모두 감기 한번 앓지 않고 35일 간의 대장정을 무사히 마칠 수 있었다.

서프라이즈
아메리카

초판 1쇄 발행일 2015년 6월 30일
초판 3쇄 발행일 2015년 7월 20일

글 배성규
펴낸이 강희제 **펴낸곳** 힐링21
디자인 김진디자인

주소 413-756 경기도 파주시 직지길218(문발동)
전화 031-955-0508 **팩스** 031-955-0509
등록번호 제1406-2009-000039호 **등록일자** 1993년 5월 13일

ISBN 978-89-969660-4-3 (03940)

힐링21 은 독자들에게 삶의 희망과 위안을 주는
도서출판 다리미디어의 브랜드입니다.